印度宪法
及其晚近变迁

周小明　著

INDIAN CONSTITUTION AND ITS RECENT CHANGES

上海三联书店

目
录

导言 ……………………………………………………………… 001

一、本书研究的背景和意义 …………………………………… 001

二、国内外研究动态 …………………………………………… 003

三、本书的研究方法与思路 …………………………………… 008

第一章　印度宪法的源流与诞生历程 ………………………… 011

第一节　印度殖民时期的宪法性文件 ………………………… 011

一、前英国殖民时代的印度政治统治制度及特点 …………… 011

二、东印度公司时期的宪法性文件及其主要内容 …………… 012

三、英王治理时代的宪法性文件及其主要内容 ……………… 016

四、历史带给印度什么——印度为什么能制定并保持

　　共和宪法 ………………………………………………… 020

第二节　印度宪法诞生的历程 ………………………………… 023

一、印度独立运动领袖的"宪制"思想 ……………………… 023

二、印度制宪的历程——人物与事件 ………………………… 027

三、印度宪法诞生的特点 ……………………………………… 031

第三节　印度修宪史述评 ……………………………………… 033

一、印度宪法的修宪程序 ……………………………………… 034

二、104 次修宪的主要内容 …………………………………… 041

三、评析 ………………………………………………………… 063

第二章　宪法基本权利及其晚近变迁 …………………… 067
　第一节　宪法基本权利研究 ……………………………… 067
　　一、基本权利体系 ……………………………………… 069
　　二、平等权 ……………………………………………… 075
　　三、言论、集会和人身自由等传统自由权 …………… 079
　　四、免受剥削的权利 …………………………………… 087
　　五、宗教自由权 ………………………………………… 089
　　六、(少数民族)文化教育权 …………………………… 092
　　七、宪法救济权 ………………………………………… 094
　　八、基本权利的特点 …………………………………… 094
　第二节　宪法救济权与印度违宪审查制度 ……………… 097
　　一、宪法救济权与基本权利的救济 …………………… 098
　　二、权利的救济者——印度的司法体制 ……………… 108
　　三、基本权利救济的最高形式——违宪审查 ………… 112
　　四、印度基本权利救济和违宪审查制度的特点 ……… 118
　第三节　基本权利的晚近变迁
　　　　　——基于宪法修正案和重大判例的考察 ……… 120
　　一、平等权的变迁 ……………………………………… 120
　　二、财产权和人身权等传统自由权的变迁 …………… 125
　　三、宗教信仰自由与世俗主义关系的变迁 …………… 127
　　四、宪法救济权的发展——公益诉讼 ………………… 128
　　五、基本权利发展的特点 ……………………………… 133

第三章　议会内阁制及其晚近变迁 ……………………… 136
　第一节　印度议会内阁制概述 …………………………… 136
　　一、印度议会内阁制的历史 …………………………… 137
　　二、联邦议会内阁制 …………………………………… 139
　　三、邦议会内阁制 ……………………………………… 150
　　四、印度议会内阁制的特点 …………………………… 157
　第二节　议会内阁制框架下公务员制度 ………………… 159

一、印度公务员制度的历史 …………………………… 160

二、印度公务员的含义和范围 ………………………… 161

三、印度公务员管理机关 ……………………………… 163

四、公务员的权利和义务 ……………………………… 166

五、印度公务员制度的特点 …………………………… 168

第三节　议会内阁制的晚近变迁

　　　　——兼评反叛党法第 52 次和第 91 次修正案………… 170

一、印度大选及政党政治的历史 ……………………… 170

二、政府信任危机、悬浮议会与总统权力 …………… 176

三、议会内阁制与反叛党第 52 次和第 91 次修正案 ……… 181

第四章　有印度特色的印度联邦制及其晚近变迁………… 186

第一节　有印度特色的印度联邦制……………………… 186

一、印度地方行政区划的历史 ………………………… 187

二、联邦和邦之间的立法权划分 ……………………… 192

三、联邦和邦之间的行政权和司法权划分 …………… 201

四、联邦和中央直辖区的关系 ………………………… 203

五、联邦与查谟·克什米尔的特殊关系 ……………… 205

六、印度联邦制的特点 ………………………………… 208

第二节　财政联邦制度述评……………………………… 212

一、制宪会议对财政分配问题的争论 ………………… 213

二、征税立法权的划分 ………………………………… 214

三、收费问题的宪法规定 ……………………………… 218

四、中央对邦的拨款以及联邦和邦之间借贷权的划分 … 220

五、财政委员会和计划委员会 ………………………… 220

六、2000 年的第 80 次宪法修正案与 2003 年的第 88 次

　　宪法修正案 ………………………………………… 222

七、印度宪法财政分权制度的特征 …………………… 224

第三节　论联邦制中的紧急状态条款…………………… 226

一、战争、外敌入侵和武装叛乱而宣布的紧急状态 ……… 228

二、邦宪法秩序无法运行的紧急状态(邦紧急状态) ········ 230

三、财政紧急状态 ·· 232

四、紧急状态制度实践的历史 ······························ 233

五、司法机关对紧急状态的司法审查

——博迈诉印度联邦案 ······························ 234

第四节 联邦制度的晚近发展

——评1992年印度宪法第73次和74次地方自治

修正案 ··· 238

一、印度地方自治的历史 ································· 239

二、地方自治修正案的主要内容 ······················ 242

三、印度地方自治面临的困境和挑战 ················· 245

第五章 宪制发展与强国之梦 ································· 251

第一节 大国兴衰视角下的宪制主义 ····················· 252

一、什么是法治与宪制 ································· 252

二、大国兴衰有无凭 ···································· 254

三、宪制如何促进社会发展 ··························· 261

第二节 印度宪法与印度发展战略 ······················· 265

一、评印度第三条道路 ································· 265

二、印度宪法面临的挑战 ······························ 271

三、印度宪法的未来 ···································· 278

第三节 印度宪制由谁担当——印度法律教育评析········ 284

一、英国殖民期间的印度法律教育 ··················· 285

二、印度独立后的法律教育状况 ······················ 286

三、印度法律教育的现状及面临的挑战 ··············· 287

四、印度法律教育对中国法律教育的启示 ············· 294

参考文献 ··· 298

后记 ·· 305

导 论

一、 本书研究的背景和意义

亚洲、拉美和非洲很多发展中国家①在战后不久纷纷走向威权主义或者独裁道路,唯独贫穷的印度的民主宪制立六十几年而不倒,被世界誉为"亚洲民主的窗口",印度的宪法值得全球研究,特别值得发展中国家研究和借鉴。

印度曾经为人类文明创造了光辉灿烂的文化,至今仍被学者界定为依然存在的世界七大文明之一。② 印度历经印度专制色彩的孔雀帝国、笈多王朝、戒日王朝、德里苏丹王朝、莫卧儿王朝等王朝时代,期间又存在长期缺乏统一的列国纷争时代,印度古代的政治制度是人类制度文明史的重要内容。

东印度公司开启了印度文明和西方文明之间的对撞,东印度公司的总督和参事会的统治模式是印度议会内阁制雏形。被誉为印度宪法发展

---

① "第三世界"作为政治概念,随着苏联和东欧剧变,该概念已经式微,但作为经济发展概念的"发展中国家"则仍是当今时代的重要概念。国际组织对"发展中国家"并无统一定义,联合国将发展中世界分为三组:"最不发达"的最贫穷国家 44 个;非石油出口"发展中国家"88 个和 OPEC 成员 13 个。世界银行将世界 100 万人口以上的 132 个国家分为四类,并将其中的低收入国家、下中等收入国家和上中等国家列为发展中国家。经合组织(OECD)将发展中国家分为四类:61 个低收入国家;73 个中等收入国家;11 个新兴工业化国家和 13 个石油输出国组织成员。参见彭刚:《发展中国家的定义、构成和分类》,载《教学与研究》2004 年第 9 期。

② [美]塞缪尔·亨廷顿著:《文明的冲突与世界秩序的重建》(修订版),周琪等译,北京:新华出版社 2010 年版,第 24—26 页。

里程碑的 1773 年《管理法》开启了英国议会通过东印度公司间接统治印度的先河。1858 年的《印度政府法》以英王代替东印度公司，直接统治印度开启了印度政治的新的时期。1919 年《印度政府法》和 1935 年《印度政府法》则奠定了印度独立后的宪法基本框架，1949 年制定的《印度宪法》中 75％ 的内容来源于 1935 年《印度政府法》。

间接选举产生的印度制宪会议历经 2 年 11 个月 17 天，制定了全球最长的宪法，确立了印度宪法的三大核心制度：宪法基本权利、议会内阁制和有印度特色的联邦制，同时又极为细致地规定了公务员制度、地方自治制度、语言制度、重要官员的薪水等内容。印度最初的宪法分为 22 编，395 条，宪法正文后又附有 8 个附表，字数达 10 多万字，内容庞杂。

印度宪法从 1950 年生效，至 2021 年已经修正 104 次，修宪极为频繁，但印度宪法的民主框架，即宪法基本权利、议会内阁制和联邦制没有任何动摇。

我国学界研究的近现代外国法制史集中于英美法德日五国（或加俄罗斯和欧盟），所谓的比较宪法也基本上是比较该五国的宪法，对发展中国家的法制史和宪法，特别是新兴大国的法制关注极少。英美法德日五国虽然是成功的法治国，但其面对的现实问题与当今的中国已经极大不同，而一些新兴大国例如"金砖国家"法治所面临的问题则与中国有更大的相似性。这些国家都面临实现以工业化为核心的现代化问题，以及在这个过程中解决宪法和法治如何促进社会发展与保障人权的问题。

研究外国法制的主要目的是借鉴，而借鉴的前提一方面是这些国家的法制有先进的地方；另一方面是这些国家的法治与我国法治都面临诸多相同或相似的问题。

印度法律的发达性和先进性自不待言，从 1600 年西方殖民印度开始，印度就慢慢地走上了移植西方法治的道路，至今有 400 多年的历史，期间没有因出现过剧烈的社会动荡或革命而停止这个过程。从 1833 年（英国主张法典化的法学家边沁去世的第二年）至 1882 年，从第一届印度法律委员会到第四届印度法律委员会，印度基本上制定了所有的重要的法典，最重要的有 1859 年《民事程序法》、1860 年《印度刑法》、1861 年《印度刑事程序法》、1865 年《印度继承法》、1872 年《印度合同法》、1872 年《印度证据法》和 1881 年《票据法》。仅英国法学家梅因在印度担任印度第三届法律委员会成员期间就制定了 211 部法律。^① 这些法律经过修改沿用至今。

从 1726 年东印度公司在印度建立市长法院（Mayor's Courts）开始，判例法制度在印度也有近 300 年的发展史。

同时，印度与中国同属于新兴发展中大国，其发展主题是完全一样的，又同属东方国家，有自己悠久的历史文化传统，都面临如何将西方的法治移植于东方发展中国家的难题；两国都有根深蒂固的专制传统，因此都要解决如何将崇尚平等与民主的法治融入传统社会的难题；两者都属于人口大国，都面对如何通过法律分配有限资源的问题。

发展中穷国的印度能保持民主共和不动摇，本身就是对世界民主和宪制的重要贡献，但印度宪法没有使印度成功地完成现代化，其民主的低质量值得全球深思。

二、 国内外研究动态

我国早先时候对印度的研究主要集中在文学界和哲学界，如季羡林的《中印文化关系史论丛》《〈罗摩衍那〉初探》和《天竺心影》等著作；哲学著作则有梁漱溟的《东西文化及其哲学》等。

史学界对印度研究最著名的有北京大学林承节著的系列著作如《印度史》《殖民统治时期的印度史》和《印度独立后的政治经济社会发展史》，堪称国内印度史权威著作，其中很多内容涉及到宪法史内容，对法学界也有很大的参考价值。

台湾史学家吴俊才（1921—1996）著的《印度史》，虽然内容简练，但作者毕业于德里大学历史专业，对印度社会有深切的体会，著作文笔生动，对印度法制史研究也有很大的参考价值。

政治学界对印度的研究成果丰硕，如王红生的《论印度民主》，对印度

① M. P. Jain, *Outlines of Indian Legal & Constitutional History*, Lexis Nexis Butterworths Wadhwa, Nagpur, Sixth Edition, p. 450.

民主的起源、印度基本政治制度、印度社会变迁和印度社会危机处理作了比较深刻的论述,其中的基本政治制度内容部分直接涉及到法律的内容。王红生与 B. 辛格合著的《尼赫鲁家族与印度政治》对理解印度的家族政治和政治发展史有较大的意义。

林良光主编的《印度政治制度研究》,对印度宪法的基本框架有所介绍,但较为简洁,所引述的资料均为通史和政治类著作,基本不涉及印度宪法判例的内容。

杨翠柏主编的《南亚政治发展与宪制研究》和杨翠柏等著的《印度政治与法律》,其中前者的第二章概述了印度、巴基斯坦、孟加拉国、斯里兰卡和尼泊尔宪制,对政治发展过程的论述比较详细,其中也概括性地论述了印度宪法的内容。后者也概述了印度的宪法、立法、行政和司法等制度,但两者参考的资料基本为国内出版资料,论述比较简略。

洪共福的《印度独立后的政治变迁》是研究印度独立后政治发展,特别是政党政治发展过程的专著,其中涉及到印度议会内阁制、联邦制和文官制度等宪法内容。

90 年代以来印度经济自由化改革促进了印度经济的快速发展,国内对印度经济的研究成为"印度学"的重要领域,且很多是以中印的比较为视角。如左学金、潘光和王德华主编的《龙象共舞——对中国和印度两个复兴大国的比较研究》,该著作对印度的国家实力、中印工业化、中印农业化和中印信息化等方面作了详细的比较研究,其重要特点是数据详实。

国内对印度经济学界和商界的译著也比较丰富,如刘建翻译的《惯于争鸣的印度人》(阿玛蒂亚·森著),该著作虽不是经济学著作,只是随笔和杂文,但作者是获诺贝尔经济学奖的印度人,著作的影响较大。

许效礼等翻译的《与世界同步——印度的困顿与崛起》(印度软件巨头印孚瑟斯公司创始人南丹·尼勒卡尼著)对印度的社会状况作了极为细致的描述和分析。

张淑芳翻译的《不顾诸神——现代印度的奇怪崛起》(英国《金融时报》记者爱德华·卢斯著),作者游历印度 5 年,且娶了印度的妻子,以一个外国记者的眼光描述和分析印度,生动、客观且比较公正。

这些经济学和商界以及社会学界的著作虽然不涉及印度宪法,但却可以体验到"真实的印度宪法"而不是书本上的印度宪法。对外国人研究印度宪法和宪法史也有相当大的参考价值。

法学界则几乎忽略了对正在崛起中的印度的研究，除了一本柳建龙博士的专著《宪法修正案的合宪性审查：以印度为中心》外，再无其他有关印度法律的专著问世。

有关印度法律的博士论文则有华东政法大学博士生廖初民的博士论文《法律的宗教化与法律的世俗化——印度法律的世俗化变革研究》（2006 年 5 月）和中国人民大学博士生秦文的博士论文《传统与变革——多元视角下的印度婚姻法》（2011 年）。

通过中国知网搜索，在期刊上发表的有关印度的法学论文从 1979 年至今共有 190 篇左右，主要集中在印度经济法和法制史领域。其中研究印度宪法的有：1）杜强强的《修宪权之"基本架构限制"——印度最高法院关于宪法修改限制的理论与实践》（《法商研究》2006 年 3 月）；2）柳建龙、韩大元的《宪法修正案的合宪性审查：以印度为中心》（《法学家》2009年第 1 期）；3）思源的《印度的宪制之路》（《炎黄春秋》2010 年第 5 期）；4）姜玉梅、孟虹的《印度司法审查制度评述》（《南亚研究季刊》2004 年第 3期）；5）吴展的《印度宪法基本原则的理论研究》（《南亚研究季刊》2006 年第 1 期）；6）丁海笑、杨睿的《印度后殖民时代下的紧急状态法探究——以印度 1975 年紧急状态为例》（《东南亚南亚研究》2011 年第 3 期）；7）杨翠柏的《印度宪制视角下的环境保护》（《江西社会科学》2007 年 11 月）；8）张清的《贫困与自由：基于印度"不平等"的宪制分析》（《学习与探索》2010年第 2 期）；9）柳建龙的《宪法修正案的合宪性审查：印度之实践与争论》（《求是学刊》2010 年第 4 期）；10）孝忠延夫、陈根发的《司法积极主义的形成与展开——以印度的社会活动诉讼为线索》（《太平洋学报》2007 年第10 期）；11）宁立标的《印度最高法院对食物权的司法保障及对中国的启示——PUCL 案述评》（《求索》2011 年 10 月）；12）冯晓霞的《1935 年印度政府法及其实践意义》（《广西梧州师范高等专科学校学报》2006 年第 2期）；13）柳建龙的《略论修宪程序的违反：印度之经验》（《河南省政法管理干部学院学报》2008 年第 6 期）；14）《印度的法官制度——中国高级法官培训中心考察团赴印度考察报告》（《中外法学》1991 年第 3 期）；15）孙瑞灼的《印度宪法保障街头叫卖的启示》(《中关村》2011年第1期);16)史超的《印度宪法中的公务员法精神》(《商品与质量》2011年第S9期);17)冯辉、高杰的《印度评议会制度综述》(《法学杂志》1995年第1期)等十几篇论文,内容涉及修宪程序、宪法史、司法审查、基本权利和公务员制度等内容,涉及面比较广。

印度本国对印度宪法的研究比较重视,因为印度宪法是印度最重要的"法律"之一,而不仅仅是"政治法"。《印度律师委员会章程》所规定的3年制后本科法律课程和后高中5年制法律课程的21门必修法律课程中,印度宪法是其中的一门必修课程,很多法学院将宪法课程分为宪法(一)和宪法(二)两门课程授课,另从2011年开始的印度律师考试的考试大纲中规定的20门考试课程中也包含了宪法学课程。

当今印度宪法学的通论性的代表性著作主要有:1) M. P. 杰恩的《印度宪法》(M. P. Jain, *Indian Constitutional Law*, Lexis Nexis Butterworths Wadhwa, Sixth Edition, Nagpur, 2010);2)杜尔迦·达斯·百苏的《印度宪法概论》(Durga Das Basu, *Introduction to the Constitution of India*, Lexis Nexis Butterworths Wadhwa Nagpur, 20th edition, 2008);3)杜尔迦·达斯·百苏的《印度宪法》(Durga Das Basu, *Constitutional Law of India*, Lexis Nexis Butterworths Wadhwa Nagpur, Eighth Edition, New Delhi, 2008),本著作与百苏本人的《印度宪法概论》的区别是《印度宪法》是对印度宪法条文的详细解读,《印度宪法概论》则按主题讲解;4)萨巴哈许·C.卡许亚普的《我们的宪法——印度宪法概论》(Subhash C. Kashyap, *Our Constitution: An Introduction to India's Constitution and Constitutional Law*, National Book Trust, Second Edition, India, 1995)。其中杰恩的著作堪称权威,内容极为详尽;百苏的著作虽更加简练,但不失深刻;卡许亚普的著作则通俗易懂,更适合非专业人士阅读。

印度法学界相当不重视法制史的研究,印度律师委员会规定的法学院必修的21门课程以及2011年开始的全印律师资格考试大纲规定的20门课程都不包含法制史。这与印度法学界"忽视学术研究"[①]也有重要

————————————

① 〔印度〕辛格著:《印度法学教育与宪法学之热点问题》,柳建龙译,载《求是学刊》2008年第5期。

关系。

印度虽有法律史课程,但法律史研究仅限于英国殖民之后的法律史,印度法学界基本不研究灿烂的印度古代文明的法律史。印度曾经有一个法学院开设过类似中国的法律史课程,但最后也放弃了。一方面印度自古以来不重视历史,直到穆斯林时代才有宫廷史官记述历史,之前的历史主要依赖考古,这也是玄奘的《大唐西域记》填补印度历史空白的重要原因。另一方面,这也与印度法律教育的主要目标是培养职业律师有关,如印度最重要的法律教育文件 1961 年《律师法》设定的教育目标就是这样。① 即使是写近现代印度法律史的著作,其更偏重于司法史,即法院的发展史,对其他部门法历史的研究非常少。同时,印度法律史和宪法史著作往往是合在一起的。

宪法史方面的代表性著作有:1)前述的杜尔迦·达斯·百苏的多卷本巨著——6000 多页的《印度宪法评论》(Commentary on the Constitution of India);2)格兰维尔·奥斯汀的《印度宪法:国家的基石》(The Indian Constitution: Cornerstone of a Nation),该著作对印度制宪过程之描述与分析堪称权威与经典;3)格兰维尔·奥斯汀的《民主宪法的实施:印度经验的历史》(Working A Democratic Constitution: A Hisotry of the Indian Experience),该著作对印度宪法中的几个焦点问题,如对基本权利的限制、司法权和议会权力的冲突、紧急状态和联邦制作了深入的分析;4)马亨德拉·P. 辛格的《印度法律史与宪法史概要》(Mahendra P. Singh, Outline of Indian Legal & Constitutional Hisitory),该著作沿袭印度学者将宪法史和法律史合著的传统,将两者合一。作者退休后被聘为德里法官学院院长,笔者和作者在德里法官学院见面时,他慷慨地声称将其著作翻译成中文在中国出版无需向他付费;5) V. D. 库西拉西萨的《印度法律史与宪法史的里程碑》(V. D. Kulshreshtha's, Landmarks in Indian Legal and Constitutional History),该著作已经是第 8 版,且经后人修正,可见其在印度的影响力;6)前述印度宪法学权威 M. P. 杰恩的《印度法律

———————
① Working Group on Legal Education of National Knowledge Commission, *Report of the Working Group on Legal Education.*

史与宪法史概要》(M. P. Jain, *Outline of Indian Legal & Constitutional Hisotry*),该著作的一个特点是不仅写宪法史和司法史,对其他部门法史也比较重视。

只关注印度宪法某一方面的著作有:1)有关基本权利保护的 S. P. 萨瑟的《印度司法能动主义》(S. P. Sathe, *Judicial Activism in India*),该著作对印度司法能动主义的研究堪称经典,很多印度学者向笔者推荐;2)有关平等权保护的著作如沙西・纳斯・萨拉斯瓦蒂的《印度宪法中的平等权——甘地主义的视角》(*Right to Equality in the Indian Constitution: A Gandhian Perspective*)等。但因笔者在印度学习时间过短,又携带书籍困难等原因,对印度宪法学的文献资料的掌握仍然有限。

三、 本书的研究方法与思路

印度法学研究的主要方法是分析实证主义方法,单单阅读印度法学家的著作,只能看到书本上的法律,而基本看不到印度法治和人权的现实。印度学者在关于印度法律教育的专著中也坦承"沿袭英国的教学模式,讲解法是主要的教学方法,老师长篇大论而学生只是被动接受。讲解法过度注重法律规则,而忽视法律规则背后深层次的政策原因。"[1]

分析实证主义法学派的核心是对法律进行一种实证的客观的分析,注重于现实法法律规则或规范本身的研究,即注重对概念、原则的明确性和条理化、系统化的研究。[2] 本书的研究以印度学者的研究为基础,因此本书的研究方法仍以分析实证主义研究方法为主。

如果说自然法学派的主要任务是批判封建思想,那么分析实证主义法学则是树立法治的权威。代表分析实证主义兴起的著作——奥斯汀的《法理学的范围》发表于 1832 年,正是工业革命完成的时期,资本主义处于上升时期,但这正是分析实证主义的缺点——缺少批判精神。阅读印

---

[1] P. L. Metha & Sushma Gupta, *Legal Education and Profession in India*, Deep & Deep Publication Pvt. Ltd. New Delhi, 2000, forward, xi.

[2] 何勤华主编:《西方法学流派撮要》,北京:中国政法大学出版社 2003 年版,第 75 页。

度大多数法学著作的一个最大感觉是印度法治极其复杂和完备、制度精美，但现实的法治和人权状况与法律制度差距极大。印度三分之一人口处于贫困线以下自不必说，2013年初一场寒流就夺走250多名无家可归或衣不蔽体者的生命更让人心寒，2012年12月19日的轮奸大案引发的民众抗议更使人们担忧弱势群体的人权以及怀疑印度政府保障人权的能力。

　　1911年和1912年美国法学家罗斯科·庞德（1870—1964）在《哈佛法学评论》发表题为《社会学法学的范围和目的》的论文，标志着社会学法学的诞生。社会学法学的纲领中包括"第一，强调研究法律制度与法律学说的效果，要根据社会生活中的法律规范造成的后果进行研究。"①故本书的另一重要研究方法是社会学法学的研究方法——即思考印度宪法制度对印度社会生活的作用以及通过考察印度的历史、文化、政治和经济来观察印度宪法的运行环境，即不仅要看到书面上的宪法也要看到现实中的宪法。笔者每天都关注印度的英语新闻，实时感受印度社会的动态变化。另外，笔者一直试图分析宪制与国家崛起（或现代化）之间的关系，这应当也属于社会学法学的范畴。

　　作为法律史学的著作，历史方法是本书的第三种研究方法。虽然本书的主体部分是写印度宪法的三大基本制度——宪法基本权利、议会内阁制和联邦制，但本书论述了印度殖民时代的所有最重要的宪法性文件，回顾了印度制宪过程、介绍了90年代以来的印度宪法的重大变迁，最后也展望了印度宪法几项重要制度的未来变化趋势。虽然"人们往往将其（历史法学派的代表萨维尼）视为代表了大封建主的利益，是反动保守的。"②但不管是法制革命还是法治改革，都不可能超越历史。为什么有的国家有宪法而没有宪制，印度有宪法也有宪制但却是低质量的宪制，其原因蕴藏于历史中，特别是蕴藏于历史上的宪法性文件中。

　　本书的第四个研究方法和视角是比较的方法，比较法学"已经成为当代世界法律发展和进步不可或缺的手段"③，且"近代中国法制的生成以法

---

① 何勤华主编：《西方法学流派撮要》，北京：中国政法大学出版社2003年版，第53页。
② 何勤华主编：《西方法学流派撮要》，北京：中国政法大学出版社2003年版，第47页。
③ 米健：《比较法学与近现代中国法制之命运》，载《现代法学》2005年3月。

律比较为起点"①,甚至可以说外国法律史专业的主要目的就是进行世界范围内的法律比较。虽然中印两国的宪法相差极大,但本书仍对其中一些制度作了一些比较。同时本书对印度宪法与美国宪法、德国宪法和澳大利亚宪法也作了一些初步的比较。

---

① 米健:《比较法学与近现代中国法制之命运》,载《现代法学》2005 年 3 月。

第一章

印度宪法的源流与诞生历程

　　任何国家的宪法和法律都植根于该国历史中,印度的宪法同样离不开印度 3000 多年的历史,但印度宪法的直接根源则是英殖民地时期的一系列宪法文件,而最直接的被继承者就是 1935 年《印度政府法》。印度制宪会议不仅继承印度历史上的宪法文件,同时兼采世界各国适合印度的优秀宪法内容。考察其制宪经过,对理解今天的印度宪法也具有重大意义。

第一节　印度殖民时期的宪法性文件

　　宪法是人民和国家之间以及国家政权之间分权的最重要的法律文件,但今天的宪法和宪制必然烙上深刻的历史烙印,甚至可以说今天的宪制基因早就存在于该国家的历史和文化中。

一、前英国殖民时代的印度政治统治制度及特点

　　从雅利安人建立国家到 1601 年英国人开始殖民印度的 2000 多年里,自无近代意义上的宪法,也无所谓的宪法性文件,但却存在所谓的"政治法",即国家政权的分配(也有人将广义的政治法定义为宪法、行政法和"宪法性法

律"三部分构成的法律部门)。① 印度阶级国家的历史开始于雅利安人入侵印度,他们建立的第一个大帝国为孔雀帝国。孔雀帝国实行典型的中央集权制度:国王在大臣会议的协助下行使权力;中央直辖地区由国王直接管理,外地城市由省督任命管理。② 经过约 500 年的列国时代,旃陀罗·笈多一世于 319 年建立笈多王朝(笈多一词意为月亮,中国古时曾称印度为月亮之国,所谓"印度者,唐言'月'"③)。笈多王朝的中央集权程度远不如孔雀帝国,实行的是藩国制度,藩属国的义务只有四项:朝见、贡献、军事服务和联姻。即使是中央直接管辖的地区省县两级的许多权力也处于地方势力手中。④ 606 年建立的戒日王帝国的"政治法"或政治管理与笈多王朝相似,但其帝国是众多封建小国的集合体,类似于近现代的邦联制度。从公元 1000年左右逐渐渗透入印度的伊斯兰文明对印度来说又是一种完全陌生的文明。1206 年建立的德里苏丹国被称为"有印度特色的伊斯兰体制"⑤,其统治体制有两个重要特点,其一是贵族势力强大,经常出现贵族推选苏丹皇帝的现象;其二是穆斯林贵族凌驾于广大印度教徒之上。1526 年帖木儿和成吉思汗的后裔建立的莫卧儿(莫卧儿即蒙古之意)帝国虽也是穆斯林国家,但经过第三代帝王阿克巴的改革,与德里苏丹王朝又有很大差异,其最主要的统治特点有二,其一是实行有一定地方分权特点的军事采邑制度;其二是实行怀柔印度教贵族的民族和宗教融合政策(但第六代帝王奥朗则布则取消民族融合政策,实行宗教迫害)。另外,印度宗教观念极为发达,宗教思想及宗教领袖对封建王权有一定的束缚,同时印度乡村自治实践历史悠久,从总体上看,印度的中央集权政治远不如中国古代发达。

二、 东印度公司时期的宪法性文件及其主要内容

几千年来印度一直受到从西北部来的游牧文明的冲击,在文明碰撞

---

① 任海涛:《中国古代政治法思想萌芽研究——以先秦诸子为中心》,华东政法大学 2011 年法律史博士论文(指导教师何勤华教授)。
② 林承节:《印度史》,北京:人民出版社 2004 年版,第 43 页。
③ 邓兵:《印度国名考略》,载《南亚研究》1999 年第 2 期。
④ 林承节:《印度史》,北京:人民出版社 2004 年版,第 76 页。
⑤ 林承节:《印度史》,北京:人民出版社 2004 年版,第 136 页。

中形成了印度灿烂的文明和统治艺术。但从 1601 年起西方工商业文明开始撞击古老的印度，英国人在击败荷兰人和法国人后，印度逐渐沦落成英国的殖民地。

（一）东印度公司直接治理时代

在 1773 年之前，基本由东印度公司自行管理印度事务，英国议会仅通过《特许状》授权其贸易垄断特权和部分准政府权力。

1601 年英国东印度公司首度来印，开始其贸易与殖民的历史。在东印度公司时期，英国议会向东印度公司颁发《特许状》（Charter），授予东印度公司贸易特权以及其他准政府的权力，如立法、司法和执法权力。1600 年第一部《特许状》授权英国东印度公司贸易垄断权，同时授权公司可以制定法律、条例，可以根据法律和惯例对被告人判处罚金或监禁的刑罚。1609 年《特许状》延续上述权利，之后，英王又授予过 1615 年、1623 年和 1635 年特权状。

1660 年东印度公司在印度设立据点，公司的性质发生重大变化。1661 年《特许状》改组东印度公司治理结构，授权公司任命总督和其他官员管理印度的据点，同时授权东印度公司可以对公司职员行使民事和刑事司法管辖权。将英国法律引入印度的第一部《特许状》就是 1661 年特许状，因为该《特许状》明确授权东印度公司对公司职员以及公司所辖地区行使民事和刑事管辖权，并适用英国法律。[1] 但当时的三大据点中孟买和加尔各答都没有建立，同时东印度公司总督和参事会人员也根本不懂英国法，所以引进英国法只是理论上的。1668—1726 年英王又多次颁发过《特许状》，1726 年《特许状》的最重要内容是重组加尔各答、孟买和马德拉斯（今金奈）三个据点的行政和司法机构，在三个据点设立市长法院（Mayor's Court），因市长法院实际上都适用英国法，因此马德拉斯（今金奈）、孟买和加尔各答三地都开始引入英国法。

（二）英国国会与东印度公司共同治理时代

1757 年普拉西战役之前，英国东印度公司实施的是渗透殖民策略，

---

[1] M. P. Jain, *Outlines of Indian Legal & Constitutional History*, Lexis Nexis Butterworths Wadhwa, Nagpur, Sixth Edition, p. 450.

1757年英国东印度公司克莱武以3000兵力在普拉西战役中击败孟加拉纳瓦布西拉杰7万人,遂征服孟加拉,开始了东印度公司正式殖民印度100年的历史,同时英国议会通过《管理法》开始直接干涉印度事务。

1765年英国东印度公司获得孟加拉、比哈尔和奥里萨邦的管理财政的迪万尼(Diwani)权力,鉴于东印度公司的腐败问题,英国国会通过了1773年《管理法》(Regulating Act),英国国会第一次开始通过公司直接干预印度事务。该管理法设总督和四名参事管理三个据点的行政事务,任期5年,由英王任命。总督参事会可以制定法律,但需要在最高法院登记。同时,该管理法规定在孟加拉设立最高法院。1774年3月26日英王根据《管理法》发布许可命令(charter),在加尔各答设立孟加拉最高法院。最高法院由一名首席法官和三名法官组成,均由国王任命。1773年《管理法》被誉为印度宪法发展的里程碑式的法律,第一次在印度引入联邦制政府[①]——总督和省督分权。华伦·哈斯丁斯(Warren Hastings)从马德拉斯迁到加尔各答为第一任总督,名称虽为孟加拉总督,但在加尔各答的孟加拉总督除管辖孟加拉外,还管辖马德拉斯和孟买,孟加拉总督成为事实上的印度总督。

1784年英国国会通过《东印度公司法》(The East India Company Act, 1784)或称《皮特印度法》(Pitt's India Act),全称为《英国和东印度公司事务管理改善法》(An Act for the Better Regulation and Management of the Affairs of the East India Company and of the British)。该法在英国设立由6人组成的管理东印度公司的政府机关——议会监督局,2人来自内阁,4人来自枢密院,其中1人为主席(后成为管理东印度公司的部长)。[②] 政治和外交权力转移给监督局(Board of Control),其他事务留给董事会,但监督局可以通过董事会(Board of Directors)给公司下达指示和命令。该法规定马德拉斯和孟买隶属于孟加拉总督,进一步实现对印度的集中统一管理。英国通过1773年《管理法》和1784年《东印度公司法》(或《皮特印度法》)对印度形成双重权力中心的统治体制。

---

① V. D. *Kulshreshtha's Landmarks in India Legal and Constitutional History*, Revised by B. M. Gandhi, Eastern Book Company, Eighth Edition, Lucknow, 2005, p. 319.

② http://en.wikipedia.org/wiki/Pitt's_India_Act, February 20,2012.

1786 年《管理法》修改了之前的 1784 年《东印度公司法》的参事会集体表决的模式(1784 年《管理法》将参事人数从之前的 4 人改成 3 人),授予总督否决参事会决议的权力,同时规定总督兼任总司令,新任总督康沃利斯提出以上述两个修改条件作为其任总督的条件。

1793 年《特许状法》将东印度公司贸易垄断权延长 20 年,并取消马德拉斯总督和孟买总督,以孟加拉总督作为三个据点的总督,实现东印度公司管理的集权化,但马德拉斯和孟买仍由自己的参事会管理,并可以制定法律。

1813 年《特许状法》继续延长东印度公司贸易垄断权 20 年,但仅限于对茶叶的垄断,其他贸易垄断特权则被取消,同时在法律上确立英王对印度的统治。

1833 年《特许状法》取消东印度公司的贸易职能,仅留政治和行政管理职能,将孟加拉总督名字改为印度总督,使总督成为印度名正言顺的统治者。取消马德拉斯和孟买参事会的立法权(只在紧急情况下可以制定或修改法律),所有立法由印度总督及其参事会负责,之前东印度公司统治地区存在 5 种法律:英国国会的法律、特许状法、总督参事会条例(Regulation)、最高法院的命令以及三个据点的参事会通过的法律,1833 年《特许状法》之后总督参事会通过的法律均称为法(Act)。1833 年《特许状法》专门增加一名(第五名)负责立法工作的法律委员(Law Member),立法和行政工作开始适当分立。该法还专门授权设立第一届法律委员会调查执法和司法情况,该制度在印度延续至今。该法第 87 条还规定"公司的印度职员不得因其宗教、出生地、肤色而被拒绝担任公司任何职位"。东印度公司的财政赤字、英国人要求自由贸易的呼声和实用主义是这次法律改革的重要原因。① 1833《特许状法》被称为"印度法律史的分水岭"②。

① V. D. Kulshreshtha, Revised by B. M. Gandhi, *Landmarks in Indian Legal and Constitutional History*, Eastern Book Company, Eighth Edition, 2005, Lucknow, p. 246.
② Background to Indian Law, p. 17(1946),转引自 V. D. Kulshreshtha, Revised by B. M. Gandhi, *Landmarks in Indian Legal and Constitutional History*, Eastern Book Company, Eighth Edition, 2005, Lucknow, p. 247。

1853 年《特许状法》没有明确规定东印度公司的贸易垄断权的具体延长时间(以前一般是每次延长 20 年),而是由英王自由决定。该法的一个重要内容是专门任命一个立法委员会负责法律草案起草工作,分别由总督、总司令、行政会议成员 4 人、省代表 4 人、最高法院首席法官和最高法院其他一名法官共计 12 人组成,立法委员会可以讨论行政会议的政策,议会制度因立法委员会的组建而被慢慢引入。[①]

三、 英王治理时代的宪法性文件及其主要内容

(一) 1919 年之前的宪法性文件

1857 年大起义一定程度上改变了印度的历史,迫使由英国政府代替东印度公司直接治理印度。

1858 年的《印度政府法》宣布英王接管所有东印度公司的财产和债务,宣布印度由英王治理。英王任命印度国务秘书(Secretary of State for India)负责具体事务,印度国务秘书则由 15 人组成的印度委员会协助,委员中的 8 名由英王任命,7 名由原东印度公司的董事会选举产生。印度国务秘书向英国国会负责,而真正统治印度的是总督及总督之下的行政委员会。在印度的总督和各省省督由英王直接任命,总督之下的委员会则由印度国务秘书任命。该法另一个重要内容是在印度实施公务员制度(文官制度)。

1858 年的《印度政府法》实行完全中央集权的殖民政府模式:各省通过中央政府的代理人——省督(Governor)或副省督(Lieutenant-Governor)实行管理,总督则向印度国务秘书负责,印度人民的意见则基本不被考虑。

1861 年《印度委员会法》(Indian Council Act)规定行政委员会除由政府官员组成外,还必须有非政府官员的人担任。立法起草和咨询等工作则由立法委员会(Legislative Council)承担,成员为 6 至 12 人,且一半以上

---

① Prof. N. Jayapalan, Prof. S. Joseph, Prof. P. Kannan, *Hisotory of India*(1773 - 1985), Mohan Pathipagam, Triplicane, Madras, 1987, p. 108.

为非官方人士,这些人中有些是印度"土邦王公、他们的大臣和大地主",所以印度人"欢呼 1861 年立法会议改革是印度宪制改革的开端"[1],但实际的权力仍完全掌握在总督手里。总督可以提出议案、否决或者将其提交英王考虑,总督还可以直接制定总督令(Ordinance),其法律效力与法律相同。另外该法恢复了马德拉斯和孟买两省的立法会,后来又在 1862 年、1886 年和 1892 年在孟加拉、西北省和旁遮普省设立了立法会。[2] 首任印度总督坎宁(Canning)将政府事务在不同的行政会议成员之间分工,这奠定了印度内阁政府的基础。[3]

1892 年《印度委员会法》(Indian Council Act)一定程度上扩大了民主基础,该法规定非政府官员的立法委员由孟加拉商会(Bengal Chamber of Commerce)任命,省的非政府官员的立法委员由地方团体推荐任命。立法委员会可以对财政收支问题提出质疑。

1909 年《印度委员会法》,是在印度国务秘书莫里(Morley)和总督明多(Minto)的推动下制定的。该法扩大了非官员的民选委员的名额,规定立法委员会可以对除军事、外交等事项外的所有公共事务提出质询。但该法采取民族代表制,给穆斯林保留特定名额,同年穆斯林联盟成立,这为之后的印巴分裂播下了种子。

1915 年《印度政府法》对上述有关立法作了总结,并无新内容。

(二) 1919 年《印度政府法》和 1935 年《印度政府法》

20 世纪初叶,印度自治运动逐渐壮大,其活动的范围在 1917 年逐渐由知识界、社会上层向下层群众扩展,参加同盟(国大党和穆斯林联盟两个同盟)的人越来越多。[4] 英国印度事务大臣蒙塔古在 1917 年 8 月 20 日在英国下院发表了一个政策宣言,宣称在印度实现"责任政府"。

1919 年《印度政府法》就是在蒙塔古(Montagu)-切姆斯福德(Chelmsford)报告基础上对 1915 年《印度政府法》的修改,但改革内容甚

---

① 林承节:《殖民统治时期的印度史》,北京:北京大学出版社 2004 年版,第 117 页。
② 林承节:《殖民统治时期的印度史》,北京:北京大学出版社 2004 年版,第 117 页。
③ Prof. N. Jayapalan, Prof. S. Joseph, Prof. P. Kannan, *Hisotory of India* (1773 - 1985), Mohan Pathipagam, Triplicane, Madras, 1987, p. 113.
④ 林承节:《殖民统治时期的印度史》,北京:北京大学出版社 2004 年版,第 264 页。

多,意义深远。蒙塔古是当时的印度国务秘书,切姆斯福德是印度总督。一战后,印度人民的自治要求高涨,特别是 1885 年成立的国大党的影响日益壮大。英王一定程度上顺应印度人民政治参与的要求,准备逐渐建立责任政府。

　　1919 年《印度政府法》的法律改革的内容主要有: 1)根据 1919 年印度政府法制定《授权条例》(Devolution Rules),中央政府将地方性权力下放给省,包括地方性征税的权力。2)省建立"双头政治"的政府(Dyarchy),即转移的事项(Transferred subjects)由省督在部长协助下履行,同时向省立法委员会负责。保留事项(Reserved Subjects)则由省督在行政委员会的协助下实施,无需向省立法委会负责。双头政府虽被人诟病,但向责任政府迈出了重要一步,是"印度移交权力过程的开端"。[1]3)中央立法机关改由原来的一院制的帝国委员会(Imperial Council)为上下两院制。上院称国务委员会(Council of State),下院称立法大会(Legislative Assembly),除拨款投票(vote supply)由立法大会专有之外,其余权力两者相同。国务委员会(上院)由 60 人组成,其中 34 人由选举产生,26 人由总督任命产生,任期 5 年。立法大会(下院)由 145 人组成,其中的 105 人由选举产生,其余名额由任命产生,立法大会任期 3 年。中央两院的选举原来是间接选举后来改成直接选举,但选民资格受限制极严,中央立法大会的选民为 909874 人,国务委员会的选民为 17364。[2] 4)省督仍然保留真正的实权。

　　虽然设置了民选的中央和地方议会,但基本上仍是摆设,总督和省督控制几乎所有的权力。中央连名义上的责任政府都没有,所有的行政事务由总督在行政委员会的协助下执行(该法规定行政委员会成员为 8—12 名,印度人确定为 3 名),无需向选举产生的中央立法机关负责。中央立法机关只能针对无关紧要的事项制定法律,但总督却仍有否决权。对于重要的事项如税收、宗教、英国雇员工资、军队和外交等事项,中央立法机关连提出议案的权力都没有。总督可以制定总督令,效力与中央议会通过的法律相同。

① 林承节:《殖民统治时期的印度史》,北京:北京大学出版社 2004 年版,第 289 页。
② Prof. N. Jayapalan, Prof. S. Joseph, Prof. P. Kannan, *Hisotory of India*(1773-1985), Mohan Pathipagam, Triplicane, Madras, 1987, p. 228.

省督由总督任命,权力同样巨大。另外,中央和省的权力的划分完全是中央决定的,而不由政府法规定,因此省的权力没有任何保障。虽然在省一级引入部分责任制政府,但省督需要向省立法机关负责的事项均为次要事项。其中的财政权和任命管理公务员的权力都不在转移事项之列,因此部长并没有实权。

甘地领导的不合作运动促使英国政府再次考虑印度的地位问题,1930 年以约翰·西蒙爵士(Sir John Simon)为首的一个委员会向英印双方共同组成的圆桌会议(由英国代表、印度各省代表和印度王公代表组成)提交报告,英国国会的一个联合特别委员会(Joint Select Committee)根据圆桌会议的结果作出立法建议,据此制定了 1935 年《印度政府法》。该《印度政府法》对印度宪法产生极为重大的影响,印度宪法 75% 的内容来自该政府法(或稍加修改)。[①]

1935 年《印度政府法》仍采议会内阁制模式,中央立法机构仍为两院制,但下院的名称改成联邦会议(Federal Assembly),由间接选举产生,上院仍为国务委员会(Council of States),由直接选举产生。与 1919 年《印度政府法》在地方实施“双头政治”相对应,1935 年《印度政府法》在中央实行“双头政治”——总督自行决定防务、外交、基督教事务和部落事务,无需向联邦议会负责;转移事项(Transffered Subjects)由总督在 10 名部长组成的部长委员会(Council of Ministers)的建议下执行,并向联邦立法机构负责。但联邦立法机构的立法职能并不完整,因为总督对立法机构有很多限制。总督可以否决法律案,英王也有权否决联邦立法机构的法律案;总督可以限制任何事项在联邦议会的讨论,某些法律案的提出必须事先经过总督的同意;在议会休会时,总督可以制定总督令,效力与法律相同。

地方的议会内阁制与联邦基本相同,但实行完全的责任政府,即实行名义上的自治——省督执行任何事务都需考虑部长委员会的意见,且向省立法会负责。省议会中有 6 个省采用两院制,分别称为立法会(Legislative Assembly)和立法院(Legislative Council),其余省实行一院制,称为立法会

① Subhash C. Kashyap, *Our Constitution: An Introduction to India's Constitution and Constitutional Law*, National Book Trust, India, Second Edition, 1995, p. 4.

(legislative Assembly),立法会为下院,立法院为上院,地方议会名称与现在的《印度宪法》规定的名称相同。但该法仍授权省督可以在任何时候将属于部长的权力收归己有,因此省自治对印度人而言仍是有名无实。[1]

1935 年《印度政府法》一改 1919 年《印度政府法》的单一制政体,而改采联邦政体。联邦和邦的立法事项都由该法明确列举,与现行印度宪法相同,将立法事项分为三列,一是联邦立法事项(Federal List);二是省立法事项(Provincial List);三是联邦和省共享事项(Concurrent List),且分权与现行印度宪法基本相同,联邦立法事项为防务、外交、货币、统计等。与现行印度宪法关于立法权划分的最大不同是关于剩余立法权的规定,现行印度宪法规定凡没有列举的立法事项都归属联邦,但 1935 年《印度政府法》规定剩余立法权既不归联邦也不归省,而是由总督自行决定归联邦或省。该法所采联邦制度最大缺陷是授权省和各王公邦自由选择是否加入联邦,如果不愿加入,则可以自己制定宪法,为了保持特权直到独立没有任何王公邦加入联邦。

四、历史带给印度什么——印度为什么能制定并保持共和宪法

大部分发展中国家最初曾经制定了民主宪法,但很多国家走上威权主义道路,如诸多东亚国家;有些国家走上军人独裁道路,例如很多中美洲和南美洲国家;很多非洲国家则沦落为无政府主义的政治动荡社会。然而印度从制定共和宪法至今仍然保持宪法的尊严基本不动摇,虽然经济上依然贫困,但没有走上威权主义道路,也没有像邻国巴基斯坦一样走上军人独裁道路,更没有像一些学者担忧的那样即印度民主的结局是巴尔干化。从历史视角看,印度能够制定共和宪法并使其保持至今的原因至少有如下因素:

(一) 英国殖民是印度制定共和宪法的直接原因

西方民族国家的形成、工商业经济的发展以及文艺复兴使西方在文

---

[1] *V. D. Kulshreshtha's Landmarks in India Legal and Constitutional History*, Revised by B. M. Gandhi, Eastern Book Company, Eighth Edition, Lucknow, 2005, p. 319.

化和制度上胜过东方,而西方工业革命的完成则使东方完全落后于西方。西方对东方的征服既给东方带来深重的灾难,但也瓦解了东方腐朽落后的专制政治制度和传统农耕经济模式,对全球独一无二的印度宗教文化和种姓文化也给予沉重的打击。

从 1661 年特许状规定英国法在印度的第一次适用到 1947 年印度独立,近三百年的时间是印度移植英国法的历史,也是印度传统法瓦解的历史。独立运动之前虽然英国人大权独揽,但其政治模式却已经具备近现代宪制的雏形,独立运动则是在这个宪制框架中加入了民族和民主精神。长期在印度担任外交使节的墨西哥文学家帕斯也认为"英国给印度一份无价的遗产:民主体制,法律规范,现代化管理,而印度人也懂得善加保存。"①

另外,英国人带来了"印度民族国家",英国殖民之前的印度从未统一过,没有形成过近现代意义的民族国家,是英国人以英语、铁路和政治管理为媒介统一印度,形成民族国家,而民族国家是宪制的必要条件之一。

(二) 以印度种姓制度为代表的阶级制度是印度维持低质量民主宪法的重要原因

印度历史的一个重要社会基因就是其以种姓制度为核心的阶级制度。印度学界对种姓起源问题并没有形成统一的认识,有起源于职业分工说、起源于种族说、起源于文化融合说等。② 印度的瓦尔纳制度(种姓制度)原意为颜色,故种姓与肤色(即种族)或者说种族歧视有密切联系——雅利安白人对被征服印度土著黑人的歧视(但也有学者认为印度种姓在雅利安人征服印度之前已经存在③)。但早期种族歧视执行并不彻底,因为入侵的雅利安人需要联合一些土著印度人以征服另一些土著人,但随着征服的完成,种族歧视逐渐与职业和阶级联系在一起,所以印度种姓成熟的标志是职业,如剥死牛皮的工作、扫地的工作等只能由贱民充当,最后种姓制度从种族歧视过渡为阶级歧视。最后通过宗教将种姓制度合理

---

① [墨]奥克塔维奥·帕斯著:《印度札记》,蔡悯生译,南京:南京大学出版社 2010 年版,第 115 页。

② K. Singh, *Indian Social System*, Prakashan Kendra, Lucknow, 1999, pp. 65 - 69.

③ K. Singh, *Indian Social System*, Prakashan Kendra, Lucknow, 1999, p. 68.

化和神圣化。因此形成种姓的原因主要是种族、阶级（和职业相连）以及宗教,我国学者也认为"它（瓦尔纳制）把阶级压迫、种族压迫和社会压迫交织在一起"[①],印度学者认为,种姓（csate）形成的因素有五:其一是种族;其二是宗教教派;其三是种姓之间的交往形成新种姓;其四是职业;其五是迁徙。[②] 现在的种姓制度基本已经没有种族歧视的内容,如今虽然印度北方的种姓观念更强,但德里的印度人和泰米尔纳德邦的印度人肤色相差不大。

但宪法却恰恰是阶级妥协的产物,以英国为例,《大宪章》是皇帝和贵族妥协的契约,《权利法案》是资产阶级和贵族妥协的契约,无产阶级的力量的壮大则改革了英国的选举制度——二战后的普选是资产阶级和无产阶级妥协的契约,但这些妥协契约的背后的力量是西方的工商业经济。

虽然中国传统社会同样缺乏平等,但却不是一个典型的阶级社会,特别是唐朝之后,战争和科举制度消灭了传统的贵族阶级,中国成为了"流动性的社会"——上下层社会可以通过科举考试等形式流动。印度与中国不同,却与西方一样是典型的阶级社会,但印度没有形成阶级之间妥协的契约（缺乏工商业经济的内在推动力量）,因此没有产生原生性的资本主义以及原生性的民主宪法。

独立后,印度需要一部宪法以实现国家的统一和团结（印度的种姓、宗教和与语言等原因形成的多元政治力量也是其不可能通过革命实现社会变革的根本原因）,需要用宪法来妥协各个阶级的利益关系,这份协议就变成了今天的印度宪法。

虽然印度宪法也是典型的政治契约,但缺乏工商业经济的平等内核,这是印度能够保持民主宪法 60 多年不动摇但质量低劣的原因。

（三）印度多元的宗教和语言是维系印度宪法的重要力量

印度可以说是世界上最崇尚宗教的国家,宗教种类复杂,即使占人口80％多的印度教徒,其内部也是教派林立,英国人对印度教的调查研究后得出的结论是无法给印度教下一个统一的定义。多元的宗教以及由此形

---

① 林承节:《印度史》,北京:人民出版社 2004 年版,第 26 页。
② K. Singh, *Indian Social System*, Prakashan Kendra, Lucknow, 1999, pp. 56 - 57.

成的多元民族必定需要彼此妥协。另外,即使是印度教徒,也不能简单地归类为统一的民族,因为民族的最重要标志是语言,印度没有国语(National Language),印度宪法规定的官方语言就有 22 种之多(一种联邦语言和 21 种地方语言),只有不到一半的人能讲联邦语言印地语。上一任印度总统穆克吉不会印地语,所以只能用"外语"——英语向国民发表演讲,这在全世界都是少有的。印度人也只能以外语——英语作为全国沟通语言。印度民族和宗教的复杂性,除共和制度外,没有任何办法可以将印度民族融合在一起。

(四) 弱中央集权的历史是印度民主宪法得以保持的历史惯性

印度中央集权最为成功的帝国是孔雀帝国,但其存续时间不过短短137 年(公元前 322 年—公元前 185 年),依中央集权程度递减的王朝依次是为莫卧儿王朝、德里苏丹国、笈多王朝和戒日王朝。

除孔雀帝国之外,其他王朝的中央权力都无法深入到最基层的农村。印度自古及今的村社是印度社会中最基础的经济和行政单位,形成独特的农村自治历史传统,与我国的家族宗法本位的历史形成对比。我国史学界大多认为"印度社会发展的一个最为明显的特点是村社制度的长期存在。"[①]

西方世界的最强大的西罗马帝国存续时间也仅仅 500 年左右(公元前 27 年至公元 476 年),与有几千年的中央集权传统的国家相比只是极短的时间,历史惯性是形成今日印度宪法的重要因素。

印度宪法序言宣称印度为主权的、社会主义的、世俗的和民主的共和国,但印度宪法首先是共和国宪法,印度宪法要从形式的民主宪法走向真正意义上的民主宪法还有很长的路要走。

第二节　印度宪法诞生的历程

一、 印度独立运动领袖的"宪制"思想

宪法是制宪者的儿子,但制宪者们不可能撇开特定时代的经济、政治

---

① 祝立明:《近年来国内印度史研究综述》,载《思想战线》1981 年 12 月。

和文化土壤,印度共和国的缔造者们的思想即使没有直接被印度制宪者所接受,但一定是宪法及其宪制成长土壤的最重要成分之一。

(一) 甘地与甘地主义"宪制"思想

能被印度人尊称为国父的只有甘地一人,即使印度的首任总理尼赫鲁也不能胜任该殊荣,缔造独立印度的第一人是甘地。甘地的经历可以分为四个时期。第一时期(1869—1888 年),在印度学习传统印度知识;第二时期(1888—1891 年),在英国伦敦学习法律和从事律师职业;第三时期(1893—1913 年),应一商人之邀到南非为其处理债务,并在南非一家公司担任法律顾问,且在领导印度侨民的反种族歧视运动中创立了"非暴力"思想;第四时期(1914—1948 年),回国领导印度人民实现独立。甘地的三大核心思想是"宗教化的真理观、非暴力主义学说和印度自治论"[1],但其核心的政治观念是"乡村共和国":村民选举产生村潘查亚特,约 20 个村潘查亚特主席组成区潘查亚特,区潘查亚特主席组成地区潘查亚特、地区潘查亚特主席组成省潘查亚特——由选举产生的一名省长在部长会议的协助下履行职务。省潘查亚特主席组成全国潘查亚特——由选举产生的一名主席在部长会议的协助下履行全国政务。甘地反对大工业,并不认可英国的议会制度,并称其为"不会生育的妇女"和妓女。[2]

(二) 纳拉扬的民主社会主义"宪制"思想和罗伊的"激进人道主义"思想

与甘地思想比较接近的是贾亚普拉卡斯·纳拉扬(Jayaprakash Narayan),简称 J. P. 纳拉扬(1902—1979)的政治思想。其主要内容是,首先建立乡村委员会,乡村委员会选代表建立地区委员会,地区委员会选代表建立全国委员会,由全国委员会处理全国政务,另外纳拉扬厌恶政党政治。纳拉扬思想经历了马克思主义,继而成为民主社会主义(1952 年与马克思主义分道扬镳[3]),后又成为新甘地主义(从事捐地运动和"人人幸

---

[1] 左学金,潘光,王德华主编:《龙象共舞》,上海:上海社会科学院出版社 2007 年版,第 255 页。

[2] B. P. BARUA, *Politics and Constitution-Making in India and Pakistan*, Deep & Deep Publications, New Delhi, 1984, p. 86.

[3] B. P. BARUA, *Politics and Constitution-Making in India and Pakistan*, Deep & Deep Publications, New Delhi, 1984, p. 104.

福运动")。他在 70 年代还成为反对英迪拉·甘地独裁的运动领袖,也是后来短期执政的人民党的精神领袖,他在 1979 年去世,是导致人民党分裂的重要原因。纳拉扬的政权建设思想主要是民主社会主义思想。

曼纳班德拉·纳斯·罗伊(Manabendra Nath Roy, 1893—1954)印度共产党和墨西哥共产党的创建人之一,但后来不认可苏联斯大林的政治模式,逐渐与传统马克思主义分离。罗伊一直批评甘地主义,批评它是小资产阶级的人道主义思想,是"停滞和死亡的思想"。1940 年成立印度激进民主党,后出版《自由印度宪法》,同时提交一份给印度制宪会议,但制宪会议对此草案毫不重视。他设计的政治架构是建立人民委员会,每 5 名成年选民选一名委员,人民委员会选举产生省人民院(Provicial People's Council),省人民院选举产生最高人民院(Supreme People's Council),由国家院(Council of State)和联邦会议(Federal Assembly)组成,同时总督(Goveror-General)也属于最高人民院。所有的立法权由联邦会议行使,但国防、外交、币值和交通需提交省立法机构批准,另国家院的代表从不同职业的选民中选举产生。行政机构由总理为首的部长会议组成,部长会议向最高人民院集体负责,但罗伊没有在其《自由印度宪法》中规定多党制度,所以其内阁集体负责制如何实现颇存疑问。罗伊的密友雷(Ray)认为"罗伊自始自终是个人道主义者"。对苏联模式(罗伊被共产国际开除)和西方民主的批判是罗伊产生新人道主义的重要原因。[①] 罗伊希望建立无政党政治,批判西方的政党政治。罗伊历经无政府主义者、马克思主义者,最后却成为激进的人道主义者(Radical Humanist)。同时,他是唯物主义者,与全民信教的普通印度大众颇为不同。

(三) 苏·鲍斯的集权主义的"宪制"思想

相比较前述 3 位独立政治领袖的政治思想,苏巴斯·钱德拉·鲍斯(Subhas Chandra Bose)的政治思想更加激进,苏·鲍斯是孟加拉一名律师的儿子,属刹帝利种姓(武士),其思想受斯瓦米·维韦卡南达(Swami Vivekananda)和斯里·奥罗宾多(Sri Aurobindo)(1872—1950)的影响。

---

① B. P. BARUA, *Politics and Constitution-Making in India and Pakistan*, Deep & Deep Publications, New Delhi, 1984, p. 86.

鲍斯是印度独立运动领导人中激进的一派，信奉社会主义和极权主义手段。[①] 曾在 1941 年越狱逃亡德国寻求法西斯德国协助打败英殖民政府，并于 1942 年 9 月建立印度国民军（INA），且于 1943 年 10 月在新加坡建立"自由印度临时政府"。1945 年 8 月 18 日鲍斯因所乘日本军用飞机在我国台湾重新起飞时失事而去世。鲍斯可能是第一个意识到必须建立计划委员会的印度领导人。[②] 鲍斯曾两次担任国大党主席，对此印度国父甘地极力反对，鲍斯的"宪制思想"最接近"阶级斗争社会主义"思想，他为国奉献一切的革命主义精神则为印度人所敬仰，苏·鲍斯的弟弟在印度独立后继续从政，并参与制宪会议，但没有哥哥那样激进。

（四）尼赫鲁式的社会主义"宪制思想"

尼赫鲁的建国方略主要由三大部分组成：世俗主义、民主主义和社会主义。[③] 他临终之前又进一步提出了"民主社会主义"的概念，企图把资本主义的议会民主与社会主义的经济平等综合起来，融会为一个整体。[④] 尼赫鲁思想是典型的第三条道路，从学者概括的标准看，他的思想属于"古典社会民主主义（老左派）"。[⑤]

甘地和纳拉扬的思想更多汲取印度的本土精神，而鲍斯思想则基本上属于外来的马克思主义，罗伊则是印度本土精神、马克思主义和西方精神的糅合。

制宪会议基本没有采纳甘地等独立运动领袖的建国理想，而是采纳了尼赫鲁的带有社会主义特点的西方式议会制民主，但印度宪法中的社会主义因素、民主因素则受到其他独立运动领袖思想的影响。

[①] B. P. BARUA, *Politics and Constitution-Making in India and Pakistan*, Deep & Deep Publications, New Delhi, 1984, p. 92.

[②] B. P. BARUA, *Politics and Constitution-Making in India and Pakistan*, Deep & Deep Publications, New Delhi, 1984, p. 96.

[③] 左学金，潘光，王德华主编：《龙象共舞》，上海：上海社会科学院出版社 2007 年版，第 266 页。

[④] 左学金，潘光，王德华主编：《龙象共舞》，上海：上海社会科学院出版社 2007 年版，第 269 页。

[⑤] ［英］安东尼·吉登斯著：《第三条道路——社会民主主义的复兴》，郑戈等译，北京：北京大学出版社 2000 年版，第 8 页。

二、 印度制宪的历程——人物与事件

（一）印度独立与制宪会议的召开

甘地早在 1922 年时就已经提出要制定独立宪法，1935 年国大党重提此提议，1939 年印度国大党工作委员会（为该党的领导机构）又重申之。英国政府一直抵制该要求直到二战爆发。1942 年英国政府同意印度制定宪法，1942 年 3 月丘吉尔派斯塔夫·克里普斯爵士（Sir Stafford Cripps）到印度传达英国政府同意印度制宪的信息。但条件是印度两个主要政党，即国大党和穆斯林联盟能对下述事项表示同意：1）印度宪法由印度人民选举产生的制宪会议制定；2）印度具有自治领的地位（India Dominion Status），同为英联邦成员；3）印度联邦（Indian Union）由各省和近约 600 个王公邦组成，并且各省和王公邦有权自由决定是否接受宪法，不接受印度宪法的则保持现状或者制定自己的宪法。国大党要求立即建立责任政府而不是在战后，故反对克里普斯的建议，穆斯林联盟不同意一个印度原则，而是要求建立两个国家，制定两部宪法，也反对该建议。

时任总督韦弗尔（Wavell）试图调和国大党和穆斯林联盟，但失败。英国政府于是派出内阁使团（Cabinet Mission），于 1946 年 4 月 2 日抵印调和国大党和穆斯林联盟之间的意见分歧，并提出 5 月 16 日计划，内容是：1）分别组建穆斯林联合省和印度教联合省，俾路支、信德、旁遮普和西北边境省组成一个穆斯林联合省，东部的孟加拉和阿萨姆组成另一个穆斯林联合省，其他地方建立印度教联合省；2）印度联邦由英国在印度的各省以及各"独立"的王公邦组成，联邦的权力限于外交、防务和交通，剩余权力归省和王公邦；3）联邦立法机构由各省和王公邦选举产生，但是有关印度教和穆斯林之间关系的问题除需经过国会多数通过外，还需要国大党和穆斯林联盟在国会中各自代表的多数通过。

国大党和穆斯林联盟总体上接受 5 月 16 日计划，但国大党反对分别建立穆斯林联合省和印度教联合省，穆斯林联盟则对没有同意建立独立的巴基斯坦国而不快。于是内阁使团又提出 6 月 16 日计划，即印巴分治计划，国大党仍然反对第二套的分裂国家的计划。

英国政府在 1946 年 12 月 6 日宣布"如果制宪会议不能代表大多数

印度人民,英国政府不再考虑将宪法强加于任何一方",暗示同意制定两部宪法,成立两个国家。

内阁使团指导下产生的印度制宪会议于 1946 年 12 月 9 日召开第一次制宪会议,穆斯林联盟抵制会议召开。1947 年 2 月 20 日英国政府更加明确宣布英国政府在印度的统治将于 1948 年 6 月结束,如果印度不能制定代表全印的宪法,英国将考虑将主权整体移交给印度中央政府或者分开移交给各省。

后英国派蒙巴顿勋爵代替威弗尔为印度总督,加速权力移交和印巴分治过程。英国国会于 1947 年 7 月 4 日通过《印度独立法》,18 日英王批准生效,1947 年 7 月 26 日总督宣布成立巴基斯坦制宪会议,印巴分治成为现实,旁遮普省和孟加拉省经省议会表决一分为二,信德省、俾路支,西旁遮普省、东孟加(今孟加拉国)、西北边境省和阿萨姆的拉锡莱特地区(今孟加拉国境内)成为巴基斯坦,其余地方归印度。

(二) 制宪会议的产生和组成

制宪会议并非全民普选产生,而是在英印殖民政府的主持下由各省立法会选举和各王公邦任命产生的,另外在正式独立之前,英国政府还在监督制宪的进行,所以在 1947 年 8 月 15 日独立之前,制宪会议并不是一个主权机构。

1946 年内阁使团决定的关于制宪会议代表产生的办法是:292 名代表从各省立法会选举产生,93 名由各王公邦(Princely States)选派产生,另外 4 名由中央直辖省(Chief Commissioners' Provinces)派代表,故代表名额总数是 389 名。但 1947 年 6 月 3 日决议成立巴基斯坦制宪会议,巴基斯坦地区的代表不再成为印度制宪会议成员,故印巴分治之后,印度制宪会议代表总额变成为 299 名。至 1947 年 12 月 31 日,各地代表数额如下:12 个省的各省代表名额是马德拉斯 49 名、孟买(当时是一个省)21 名、西孟加拉 19 名、联合省 55 名、东旁遮普 12 名、比哈尔 36 名、中央省和贝拉尔(C. P. and Berar,贝拉尔为当时省名,今马哈拉斯特拉邦境内)17 名、阿萨姆 8 名、奥里萨 9 名、德里、阿杰米尔·莫瓦拉(Ajmer-Merwara)和库格(Coorg)各 1 名,共计 229 名,王公邦分成 29 个单位(共有 500 多个王公邦,若干个小邦组成王公邦联合选派代表),每个邦(或王公邦联合)

产生 1 至 7 名不等的代表,共产生 70 名代表。[1]

　第一次制宪会议实际参加的人数是 210 名,据学者统计,其中高种姓
(婆罗门、刹帝利)代表 155 名、表列种姓(贱民)代表 30 名、部落地区代表
5 名、锡克教代表 5 名、基督徒代表 5 名、英裔印度人代表 3 名、拜火教代
表 3 名、穆斯林代表 4 名,[2]其中制宪会议中的妇女代表 15 名。

　依照党派划分,国大党在最初的制宪会议中的代表的比例是 69%,穆
斯林联盟获得所有为其保留的代表职位,其他政党如表列种姓联盟、印度
共产党和联邦主义党(Unionist Party)也有自己的代表,但在印巴分治,大
部分穆斯林联盟代表退出印度制宪会议之后,国大党代表的所占比例高
达 82%。[3]

　1946 年 12 月 9 日,新哈博士(Dr. Sachchidananda Sinha)担任制宪会
议临时主席,12 月 11 日选举帕拉萨德为制宪会议主席(宪法生效后担任
首任印度总统),前加尔各答大学校长哈兰德拉·库玛·穆克杰
(Harendra Coomar Mookerjee)为制宪会议副主席,穆克杰同时兼任少数
民族委员会主席,同时任命毕业于马德拉斯大学和英国剑桥大学且曾任
加尔各答高等法院法官的宪法史学家 B. N. 劳(B. N. Rau, 1887—1953)
为制宪会议顾问(后担任海牙国际法院法官),负责宪法初稿的起草。

　1947 年 8 月 29 日成立宪法起草委员会,法学博士安贝德卡(B.
R. Ambedkar, 1891—1956)为主席,其成员包括 B. L 米特(B. L.
Mitter)、N. 高普斯瓦米·阿阳那加(N. Gopalswami Ayyanagar)、阿拉
迪·克里希那斯瓦米·艾亚尔(Alladi Krishnaswami Ayyar)、K. M. 芒时
(K. M. Munshi)、萨义德·默德·萨杜拉(Saiyid Mohd Saadulla)、N. 玛德
哈伯·劳(N. Madhab Rao)和 D. P. 克海坦(D. P. Khaitan),其中的克海
坦去世后,由 T. T. 克里希那马查理(T. T. Krishnamachari)代之。宪法
起草委员会包括主席共 8 人,另 B. N. 劳(Dr. B. N. Rau)同时担任宪法起

① http://parliamentofindia. nic. in/ls/debates/facts. htm,May 19,2012.
② Rabindra Kumar Behuria, *Indian Constituent Assembly, an Evaluation*, Orrisa Review,
　January 2011.
③ H. R. Khanna, *The Making of India's Constitution*, Eastern Book Company, Second Edition,
　Lucknow, 2008, p. 6.

草委员会的顾问。

除设立直接起草宪法的宪法起草委员会之外,制宪会议另设 17 个委员会研究程序问题和有关实体问题,并向制宪会议提供咨询等服务。制宪会议四巨头尼赫鲁、帕拉萨德、帕特尔和阿扎德中的前三人分别担任了重要委员会的主席,其中制宪会议主席帕拉萨德兼任程序规则委员会(Committee on the Rules of Procedure)、筹划指导委员会(Steering Committee)、金融工作委员会(Finance and Staff Committee)和国旗特别委员会(Ad hoc Committee on the National Flag)的主席,临时政府总理尼赫鲁担任联邦权力委员会(Union Powers Committee)、联邦宪法委员会(Union Constitution Committee)和邦委员会(States Committee)的主席,被称为"铁血宰相俾斯麦"的内政部长帕特尔任基本权利咨询委员会(Advisory Committee on Fundamental Rights)主席。

(三) 制宪的主要过程

1. 制宪《目标决议》的提出

1946 年 12 月 9 日在制宪大会会议厅(今国会大厦)召开第一次制宪会议后,12 月 13 日尼赫鲁提出制定宪法的《目标决议》(Objectives Resolution),为制宪确定目标和基本原则。目标决议的内容有 8 项:

1)制宪会议庄严宣布印度为主权共和国,并为此制定宪法。

2)英印印度、王公邦以及其他自愿加入独立印度的领土组成联邦(Union)。

3)上述领土,不管是在现有的辖区内或由制宪会议确定或将来由宪法确定的辖区内,都构成联邦的自治单位,除由联邦享有的权力之外,包括剩余权力在内的所有权力由联邦单位享有。

4)独立的印度及其构成单位的所有权力来自于人民。

5)确保印度人民:社会、经济和政治公正;地位、机会和法律面前人人平等;除根据法律和公共秩序作出限制外,享有思想、表达、信仰、良心、崇拜、职业、集会和行动的自由。

6)充分保护少数民族、落后地区和部落地区、受压迫人民以及其他落后阶层的权利。

7)维护共和国境内的团结,根据正义原则和文明国家的法律,印度共和国的领土、领海和领空的主权权利受到保护。

8）这片古老的国度有权力也有光荣的义务为促进世界和平和人类幸福而奋斗。

1947 年 1 月 22 日制宪会议通过该《目标决议》，其中 1）、2）、4）和 5）项内容直接成为印度宪法序言的内容。

2. 制宪会议的五个阶段。

制宪会议工作主要分为 5 个阶段：

第一阶段，各专门委员会向制宪会议提交有关基本问题的报告。

第二阶段，首席顾问 B. N. 劳根据各专门委员会的报告以及对其他国家宪法的借鉴，向起草委员会提交最初的宪法草案（专家稿）。

第三阶段（1948 年 2 月 21 日—11 月 4 日），宪法起草委员会修改宪法初稿，并于 1948 年 2 月 21 日向制宪会议提交宪法草案第一稿，并向社会公布，听取社会意见，经修改，起草委员会于 1948 年 11 月 4 日向制宪会议提交草案第二稿。

第四阶段（1948 年 11 月 4 日—1949 年 11 月 26 日），制宪会议审议第二稿。

第五阶段（1949 年 11 月 26 日），表决通过宪法草案第三稿，总统签署宪法草案，最终形成宪法。

宪法于 1950 年 1 月 26 日生效，同日被选为印度总统的原制宪会议主席帕拉萨德就任总统职务，每年的 1 月 26 日成为印度的"共和日"。

制宪会议存续时间为 2 年 11 个月 17 天。制宪会议共召开会议 11 次，会期共计 165 天，[1]制宪花费 1000 万卢比。[2]

三、 印度宪法诞生的特点

虽然宪法生长于一定社会的土壤中，有什么样的经济政治结构就有什么样的宪法。但是制宪会议本身的工作也起到极为关键的作用，印度

---

① http://en. wikipedia. org/wiki/Constituent_Assembly_of_India, March 20, 2012.
② http://en. wikipedia. org/wiki/Constitution_of_India, February 25, 2013.

制宪会议的组成及其工作的特点至少在如下方面值得评析。

（一）印度共和国的缔造者国大党一党主导制宪会议

印巴分治和原巴基斯坦地区的制宪会议代表退出后，国大党代表占制宪会议比例高达 82％，从表决通过角度而言，制宪会议完全是"一党专政"的会议。其中的制宪会议四巨头尼赫鲁、帕拉萨德、帕特尔以及阿扎德全部是国大党领袖，前三位兼任多个制宪会议专门委员会的主席。1946 年 12 月 3 日尼赫鲁提出且被制宪会议通过的目标决议更是为制宪定了基调，其中的大部分内容直接成为印度宪法的序言。另外，国大党还成立专家委员会，对重要问题首先咨询本党的专家，然后付诸制宪会议表决。

另值得一提的是，除印度国父甘地是法学专业和律师出身外（但甘地没有参加制宪会议而是为伤痕累累的新国家的团结而四处奔走），制宪会议四巨头中的尼赫鲁、帕特尔（1913 年英国留学后回印，是印度艾哈迈达巴德著名的刑事辩护律师）和拉杰德拉·帕拉萨德（1915 年获得法学硕士学位，后又获得法学博士学位，在参与独立运动之前从事律师职业）均是法学和律师执业出身。

（二）制宪会议是民主的会议

虽然国大党一党主导制宪会议，但是国大党本身是非常多元的党，如果说有共同的政治宗旨的话，那么就是独立和国家主权，国大党内部本身包含了各派力量，尼赫鲁和前述因飞机失事而去世的鲍斯等属于左派，内政部长帕特尔等属于右派，国大党领袖甘地虽属于右派，但基于社会形势的需要却积极培养左派的尼赫鲁成为其接班人。后世有些人认为国大党的右派领导人帕特尔在印度独立后去世比较早，无人能制约尼赫鲁是独立后印度经济政策失误的重要原因。另外，制宪会议本身的选举是民主的，大部分代表从各省立法会选举产生，虽未举行直接选举（因为当时政治动荡，直接大选的难度太大），但是基本上能够代表广大印度人民的意志。虽然高种姓代表居多，但低种姓也有相当的代表。印度教代表占大多数，但其他少数教派基本上都有自己的代表。

（三）法学专家在制宪会议中占重要地位

除国大党的四位领袖之外，在制宪会议中起最重要作用的是两位专家,其一是法学博士安贝德卡,他直接担任宪法起草委员会主席;其二是劳,他在 1946 年 7 月 1 日被任命为制宪会议顾问。劳借鉴了英国、美国、加拿大、南非和爱尔兰等国家的宪法后起草了宪法草案第一稿,如果说"安贝德卡是印度宪法的总设计师的话,那么劳就是印度宪法的奠基者"[1],另外国大党内部成立的专家委员会也起到相当大的作用,如果说印度宪法是一部"专家宪法"的话应该不为过。

(四) 贱民领袖成为印度宪法的总设计师

贱民是瓦尔纳四个种姓之外的人群,3000 年来备受歧视和迫害,不得与普通人同吃、同住,早些时候连共用一条河水都不容许,直至今日其生存状况仍不容乐观,但令人惊讶的是属于资产阶级宪法的印度宪法却是由无产阶级的印度贱民设计的。安贝德卡 1912 年在孟买大学获得政治经济学学位,1913 年赴美国哥伦比亚大学学习,1915 年以《印度古代商业》的学位论文获得经济和社会学方面的硕士学位,1916 年赴伦敦格雷律师学院学习,同时在伦敦经济学院攻读博士学位,回国后从事律师和消灭贱民制度的社会活动。安贝德卡自己属贱民,但通过读书改变了自己的命运,并且一生都积极投身于贱民人权运动,制宪会议的时候被任命为宪法起草委员会主席,直接担任了宪法的设计工作,这至少说明印度制宪者希望通过印度宪法改变古老的印度社会。

第三节　印度修宪史述评

虽然 18 世纪的时候,有人否认宪法修改的必要性和可能性,如当时瑞士的瓦特尔和法国的西耶士。[2] 但宪法的修改不但必要当然也是可能的,印度在保持宪法的民主共和基石不动摇的同时,平均每年修宪的 1.5 次证明了这点。

---

[1] Retd. Additional Secretary, Ministry of Law & Justice, *Role of Sir B. N. Rau*, http://www.organiser.org, February 22,2012.
[2] 龚祥瑞:《比较宪法与行政法》,北京:法律出版社 2012 年版,第 106 页。

一、 印度宪法的修宪程序

印度宪法集中规定修宪的权力和程序的内容仅有 1 条即 368 条,但修宪问题是印度宪法中一件颇为复杂的问题。

(一) 关于修宪的第 368 条的具体内容

印度宪法中的修宪程序规定于第二十编中,但第二十编仅有一条,即 368 条的"联邦议会修宪的权力或程序",经 1971 年第 24 修正案和 1976 年第 42 修正案修正后,现行的第 368 条的内容是:

1. 印度宪法第 368 条第 1 款规定:无论本宪法其他条文有何规定,联邦国会根据本条规定的程序享有制宪权,可以增加、修改和删除任何宪法条文。

2. 第 2 款规定:宪法修正案只能在联邦国会任一院中以"法律案"的形式提出,该修正案分别经两院全体议员过半数通过,与会议员三分之二以上多数通过后,修正案提交总统,总统必须批准该修正案,经批准的宪法修正案即行生效。但涉及下列条款的修正案在提交给总统批准前需不少于半数以上的邦立法机构的批准:1)第 54 条、55 条、73 条、162 条和 241 条;2)第五编第 4 章、第六编第 5 章和第十一编第 1 章;3)附表 7;4)邦在联邦国会中的代表;5)368 条本身的修改。

3. 第 3 款:第 13 条不适用于根据本条制定的宪法修正案。

4. 第 4 款:不管是在 1976 年第 42 修正案第 55 条生效之前或之后,生效或未生效的宪法修正案(包括对宪法第三编的修改)不受任何法院的司法审查。

5. 第 5 款:为排除疑问,特此宣布联邦议会增加、修改或删除宪法条文的制宪权不受限制。

(二) 修宪的 3 种程序

印度宪法的修宪程序虽然集中规定于第二十编第 368 条中,但印度宪法实际的修正程序分为三种:第一,绝大多数条款的修改按照第 368 条的程序,由联邦议会任何一院以"法律案"的形式提议,分别经过两院全体议员过半数通过,且经与会议员三分之二以上多数通过(美国联邦最高法院认为美国宪法修正的通过程序仅指出席人数的三分之二而不是全体当选议员的三分之二①),另通过法律案所可能采用的两院联席会议不适用于宪法修正案,即只要其中一院未通过,该修正案即成为废案。修正案经总统批准即成为正式的宪法修正案。

第二,宪法本身授权联邦议会依照普通的立法程序修改宪法,即经任一议会提议,两院分别以全体议员过半数通过且与会议员过半数通过(或两院联席会议全体议员过半数通过且与会议员过半数通过),即可由总统批准。

宪法授权议会以普通立法程序修宪,而无需依据第 368 条修正的内容是:

1)宪法第 2 条"新邦的加入和成立"规定:议会可以制定法律规定合适的条件吸纳新邦或者成立新邦;因新邦的加入或成立而修改宪法附表 1 (邦数目附表)和附表 4(联邦院议席分配附表);印度宪法第 3 条规定联邦国会可以制定法律重组邦而同时修改附表 1 和附表 4。

2)印度宪法第 11 条"国会通过法律规定国民资格"的条款规定:即使宪法有其他规定,国会有权制定国民资格的取得和丧失以及相关内容的法律。印度宪法明确规定不承认双重国籍,但因为授权议会通过制定普通法律修宪,鉴于海外印度人的重大影响力,现在印度实行准双重和准多重国籍制度。

3)第 73 条"联邦行政权的范围"规定,联邦行政机关执行联邦法律和印度参与的国际条约,但在议会制定法律之前,仍由邦行政机关执行按照宪法规定本应由联邦行政机关管辖的事项,所以联邦议会可以通过法律收回原来邦行政机关的行政权。

4)印度宪法附表 2(有关重要政治官员的薪水)的修改,相关宪法条文授权议会制定法律变更有关官员的薪水。包括总统的薪水(印度宪法第 59 条第 3 款)、部长的薪水(75 条第 6 款)、联邦院主席副主席和人民院议长副议长的薪水(97 条)、最高法院法官的薪水(125 条)、审计长的薪水(148 条)、邦长的薪水(158 条)和高等法院法官薪水(221 条)。

5)授权议会制定和修改宪法中联邦议会和议员豁免权内容。

———————————

① 龚祥瑞:《比较宪法与行政法》,北京:法律出版社 2012 年版,第 109 页。

6) 印度宪法规定印度最高法院设一名首席法官和 7 名其他法官,但议会可以制定法律变更之。

7) 印度宪法第 133 条规定高等法院独任法官审理的案件的判决不得上诉至印度最高法院,但议会可以通过法律另行规定。

8) 印度宪法第 135 条规定除非议会法律另有规定,印度最高法院享有印度宪法生效前的印度联邦法院享有的职权,故联邦法律可以变更之。

9) 印度宪法第 137 条规定,除非议会法律和印度最高法院的程序规则另有规定,最高法院有权审查自己作出的判决,故联邦法律可以变更之。

10) 印度宪法第 171 条第 3 款对邦立法院(Legislative Council),即邦上院的组成有规定,但第二款规定"除非联邦议会另有法律规定"。

11) 印度的联邦官方语言为印地语,宪法第 343 条第 2 款规定宪法生效起 15 年内英语仍为联邦官方语言,但第 3 款授权议会通过法律规定 15 年后英语仍为联邦官方语言。实际上,议会通过法律将英语作为联邦官方语言沿用至今。

12) 印度最高法院和高等法院用语以及联邦国会和邦立法机构的法律文本的用语均为英语,但联邦国会可以通过法律另作规定。

13) 联邦国会可以通过法律修改宪法附表 5(表列地区和表列部落的行政管理)和附表 6(阿萨姆邦、梅加拉亚邦、特里普拉邦和米佐拉姆邦的行政管理)。

第三,涉及联邦制度内容的条款,则除上述议会提议,两院分别通过外还需要半数以上邦立法机构批准(美国的所有宪法修正程序需经过四分之三的州议会或州制宪会议批准,此与印度宪法修正程序有别),这些条款被称为"根深蒂固条款"(entrenched provision)。①

宪法修正案需要半数以上邦立法机构批准的事项基本上都涉及联邦制,即凡涉及邦利益的事项的有关条文的修改,包括如下事项和条文:

1) 总统选举方式的改变。印度总统由联邦国会两院议员和邦立法

---

① M. P. Jain, *Indian Constitutional Law*, Lexis Nexis Butterworths Wadhwa, Sixth Edition, Nagpur, 2010, p. 1762.

会(下院)议员组成的选举团选举产生,因此总统选举方式变更的修正案需半数以上邦立法机构的批准。(第54和55条)

2) 第73条规定联邦行政机关执行联邦法律,第162条规定邦行政机关执行邦法律,另外这两条也规定联邦行政权优于邦行政权。若改变联邦和邦之间的行政权分配,则该宪法修正案需半数以上邦立法机构批准。

3) 第241条有关高等法院管辖权扩展到中央直辖区的规定。

4) 第五编第四章《联邦司法机关》(124条至147条),即涉及最高法院的任何条款的修改,因印度最高法院不仅是联邦的最高法院当然也是邦的最高法院。

5) 第六编《邦》第五章《邦高等法院》(214条至237条)的修改。印度是联邦制国家,司法机关却实行单一制,不像美国那样将法院分为联邦法院和州法院两套法院系统——联邦法律纠纷在联邦司法系统中解决,州法律纠纷在州司法系统中解决。印度的法律纠纷不管是涉及联邦法律还是邦法律,都在统一的司法体系中解决。高等法院首席法官由总统经咨询印度最高法院首席法官和邦长后任命,其他高等法院法官由总统经咨询最高法院首席法官、邦长和邦高等法院首席法官后任命,高等法院法官的薪水由宪法或联邦议会法律直接规定,高等法院的管辖权也由联邦法律规定。从人事权和管辖权看,高等法院属于"联邦的法院",但在称谓上高等法院被称为邦高等法院(High Courts in States),另外第五章《邦高等法院》规定于第六编《邦》中,显示出高等法院在宪法结构安排上属于"邦的司法机关",同时,高等法院的经费由邦财政负担。因此涉及高等法院有关条文的修正案,需经过半数以上邦立法机构的批准。

6) 联邦和邦立法权的划分(第245至255条及宪法附表7)的修改。

7) 联邦国会(人民院和联邦院)议员代表名额在各邦的分配(第368条第2款但书d项)的修改。

8) 修宪程序本身的修改(即第368条的修改)。

(三) 最高法院限定的修宪的范围

虽然印度宪法的修正频率极高,从1950年至2021年已经修正104次,平均每年1.49次。但从1951年第一修正案开始,印度宪法就面临一个问题:是否所有的宪法条文特别是基本权利条款都可以被修改?

印度宪法第 13 条第 1 款规定：宪法生效前制定的任何与本编相冲突的法律均无效。第 2 款规定：国家不得制定法律剥夺本编规定的权利，任何与本款相冲突的法律均无效。即印度宪法虽没有明确规定宪法生效后凡与印度宪法相冲突的法律均无效，但印度制宪者却明确在第 13 条中赋予"基本权利"具有"最高法律效力"——凡剥夺宪法第三编基本权利的"法律"均无效。印度宪法中 75％的内容从英国人制定的 1935 年《印度政府法》继承而来，但基本权利条款则完全是印度人民所"独创"，印度制宪者们将印度人民近 100 年奋斗所得的基本权利奉为神圣是容易理解的。

但第 13 条所指的"法律"是否包含"宪法修正案"，如果包含，则宪法修正案不得修改第三编的内容，如果不包含则宪法修正案可以修改宪法任何条文。

印度宪法生效 1 年后即通过了宪法第一修正案，该修正案的一个重要内容是增加 31A、31B 条以及宪法附表 9（为保持宪法框架不变，印度宪法修正时不改变原来宪法的条文顺序，而是例如在第 31 条后增加 31A 条，这样使原来的第 31 和 32 条顺序无需变动）。新增的 31A 条规定：无论本编有何规定，有关国家征收财产或者限制、取消财产权利的法律，不得因其与本编不一致或者剥夺本编的权利而被认定无效，但除非邦立法机构制定的法律经过总统批准，本条不适用于邦立法机构制定的法律。新增的 31B 条规定：除第 31A 条的一般性效力外，附表 9 中的任何法律和条例或其中任何条款（即使之前曾被判定无效）不得因其与本编不一致或者剥夺本编任何条款赋予的权利而无效（除非立法机关自行取消或者修改），即使任何法院或法庭作出相反的判决或命令也不影响其效力。

上述第一修正案中的 31A 和 31B 的目的都是为了推进印度的土地改革，31A 条一般性地规定限制财产权的法律合宪有效，第 31B 条则在宪法中增加附表 9，将有关土地改革而限制财产权的法律都放在该附表 9 中，并规定所有附表 9 中的法律不受司法审查。

这条修正案立即在山卡里·帕拉萨德·辛格诉印度联邦（Shankari Parasad Singh v. Union of India）①案中受到司法审查，但印度最高法院认

————————

① AIR 1951 SC 458.

为宪法修正案不是"法律",因此不适用第 13 条的规定,即印度最高法院认为议会可以对宪法中的任何条款作出修正,包括对宪法第三编中的基本权利条款作出修改。

13 年后的 1964 年的桑贾·辛格诉拉贾斯坦邦(Sajjan Singh v. State of Rajasthan)[①]案中,宪法修正案(1964 年的宪法第 17 修正案)的合宪性第二次受到挑战,法院以 3∶2 支持山卡里案判决中的意见,即仍认为"宪法修正案"不是第 13 条所指的"法律",故宪法修正案不受第 13 条的约束——宪法修正案可以对宪法的任何内容作出修改,但该案件判决中已经出现少数的反对意见。

1967 年印度最高法院在 L. C. 高兰克·纳斯诉旁遮普邦(L. C. Golak Nath v. State of Punjab)[②]案中以 6∶5 的比例,一反山卡里和桑贾·辛格案件的判决,认为宪法修正案是"法律",因此必须受印度宪法第 13 条的约束,即不得侵犯宪法第三编的基本权利。多数意见甚至认为第 368 条并没有授予任何修宪权,而只是规定了修宪程序。但鉴于印度独立以来的十几年中,邦立法机构已经通过了很多限制财产权的土地改革的法律,若高兰克判决具有溯及既往的效力则可能引发社会动荡,故本判决写明该判决只具有"将来效力",即本案中受审查的第 17 修正案及以往类似的修正案仍有效,但将来通过的限制基本权利的修正案则无效。

为对抗高兰克·纳斯案判决,1971 年上台的国大党议会通过了第 24 宪法修正案,在第 13 条中增加第 4 款,规定第 13 条不适用于宪法修正案。为保险起见,同时在第 368 条中增加第 3 款,同样规定第 13 条不适用于根据 368 条作出的宪法修正案。另外第 368 条中的"修宪程序"字样改成"议会修宪的权力和程序",即明确推翻高兰克·纳斯案件中多数法官认为"第 368 条没有授予议会修宪的权力,所规定的只是修宪的程序"的意见。又在第 368 条中增加第 1 款,规定"无论本宪法其他条文有何规定,联邦国会根据本条规定的程序享有制宪权,可以增加、修改和删除任何宪法条文。"

---

① AIR 1965 SC 845.
② AIR 1967 SC 1643; 1967(2) SCR 762.

　　为使宪法修正程序与普通立法程序有别,第24修正案还规定,经两院议会特别多数通过的宪法修正案,总统"必须"批准。在普通立法程序中,总统有"同意""否决"或者"交回议会"重新考虑的权力,这样修改的目的是要显示出修宪程序与普通立法程序更加不同。

　　在通过第24修正案使宪法修正案不受司法审查后,1971年第25修正案立即更加严厉地限制财产权,包括:1)第31条第2款中的"赔偿"字样改成"数量",即明确征收无需全额赔偿;2)增加31C款:根据第39(b)和(c)项制定的法律不适用第14、19和31条,即根据《国家政策指导原则》第39条b和c项的经济公平政策制定的法律不因其侵犯14条的平等权、19条的7项自由和31条的财产权而无效;同时规定根据39条b和c项制定的法律不受司法审查。通过这些修改,印度宪法中第四编《国家政策指导原则》的效力高于第三编《基本权利》的效力。

　　宪法第24和25修正案在最著名的凯瑟万达·巴拉提诉喀拉拉邦(Kesavananda Bharati v. State of Kerala)[1]案件中受到司法审查。在该案件中最高法院13名法官组成的法庭的多数意见推翻了高兰克·纳斯案件的判决,认为宪法修正案并非普通法律,宪法修正案可以修正第三编的基本权利条款,因此判决第24修正案有效,第25修正案主要内容也有效,但31C条中排除司法审查的部分无效。(31条第一段后半部分)

　　凯瑟万达案判决是对山卡里、桑贾·辛格案以及高兰克·纳斯案件判决的折中,即推翻了前两者的判决(该两个判决认为宪法修正案不是法律,因此宪法修正案可以修正宪法任何条款包括基本权利条款),也推翻了高兰克·纳斯案判决(该案认为宪法修正案等同于法律,因此宪法修正案不得限制和删除基本权利条款),凯瑟万达案判决则认为宪法修正案不是第13条所指的普通法律,宪法修正案可以修正包括基本权利条款在内的条款,但该案创立了宪法"基本结构"(basic strucuture)理论,即宪法修正案不得修改宪法的基本结构或者核心制度。

　　宪法基本结构理论在英迪拉·甘地案[2]和米内瓦案件[3]中又有新发

---

[1]　AIR 1973 SC 1461;(1973)4 SCC 225.

[2]　Indira Nehru Gandhi v. Raj Narain;AIR 1975 SC 2299.

[3]　Minerva Mills Ltd. v. Union of India;AIR 1980 SC 1789;(1980)3 SCC 625.

展,我国学者柳建龙对印度宪法基本结构理论作了专题的研究。宪法基本结构具体包含哪些内容实际上没有定论,印度最高法院的意见往往因案而异。我国学者经梳理印度最高法院的相关判决后列出了 21 项内容,包括宪法至上、法治、议会制政府、联邦主义、个人的自由与尊严等,[①]凡宪法修正案违反上述原则的会被印度最高法院判定为无效。

总而言之,印度最高法院从凯瑟万达案件中发展出一套宪法"基本结构"理论,限制了联邦议会修宪的权力。

二、 104 次修宪的主要内容

印度宪法从 1951 年第一次修正以来,到 2019 年已经修正 104 次,平均每年修正 1.51 次,其修正频率之高世所罕见。

尼赫鲁时代(1951—1964 年)13 年共修宪 17 次(第 1—17 修正案),平均每年修正 1.3 次;英迪拉·甘地时代(1964—1984 年)约 20 年共修宪 34 次(第 18—51 修正案),平均每年修正 1.7 次;后英迪拉·甘地时代(1984—2019 年)共修正 53 次(第 52—104 修正案),平均每年修正 1.5 次。其中重大修改的有第 1、4、24、25、39、42、44、73、74、97、99、101 和 103 修正案。

(一)尼赫鲁时代的宪法修正案
1. 1951 年第 1 修正案(1951 年 6 月 18 日生效)

修改第 15、19、85、87、174、176、341、342、372 和 376;增加 31A 和 31B 条;增加附表 9。

1)对基本权利的限制:第 15 条中增加第 4 款,规定宪法平等权并不妨碍国家对落后阶层作出另外的保护;第 19 条中则增加了"公共秩序""与外国的友好关系"和"煽动犯罪"和"合理"等字样,以限制言论自由;第 19 条第 6 款中则增加择业自由权不得妨碍"国家制定法律对某些行业的国有化以部分排除或者完全排除私人的经营"的内容。

<hr/>

① 柳建龙:《宪法修正案的合宪性审查——以印度为中心》,北京:法律出版社 2010 年版,第 119—120 页。

2）议会会议制度的修改：原联邦国会每年至少召开 2 次改成总统可以随时召集（第 85 条）、原总统需向每次人民院大会做特别演讲改成只向大选后第一次大会和每年第一次大会作特别演讲（87 条），邦议会中也作了相似的修改（第 174 和 176 条）。

3）为废除柴明达尔地主制度而限制财产权，故增加 31A 和 31B，同时增加宪法附表 9，将有关土地改革的 13 部法律列在其中，规定这些法律不受司法审查。

2. 1952 年第 2 修正案（1953 年 5 月 1 日生效）

修改第 81 条，原条文规定人民院每一议员所代表人口在 50 万至 75 万之间，修正后规定每一议员所代表人口可以多于 75 万。实际上这种修正没有什么必要，之后的修正案直接删除了每一议员所代表的人口数，而直接规定人民院总议员不超过 550 人（530 名邦代表和 20 名中央直辖区代表）。

3. 1954 年第 3 修正案（1955 年 2 月 22 日生效）

修改附表 7 共享立法事项第 33 项，扩大该项管辖的范围，即原来该条只包含中央法律确定的商品的有关立法，修改后扩大到所有生活必须品的立法，这样扩大了中央可以立法管辖的商品的范围。因为虽然联邦和邦都可以对此立法，但联邦法效力高于邦法，所以共享事项的增加实际上扩大了联邦的权力。

4. 1955 年第 4 修正案（1955 年 4 月 27 日生效）

修改第 31 条第 2 款，并在第 31 条中增加 2A 款；修改 31A、35 和 305 条；修改附表 9。本修正案的目的是为了推翻西孟加拉邦诉贝拉·班内吉（State of West Bengal v. Bela Banerjee）案①，在该案判决中印度最高法院认为凡征收都必须给予"公正补偿"（just compensation）。修正后的 31 条第 2 款明确将没收（deprivation）和征收（acquisition and requisition）分开，补偿只针对后者，同时规定补偿数额争议不受司法审查。新增 2A 款规定不转移所有权而仅对私人财产的限制不属于征收。

修改 31A 条，扩大不受司法审查的法律的种类，即不仅废除柴明达尔

---

① AIR 1954 SC 170.

中间地主制度的法律不因其违反第 14、19 和 31 条而无效,其他社会改革立法也不因相同的原因而被判定无效。

在附表 9 中加入 1950 年《比哈尔难民安置(土地征收)法》等 7 部法律,使其不受司法审查。

修改第 305 条,授权政府建立垄断企业,其目的在于推翻桑加・阿哈马德诉北方邦(Saghir Ahmad v. State of Uttar Pradesh)案判决,该案判决认为政府垄断必须基于公共利益。

5. 1955 年第 5 修正案(1955 年 4 月 27 日生效)

修改宪法第 3 条,规定邦边界变动和邦更名问题上邦立法机构必须在联邦规定的时间内回复咨询意见,原来无任何时间性规定。

6. 1956 年第 6 修正案(1956 年 9 月 11 日生效)

修改第 269 条和 286 条以及附表 7。第 269 条第 1 款中增加 g 项,将除报纸外的邦际贸易货物税列入联邦开征但分配给邦财政收入的项目中(但第 269 条第 1 款在 2000 年被第 80 修正案全部修改);在第 286 条中增加第 3 款,规定邦对邦际贸易商品征税的法律受联邦法律约束;在联邦立法事项分表中增加 92A 项,改由联邦而非邦制定邦际销售税的法律,同时修改邦立法事项分表第 54 项,规定邦制定的商品买卖法律要受 92A 的限制(即受联邦立法的限制)。第 6 修正案的目的是消除不同邦之间对销售税的重复征收以利于邦际商品流通,同时改由联邦控制邦销售税立法,强化了联邦的税收立法权。

7. 1956 年第 7 修正案(1956 年 11 月 1 日生效)

第 7 修正案可被称为“邦重组修正案”,修正内容极多。修改了第 1、49、80、81、82、131、153、158、168、170、171、216、217、220、222、224、230、231、232、298、371 条;增加 258A、290A、350A、350B、372A 和 378A;将第 8 编《附表 1 中的 C 邦》改成《中央直辖区》,修改附表 1(邦和中央直辖区数目附表)、附表 2(重要政府官员薪水的附表)、附表 4(联邦院议席在各邦的分配数额)和附表 7(联邦和邦立法权分权附表)。

第 7 修正案的主要内容是以语言为基础重组邦,取消 A 邦(独立前省)和 B 邦(王公邦)的区别,将 C 邦改成中央直辖区,取消 D 邦,因邦地位变化而引发大量条文的修改。另外第 7 修正案对有关高等法院的条文作了比较大的修改,如允许额外和代理法官以及退休法官在高等法院任职等。

8. 1959 年第 8 修正案(1960 年 1 月 5 日生效)

第 8 修正案修改第 334 条,第一次延长表列种姓、表列部落和英裔印度人在人民院和邦立法会中的保留性规定,即延长 10 年,至 1970 年。

9. 1960 年第 9 修正案(1960 年 12 月 28 日生效)

第 9 修正案修改附表 1,基于与巴基斯坦达成边界划分协议,修改印巴边界的阿萨姆邦、旁遮普邦、西孟加拉邦和特里普拉中央直辖区的边界。

10. 1961 年第 10 修正案(1961 年 8 月 11 日生效)

第 10 修正案修改第 240 条和附表 1,因从葡萄牙手中收回达德拉·那加 & 哈维里,故成立达德拉·那加 & 哈维里中央直辖区。

11. 1961 年第 11 修正案(1961 年 12 月 19 日生效)

第 11 修正案修改第 66 条和 71 条。在 71 条中加入第 4 款,原来副总统由联邦议会两院联席会议选举产生,修正后改由联邦国会两院组成的选举团选举产生,原因是两院联席会议选举产生副总统既无必要,实践中也有困难。[1] 另外明确规定不得因选举团成员有缺席,其选举效力受质疑(因之前有法院因选举中有议员缺席而判决选举无效的情况)。

12. 1962 年第 12 修正案(1962 年 12 月 20 日生效)

修改第 240 条和附表 1,因从葡萄牙手中接管果阿和达曼·第乌,因此成立两个中央直辖区,故修宪。

13. 1962 年第 13 修正案(1963 年 12 月 1 日生效)

根据印度政府与"那加人民大会"达成的协议,增加第 371A"那加兰邦特别条款"并成立新邦那加兰邦,以适应该邦人民的权力要求。

14. 1962 年第 14 修正案(1962 年 12 月 28 日生效)

修改第 81、240 条,增加 239A 条,修改附表 1 和附表 4。新成立本地治里中央直辖区,并在喜马偕尔邦、特里普拉邦、曼尼普尔邦和果阿邦成立立法会,故修宪。

---

[1] http://indiacode.nic.in/coiweb/amend/amend11.htm, February 23, 2013.

15. 1963 年第 15 修正案(1963 年 10 月 5 日生效)

修改第 124、128、217、222、224、226、297、311 和 316 条,增加 224A 条,修改附表 7。

修改第 217 条将高等法院法官退休年龄由 60 岁改成 62 岁(法律委员会建议改成 65 岁退休)。

修改第 222 条,规定被调动的高等法院法官享有联邦法律规定的额外津贴的权力,使高等法院法官乐于接受调动。

修改第 124 和第 217 条,规定总统有权决定最高法院和高等法院法官的退休年龄。

在第 226 条中增加第 2 款,规定所有高等法院都可以根据第 226 条向德里的中央政府官员发布特权令(Writs)(之前只有旁遮普高等法院有此权力)。

在附表 7 联邦立法事项分表第 78 项中增加"假期"字样,明确高等法院的"假期"属于联邦管辖事项范围。

修改第 311 条,限制公务员的申诉的权力。

16. 1963 年第 16 修正案(1963 年 10 月 5 日生效)

修改第 19、84 和 173 条,修改附表 1。修改 19 条第 2、3 和 4 款,授权国家可以制定法律基于印度的主权和领土完整而限制言论、集会和结社自由;修改第 84 和第 173 条以及附表 3(重要官员宣誓内容和格式),将"维护印度主权和领土完整"作为法定宣誓内容。本修正案的起因是一些候选人在竞选中发表分裂国家言论以争取选票,本修正案限制之。

17. 1964 年第 17 修正案(1964 年 6 月 20 日生效)

修改第 31A 条第 2 款 a 项,扩大不动产(estate)的范围,使更多的涉及土地改革的法律不受司法审查,同时在附表 9 中新增 1961 年《安德拉邦农业土地所有最高额法》等 44 部涉及土地改革的法律,使其不受司法审查。第 17 修正案是第三次限制财产权,以推动土地改革。(前两次是第 1 和第 4 修正案)。

(二) 英迪拉·甘地时代的宪法修正案

印度第一任总理贾瓦拉哈尔·尼赫鲁于 1964 年 5 月 27 日下午 1 点 40 分去世,夏斯特里继任总理,但 1966 年 1 月夏斯特里在前苏联塔什干

参加和平谈判时突然去世。国大党元老一方面想利用尼赫鲁家族的政治
影响,一方面希望挑选一个"不谙世事"的女子担任总理,以遥控权力,故
英迪拉·甘地被推选为总理候选人之一,在 1966 年 1 月 19 日国大党国
会议员组成的选举团选举中,英迪拉·甘地以 355 对 169 票击败她的党
内政敌德赛,[①]成为印度第三任总理。英迪拉·甘地从 1966 年担任总理
直到 1984 年 10 月 31 日被自己的锡克教卫兵打死(1977 年至 1980 年人
民党曾短期执政 3 年,曾两次修宪),在印度执政达 15 年之久,共修宪 32
次,每年 2 次多,修宪频率最高,英迪拉·甘地的历史地位也备受争议。

18. 1966 年第 18 修正案(1966 年 8 月 27 日生效)

修改第 3 条,增加两段解释性文字"解释 1:本条中,a 至 e 项的'邦'
包括中央直辖区,但是但书中的邦不包含中央直辖区""解释 2:a 项授予
联邦国会的权力包括从其他邦和中央直辖区分出部分领土组建邦和中央
直辖区的权力"。本修正案的目的是明确授权联邦重组旁遮普邦和喜马
偕尔中央直辖区的权力。

19. 1966 年第 19 修正案(1966 年 12 月 11 日生效)

修改第 324 条,取消选举委员会设立选举法庭的权力,后修改 1951
年《人民代表法》,规定由高等法院审理选举案件。

20. 1966 年第 20 修正案(1966 年 12 月 22 日生效)

增加第 233A 条,意在推翻昌德拉·莫汉诉北方邦(Chandra Mohan
v. State of Uttar Pradesh)[②]案判决,该案判定政府在北方邦任命的部分
地区法官无效。新增第 233A 条规定即使地区法官的任命不符合第 233
和 235 条,但依然有效,且这些法官作出的判决和命令也有效。但该修正
案有破坏法治之嫌。

21. 1967 年第 21 修正案(1967 年 4 月 10 日生效)

修改附表 8(官方语言附表),增加信得语(Sindhi)为邦官方语言之一。
信得语本是南亚信得省(今巴基斯坦)人讲的语言,印度讲信得语的人有
280 万,巴基斯坦则有 17000 万,[③]但信得语不是印度特定邦的官方语言。

---

① Katherine Frank, *Indira: the Lifte of Indira Nehru Gandhi*, Harper Collins, 2005, p. 292.
② AIR 1966 SC 1987.
③ http://www. sindhilanguage. com/language. html, February 27,2013.

22. 1969 年第 22 修正案(1969 年 9 月 25 日生效)

增加第 244A 和第 371B 条,规定在阿萨姆邦内建立自治邦,另成立一个隶属于阿萨姆立法会的专门委员会。随后,联邦国会通过了 1969 年《阿萨姆重组法》,在阿萨姆邦内建立二级邦——梅加拉亚邦(后升为普通的邦),以满足阿萨姆邦人民的自治要求。

23. 1969 年第 23 修正案(1970 年 1 月 23 日生效)

修改第 330、332、333 和 334 条。修改第 334 条,将表列种姓和表列部落以及英裔印度人在人民院和邦立法会中的保留期限延长到 1980 年(原 1959 年第 8 修正案将其延长到 1970 年);修改第 333 条,限制邦长只能任命一名英裔印度人为邦立法会成员(之前没有限制);修改第 330 和第 332 条,取消梅加拉亚邦表列种姓和表列部落人员在人民院和该邦立法机构中的席位的保留,因为该邦 90% 的人都是部落人员,已经不是少数民族,无需为其作保留规定了。

24. 1971 年第 24 修正案(1971 年 11 月 5 日生效)

修改第 13 条和 368 条。在第 13 条中增加第 4 款,规定本条不适用于宪法修正案,即宪法修正案可以修改宪法基本权利;第 368 条也作出相应的修改。本修正案的目的是为了推翻高兰克·纳斯(Golak Nath)[1]案判决,使修改基本权利的修正案不至于被法院判定无效。

25. 1971 年第 25 修正案(1972 年 4 月 20 日生效)

修改第 31 条,增加第 31C 条。修改第 31 条,将"赔偿"改成"数量",即征收补偿不是全额补偿,并规定补偿数额和形式不受司法审查;第 31 条中增加 2A 款,规定没收不是征收;增加第 31C 条规定实施《国家政策指导原则》中的第 39 条 b 和 c 项公平经济政策的法律,不得因其侵犯第 14、19 和第 31 条规定的基本权利而被判定无效。该修正案的目的是推翻最高法院在银行国有化案件[2]中的判决,

26. 1971 年第 26 修正案(1971 年 12 月 3 日生效)

修正案删除第 291 和第 362 条(第 291 条规定由印度政府向原来的

---

① AIR 1967 SC 1643.

② R. C. Cooper v. Union of India: AIR 1970 SC 564.

封建王公提供年金,第 362 条保障其人身特权);修改 336 条,明确所谓的
"统治者"(ruler)指本修正案之前总统认定的王公贵族;增加 363A,明确
废止王公统治及其年金(Privy Purse)制度。本修正案的起因是印度最高
法院关于王公年金案的判决,[①]该案判决废止王公年金的法律侵犯财产
权,故无效,本修正案则使最高法院的判决失效。

27. 1971 年第 27 修正案(1972 年 2 月 15 日生效)

修改第 239A 和第 240 条,增加第 239B 和第 371C 条。重组米佐拉
姆,使其成为中央直辖区,并成立立法会和部长委员会。

28. 1972 年第 28 修正案(1972 年 8 月 29 日生效)

增加第 312A 条,删除第 314 条。修改公务员制度,使独立前后的相
关制度相一致。

29. 1972 年第 29 修正案(1972 年 6 月 29 日生效)

修改附表 9,在附表 9 中增加 2 部喀拉拉邦土地改革法,使其受第
31B 条的保护而不受司法审查。

30. 1972 年第 30 修正案(1973 年 2 月 27 日生效)

修改第 133 条,原来的第 133 条规定凡民事诉讼标的数额超过 2 万
卢比的,不管案件性质如何,都可以上诉至最高法院,修正后废除纯粹依
照民事诉讼标的数额以决定是否可以上诉到最高法院的标准。

31. 1973 年第 31 修正案(1973 年 10 月 17 日生效)

修改第 81、330 和第 332 条。人民院议席从 525 席增加到 545 席(至
今仍是该数字,法律规定直到 2026 年为止),源于人口的增长(据 1971 年
人口普查)。

32. 1974 年第 32 修正案(1974 年 7 月 1 日生效)

修改第 371 条、增加第 371D 和第 371E 条并修改附表 7,保护安德拉
邦的特兰加那(Telengana)地区的权利,该地区希望成立新邦的议题一直
是印度重大政治和宪法问题,至到 2014 年成立新邦。

33. 1974 年第 33 修正案(1974 年 5 月 19 日生效)

修改第 101 和第 190 条,规定联邦国会和邦立法机构议员辞职生效

---

① Madhav Rao Scindia v. Union of India: AIR 1970 SC 564.

的时间是在议会负责人接受辞职时(之前是国会议员或邦议员提交辞呈则生效),本修正案的目的是排除非自愿辞职的情况。

34. 1974 年第 34 修正案(1974 年 9 月 7 日生效)

修改附表 9,在附表 9 中新增 20 部涉及土地改革的邦法律,使其受到 31B 条的保护,而不受司法审查。

35. 1974 年第 35 修正案(1975 年 3 月 1 日生效)

修改第 80 和 81 条,增加第 2A 条,增加附表 10。此修正案纯为锡金加入印度的问题,给予锡金邦以"准邦"(Associate State)的地位,增加附表 10 规定联邦和锡金邦之间的特殊关系以及锡金邦在联邦国会中的代表。该修正案受到司法审查,原告认为该修正案违反"一人一票"的宪法的民主原则,但被最高法院驳回。但第 35 修正案的权宜之计很快被废止,锡金邦很快成为印度的一个普通邦。

36. 1975 年第 36 修正案(1975 年 4 月 26 日生效)

修改第 80 和 81 条中关于锡金邦在国会议员中的名额的规定,增加 371F 条,删除 2A 条,修改附表 1 和附表 4,删除第 35 修正案所增加的附表 10。因发现第 35 修正案是权宜之计,将锡金邦并入印度联邦使其成为普通邦,故有此修正案。

37. 1975 年第 37 修正案(1975 年 5 月 3 日生效)

修改第 239A 和第 240 条,在中印边界争议地区成立阿鲁纳恰尔中央直辖区,并成立立法会和部长会议。

38. 1975 年第 38 修正案(1975 年 8 月 1 日生效)

修改第 123、213、239B、352、356、359 和 360 条。在第 123 条、213 条和第 239B 条中分别增加第 4 款,规定总统、邦长和中央直辖区行政长官发布的总统令、邦长令和行政首长令(Ordinance)具有最终法律效力,不受司法审查(但该排除司法审查的新规定后来在 1978 年被第 44 修正案删除);修改第 352 条,明确总统可以发布多个紧急状态命令,不管之前是否已经宣布过紧急状态命令;修改第 356 条、359 条和第 360 条,规定总统发布紧急状态的权力不受司法审查。(该修改内容也被 1978 年的第 44 修正案所删除)

本修正案是 1975 年英迪拉·甘地宣布印度进入全国紧急状态后作

出的,意在使该紧急状态命令不受法院的挑战。

39. 1975 年第 39 修正案(1975 年 8 月 10 日生效)

修改第 71 和 329 条,增加第 329A 条,修改附表 9。修改第 71 条排除最高法院对总统副总统选举争议的管辖权,规定由联邦国会通过法律设立机构以解决总统和副总统选举争议(该修改被第 44 修正案删除);修改第 329 条,删除"根据第 329A 条"字样;增加第 329A 条,对总理和人民院议长的议员资格选举作出单独规定,使其不受司法审查,并且废止了阿拉哈巴德高等法院关于总理英迪拉·尼赫鲁·甘地当选议员无效的判决,但之后的英迪拉·尼赫鲁·甘地诉拉甲·纳拉扬(Indira Nehru Gandhi v. Raj Narain)①案中,第 329A 第 4 款被判定为无效(因其排除司法审查,违反法治原则),第 239A 整条则在 1978 年被第 44 修正案所删除;在附表 9 中加入 1951 年《人民代表法》和 1975 年《选举法》等法律,使其不受司法审查。

第 39 修正案是印度修宪史上最受诟病的一次修宪,英迪拉·尼赫鲁·甘地利用国大党在议会中的多数地位为巩固自己的权位而修宪。

40. 1976 年第 40 修正案(1976 年 5 月 27 日生效)

修改第 297 条,修改附表 9,授予联邦国会对经济特区(Exclusive Economic Zone)制定法律的权力,规定矿产权属于印度联邦。将部分土改法律加入附表 9 使其免受司法审查。

41. 1976 年第 41 修正案(1976 年 9 月 7 日生效)

修改第 316 条,联邦和邦公务员委员会主席及其成员的退休年龄从 60 岁改成 62 岁。

42. 1976 年第 42 修正案(1977 年 4 月 1 日生效)

本修正案是印度修宪史上修改幅度最大(修改序言和 40 个条文且新增 14 个条文)也是饱受争议的一次修宪。该修正案极为特殊,是在英迪拉·甘地宣布紧急状态期间,反对党成员都被捕,缺席国会的情况下通过的。

其主要内容是限制基本权利、增加基本义务,将印度变成为"社会主

---

① AIR 1976 SC 2299.

义国家"(序言新增内容)。英迪拉·甘地政府的法律部部长声明通过第42修正案的一个重要原因是建立"议会主权"和排除司法干涉,以推动经济社会改革。[①]

（1）修正的条文

修改第 31、31C、39、55、74、77、81、82、83、100、102、103、105、118、145、150、166、170、172、189、191、192、194、208、217、225、226、227、228、311、312、330、352、353、356、357、358、359、366、368 和 371F；增加 31D、32A、39A、43A、48A、131A、139A、144A、226A、228A 和 257A；修改附表 7,新增第 4A《基本义务》编和 14A《行政法庭》编。

（2）序言的修正

序言中增加"社会主义"和"世俗的"共和国字样,即在宪法中明确印度是社会主义的和世俗的国家；并在"国家团结"后增加"国家完整"字样。

（3）国家政策指导原则的修正

为实现社会主义,第 42 修正案在《国家政策指导原则》中增加法律援助权、工人参与工厂管理和环境保护等政策；规定《国家政策指导原则》的效力高于基本权利的效力,但该内容被最高法院在米内瓦案件中判定无效；新增 4A 编《基本义务》。

（4）议会制度的修正

为鼓励计划生育政策的实施,人民院和邦立法会的席位直到 2000 年不变,即使邦人口增加,但各邦在议会中的代表名额也不会增加,故可以鼓励政府实施计划生育政策,因此修改第 55、81、82、170、330 和 332 条。

删除第 100 条的第 3、4 款,原来规定除非联邦法律另有规定,联邦国会会议的最少参加人数是全体议员的十分之一,删除第 3、4 款后,则由议会程序规则自行确定会议召开的最低人数。第 189 条第 3、4 款也被删除,即邦立法机构召开会议的最低人数"全体议员的十分之一"的规定也被删除。

[①] M. P. Jain, *Indian Constitutional Law*, Lexis Nexis Butterworths Wadhwa, Sixth Edition, Nagpur, 2010, p. 1815.

修改 102 条第 1 款,规定由议会本身决定哪些职位属于有薪水的职务(印度宪法原 102 条规定凡议员担任有薪水的政府部门职务则自动丧失议员资格);修改第 103 条,改由总统(实际上根据部长会议建议行事)决定某议员是否丧失议员资格,总统的决定具有终局性,基本剥夺了法院和选举委员会的权力;修改第 192 条,规定邦议员的资格是否丧失也由总统决定,因此剥夺邦长和选举委员会的权力,权力向中央倾斜。

修改第 105 条第 3 款,规定联邦国会的豁免权由联邦国会随时自行规定,而不是由联邦法律规定之,实际上仍在扩大联邦国会的权力。

(5)有关行政机关的修正内容

修改第 74 条,明确总统必须依照部长会议行事,以前的实践已经如此,只不过宪法修正案明确之而已。

(6)有关司法机关的修正内容

新增第 32A、131A 条和第 226A 条,规定高等法院审查邦法律的合宪性,排除最高法院对邦法律的初审司法审查权,但最高法院仍可以通过上诉审程序对邦法律实施司法审查,同时,排除高等法院对中央法律合宪性的司法审查权。之前则是最高法院和高等法院都有权审查邦法律和联邦法律的合宪性。如此,使印度的司法体制引入美国的联邦制特征,当然除对联邦法律的司法审查之外的其他法律问题,高等法院的管辖权仍不变。

新增第 144A 和第 228A 条,规定最高法院审查中央法律或者邦法律合宪性案件的法庭的法官的最少人数是 7 人,且规定判决法律违宪必须有三分之二以上法官通过。高等法院审查邦法律合宪性的法庭的最少人数是 5 人,判决邦法律违宪也需要三分之二以上法官通过。第 144A 和第 228A 的目的非常明显,即达到法院判决法律违宪极为困难的目的。

在高等法院的组成上,允许法学家和在高等法院执业 10 年以上的律师以及政府部门从事法律工作 10 年以上的公务员被任命为高等法院法官,如此使政府官员可以进入高等法院。

删除第 225 条但书,因之排除高等法院对税收问题的初审司法管辖权,使之恢复到 1950 年宪法生效前的模式。

新增第 139A 条,规定最高法院可以从高等法院提审具有普遍性意义的案件,同时规定最高法院可以命令高等法院将其审理的案件移交给其他高等法院管辖。

修改第 226 条,限制高等法院发布令状的权力。

(7) 对联邦制度的修正

增加第 257A 条,授权联邦政府可以派驻武装部队进入各邦以维持法律秩序,武装部队不受邦政府的指挥(后被第 44 次修正案所删除)。与此相联系,在附表 7 联邦立法事项分表中增加 2A 项,规定与派驻邦内维持秩序的武装力量相关的法律由联邦制定;修改附表 7 邦立法事项分表第 1 和 2 项,规定凡邦的"警察立法权限"不含涉及联邦派驻武装力量的事项。

将关于教育、森林、野生动物的保护和度量衡的立法权从邦独享立法事项转移到共享立法事项中,使联邦对此有立法权,以增强联邦权力。同时在《国家政策指导原则》中增加第 49A 条,规定保护环境、保护森林和野生动物是国家的政策之一。

修改第 352、356 和第 357 条,修正了紧急状态制度。

(8) 基本权利的变化

增加第 31D 条,规定联邦议会制定的涉及防止"反国家"(anti-national)行为的法律不因其违反第 14、19 和第 31 条而无效,并界定"反国家"行为的种类,包括分裂国家等。

(9) 公务员制度的变化

修改第 312 条,建立全印司法官公务员制度。

(10) 修宪程序的变化

第 368 条中增加第 4 款和第 5 款,规定宪法修正案不受司法审查,联邦国会修改宪法的权力不受任何限制。

43. 1977 年第 43 修正案(1978 年 4 月 13 日生效)

1977 年 3 月举行人民院大选,国大党惨败,印度选民以实际行动否定了英迪拉·甘地宣布的紧急状态命令。新上台的人民党在大选前就允诺删除第 42 修正案,以恢复之前的宪法秩序,但人民党虽控制人民院,联邦院却仍由国大党控制,故第 42 修正案是人民党和国大党妥协的结果。

第 43 修正案修改第 145、226、228 和第 336 条,删除第 31D、32A、131A、144A、226A 和第 228A 条,删除大量的英迪拉·甘地时代通过的第 42 修正案的限制基本权利的内容。

44. 1978 年第 44 修正案(1979 年 9 月生效)

第 44 修正案是第 43 修正案的继续,即人民党继续实践删除第 42 修正案的承诺,同时人民党议会还修正了其他若干条文。

修改第 19、22、30、31A、31C、38、71、74、77、83、103、105、123、132、133、134、139A、150、166、172、192、194、213、217、225、226、227、239B、329、352、356、358、359、360 和第 371F;增加第 134A 和 361A;删除第 31、257A 和第 329A;修改第 12 编《财政、财产、合同与诉讼》;修改附表 9。使宪法秩序基本回归到第 42 修正案之前。

45. 1980 年第 45 修正案(1980 年 1 月 25 日生效)

修改第 334 条,表列种姓和表列部落以及英裔印度人在人民院和邦立法会中的代表的名额保留至 1990 年(即再延长 10 年)。

46. 1982 年第 46 修正案(1983 年 2 月 2 日生效)

修改第 269、286 和第 366 条,在附表 7 联邦立法事项分表中增加第 92B。在第 269 条第 1 款中增加第 h 项,规定邦际货物委付的税收由联邦开征和征缴但收入转移给邦;在附表 7 联邦立法事项分表中加入第 92B,规定邦际货物委付的有关税收的法律由联邦制定。该修正案的目的是增强邦的财政能力,即虽由联邦制定相关法律,但收入留给邦。

47. 1984 年第 47 修正案(1984 年 8 月 26 日)

修改附表 9,将 14 部土地改革法加入附表 9 中,使其不受司法审查。

(三)后英迪拉·尼赫鲁·甘地时代的宪法修正内容

总理英迪拉·尼赫鲁·甘地因处理锡克教事务(阿姆利则金庙问题)不当,被自己的锡克教警卫枪杀,其小儿子拉吉夫·甘地被总统临时任命为总理,印度进入后英迪拉·甘地政治时代。80 年代以来印度经济上开始实行自由化改革,政治上则出现政治力量多元化,多党联合执政成为常态。1984 年至 2019 年,共修宪 57 次,平均每年 1.6 次。

48. 1984 年第 48 修正案(1985 年 4 月 1 日生效)

修改第 356 条,规定在旁遮普邦的总统治理时间延长到 2 年,因根据第 356 条的规定,对邦实施总统治理(即中央直接管辖邦)的最长期限是 1 年,但旁遮普邦政治动荡无法结束总统治理以举行邦大选,故有此修正案。

49. 1984 年第 49 修正案(1984 年 9 月 11 日生效)

修改第 244 条,修改附表 5 和附表 6。将特里普拉邦从附表 5 移到附表 6 中,规定特里普拉邦为部落邦,并建立特里普拉表列部落地区自治委员会(Tripura Tribal Areas Autonomous District Council),以提高该邦的自治水平。

50. 1984 年第 50 修正案(1984 年 9 月 11 日生效)

修改第 33 条,将基本权利受限制的人员从军人和警察扩大到情报特工和有关通信工作人员,这些人的基本权利可以受到法律的特别限制。

51. 1984 年第 51 修正案(1986 年 6 月 6 日生效)

修改第 330 和 332 条,对那加兰邦、梅加拉亚邦、米佐拉姆邦和阿鲁纳恰尔中央直辖区的表列部落人员在人民院中的议席作出保留,并对那加兰邦和梅加拉亚邦表列部落人员在这两个邦立法会中的议席作出保留,以提高原始部落人的政治地位。

52. 1985 年第 52 修正案(1985 年 3 月 1 日生效)

修改第 101、102、190 和第 191 条,增加附表 10,规定反叛党法的内容。鉴于国会议员经常叛党,使自己所在的党的政府在议会中失去多数信任而垮台,导致政府经常更迭而不稳定,故有此修正案。修正后的第 102 条规定,凡根据附表 10 构成叛党的则自动丧失联邦议员或者邦议员资格,以此限制叛党行为。

53. 1986 年第 53 修正案(1987 年 2 月 20 日生效)

增加第 371G 条,增加关于米佐拉姆邦特别条款。该新增条款规定,除非米佐拉姆邦立法会同意,否则联邦法律中涉及米佐人的宗教和社会活动事务、米佐人习惯法以及土地所有和转让事务的条款不适用于米佐拉姆邦,这是印度联邦政府和米佐领导人谈判的结果。

54. 1986 年第 54 修正案(1986 年 4 月 1 日生效)

修改第 125 和第 221 条,修改附表 2。增加印度最高法院和高等法院法官的薪水,并规定若增加薪水可以通过制定法律而无需直接修宪,以应对通货膨胀造成的最高法院和高等法院法官实际薪水的下降。

55. 1986 年第 55 修正案(1987 年 2 月 20 日生效)

增加第 371H 条,将 1972 年 1 月 20 日成立的阿鲁纳恰尔中央直辖区

（Arunachal Pradesh，地名的含义为太阳升起的邦，Arun 意为太阳）上升为邦，鉴于该地区为边界争议地区，故授予该邦邦长许多特别权力（普通邦的行政权则集中在首席部长手中），但总统有权以命令（Order）形式终止邦长的特别权力。

56. 1987 年第 56 修正案（1987 年 5 月 30 日生效）

增加第 371I 条，规定果阿邦立法会最少人数是 30 人，现在果阿邦立法会议席是 40 个。

57. 1987 年第 57 修正案（1987 年 9 月 21 日生效）

在第 332 条增加 3A 款，规定那加兰邦、梅加拉亚邦、米佐拉姆邦和阿鲁纳恰尔邦的表列部落人员在本邦立法会中的保留。

58. 1987 年第 58 修正案（1987 年 12 月 9 日生效）

增加第 394A 条，修改第 22 编，规定新翻译的印地语宪法文本为官方版本，与英语版本有同等法律效力。制宪会议签字生效的宪法文本是英语版本，虽有印地语译文版本，但宪法修正案已经非常多，故要重新翻译。

59. 1988 年第 59 修正案（1988 年 3 月 30 日生效）

修改第 352 条和第 356 条，增加第 359A 条（后被第 63 修正案删除），规定总统可以基于旁遮普邦的"内乱"（internal disturbance）而宣布旁遮普邦部分或全部地区进入紧急状态。1978 年第 44 修正案已经删除了宪法中"内乱"字样，即总统只能基于战争、外敌入侵和武装叛乱而宣布进入紧急状态，但旁遮普邦情况特殊，所以第 59 修正案又恢复了"内乱"作为宣布该邦进入紧急状态的条件。

另规定对旁遮普的总统治理时间延长到 3 年。

60. 1988 年第 60 修正案（1988 年 12 月 20 日生效）

修改第 276 条，职业税（即凡就业就必须缴纳的税）每人每年不超过 2500 卢比（修正前是 250 卢比），如此可以增加邦政府的收入。

61. 1988 年第 61 修正案（1989 年 3 月 20 日生效）

修改第 326 条，联邦国会和邦立法机构选举中选民年龄从满 21 周岁改成满 18 周岁，使更多人参与印度民主政治过程。

62. 1989 年第 62 修正案（1989 年 12 月 20 日生效）

修改第 334 条，将表列种姓和表列部落以及英裔印度人在人民院和邦立法会中的代表的保留期限再延长 10 年,即至 2000 年。

63. 1989 年第 63 修正案(1990 年 1 月 6 日生效)

修改第 356 条,删除第 359A 条(1988 年第 59 修正案所增加),将第 356 条直接适用于旁遮普邦,使旁遮普邦的紧急状态制度与其他邦相同。

64. 1990 年第 64 修正案(1990 年 4 月 16 日生效)

修改第 356 条,规定将旁遮普邦的紧急状态时间延长到 3 年零 6 个月,其原因是中央政府认为到 1990 年 5 月 10 日紧急状态终止日之前仍无法举行正常的邦立法会大选。

65. 1990 年第 65 修正案(1990 年 3 月 12 日生效)

修改第 338 条,成立表列种姓和表列部落全国委员会(National Commission for Scheduled Castes and Scheduled Tribes)并规定其职权。

66. 1990 年第 66 修正案(1990 年 6 月 7 日生效)

将 1959 年《安德拉邦表列地区土地转让规则》等主要涉及土改的邦法律列入附表 9,使之不受司法审查,至此不受司法审查的法律达 257 部。

67. 1990 年第 67 修正案(1990 年 10 月 4 日生效)

修改第 356 条,将旁遮普邦的紧急状态延长到 4 年,因其政局不稳,无法正常举行邦立法会大选。

68. 1991 年第 68 修正案(1991 年 3 月 12 日生效)

修改第 356 条,将旁遮普邦的紧急状态延长到 5 年,即从 1987 年 5 月 11 日生效的紧急状态命令延长到 1992 年 5 月 10 日为止,以应对邦内的恐怖活动。

69. 1991 年第 69 修正案(1992 年 2 月 1 日生效)

增加第 239AA 和第 239AB 条,在首都德里中央直辖区成立立法会和部长委员会,以推进首都德里的地方民主化。

70. 1992 年第 70 修正案(1991 年 12 月 21 日生效)

修改第 54 和第 239AA 条,在总统选举团成员中加入首都德里中央直辖区和本地治里中央直辖区的代表(原来的总统选举团成员由联邦国会议员和邦立法会选举产生的议员组成,不含中央直辖区立法会成员),并授权联邦法律可以对第 239AA 条作出修改,但不被认为是依照第 368 条对宪法条文的修改。

71. 1992 年第 71 修正案（1992 年 8 月 31 日生效）

增加贡根文（Konkani 为果阿邦官方语言，也是卡纳塔克邦和喀拉拉邦部分民众用语）、曼尼普尔语（Manipuri）和尼泊尔语（Nepali）为邦官方语言。

72. 1992 年第 72 修正案（1992 年 12 月 5 日生效）

修改第 332 条，对表列部落在特里普拉邦立法会中的席位作出保留性规定。

73. 1992 年第 73 修正案（1993 年 4 月 24 日生效）

增加第 9 编《潘查亚特》（第 243 至 243O 条），使印度国父甘地的"乡村共和国"思想成为宪法条文，使潘查亚特（Panchayat，原意为五人长老会）成为在农村的第三级政府，本修正案的目的在于推动农村基层民主。

74. 1992 年第 74 修正案（1993 月 6 月 1 日生效）

增加第 9A 编《市政机关》（第 243P 至 243ZG 条），使之成为邦下的城市自治政府，目的在于增强各大小市政府的自治和民主（印度市政府行政级别相同，不分省级、市级和县级市政府）。

75. 1993 年第 75 修正案（1994 年 5 月 15 日生效）

修改 323B 条，在其中增加 h 款，建立租金控制法庭（Rent Control Tribunals）。

76. 1994 年第 76 修正案（1994 年 8 月 31 日生效）

修改附表 9，将 1993 年《泰米尔纳德落后阶层、表列种姓和表列部落（邦内学校名额和公务员任命和职位保留）法》（Tamil Nadu Backward Classes, Scheduled Castes, and Scheduled Tribes (Reservation of Seats in Educational Institutions and or Appointments or Posts in Service under the State)列入附表 9，使其不受司法审查，规定上述落后阶层、表列种姓和表列部落在学校入学和公务员考试中保留的比例可以高达 69%，该修正案是为了推翻印度最高法院的英迪拉·萨赫妮案判决，该判决认定对落后阶层的公职保留不得超过 50%。

77. 1995 年第 77 修正案（1995 年 6 月 17 日生效）

修改宪法第 16 条，明确对表列种姓和表列部落的保留包括职位晋升。

78. 1995 年第 78 修正案(1995 年 8 月 30 日生效)

在附表 9 中列入 1947 年《比哈尔特权人士家园租赁法》等 27 部有关土改的法律,使其不受司法审查,使不受司法审查的法律增加到 284 部。

79. 1999 年第 79 修正案(2000 年 1 月 25 日生效)

对表列种姓、表列部落和英裔印度人在人民院和邦立法会中的保留再延长 10 年,即到 2010 年。

80. 2000 年第 80 修正案(2000 年 6 月 9 日生效)

修改第 269 和第 270 条,删除第 272 条。根据第十届财政委员会的建议,简化税收结构,扩大联邦和邦之间收入共享的税种。

81. 2000 年第 81 修正案(2000 年 6 月 9 日生效)

修改第 16 条,明确对表列种姓和表列部落的往年剩余的保留名额在来年继续有效。

82. 2000 年第 82 修正案(2000 年 9 月 8 日生效)

修改第 335 条,在其中加入但书,允许公务员考试中对表列种姓和表列部落人员作降分处理。

83. 2000 年第 83 修正案(2000 年 9 月 8 日生效)

在第 243M 条中加入 3A 款,规定在中印争议的阿鲁纳恰尔邦的潘查亚特选举中无需对表列种姓作出保留规定(因其没有表列种姓,依照现行印度法律,不可接触者只存在于印度教、锡克教和佛教信徒中)。

84. 2001 年第 84 修正案(2002 年 2 月 21 日生效)

修改第 55、81、82、170、330 和第 332 条。1976 年第 42 修正案将人民院在各邦席位的分配数额冻结至 2001 年,第 84 修正案则将人民院议席在各邦的分配数额冻结至 2026 年,即从 1976 年到 2026 年人民院议席在各邦的分配数目一直不变,原因是有些邦积极实施计划生育政策,人口增加慢,如果依照人口重新分配席位,则实施计划生育的邦明显吃亏。

邦内的选区的划分则不涉及计划生育政策(因执行计划生育的是邦政府),因此根据最新的 1991 年人口普查数据重新划分选区(修改第 81 条但书)。

85. 2001 年第 85 修正案(2002 年 1 月 4 日生效)

修改第 16 条,在该条中增加"与相应的资质"(with consequential seniority)字样,明确公务员职位晋升中表列种姓和表列部落的人员可以优先,不受资历的严格限制。

86. 2002 年第 86 修正案(2002 年 12 月 12 日生效)

增加第 21A 条,规定 6—14 岁的儿童接受义务教育是公民的基本权利,规定政府根据法律向满 6 周岁不满 14 周岁的儿童提供免费义务教育;修改第 45 条,规定国家促进不满 6 周岁儿童的幼儿教育;在 4A 编《基本义务》第 51A 条中增加 k 款,规定向满 6 周岁不满 14 周岁的子女或受监护人提供教育机会是父母和监护人的基本义务。

87. 2003 年第 87 修正案(2003 年 6 月 22 日生效)

修改第 81、82、170 和第 330 条,根据 2001 年全国人口普查数据调整人民院和邦立法会在邦内的选区的划分(修改第 81、82 条但书和 170 条),并根据 2001 年的人口统计数据分配表列种姓和表列部落人员在人民院和邦立法会中的席位。

88. 2003 年第 88 修正案(2004 年 1 月 15 日生效)

增加第 268A 条并在附表 7 联邦立法事项分表中增加 92C"服务税",增加服务税为联邦立法开征的税种,但税收收入在联邦和邦之间分配,相应地修改第 270 条。印度实行严格的"没有法律授权就没有税"的财政立宪主义,又因服务税开征涉及联邦和邦之间的权力分配,故需修宪。

89. 2003 年第 89 修正案(2003 年 9 月 28 日生效)

增加 338A 条,将表列种姓和表列部落全国委员会分成表列种姓全国委员会和表列部落全国委员会两个委员会。

90. 2003 年第 90 修正案(2003 年 9 月 28 日生效)

修改第 332 条,规定阿萨姆邦波多地区代表在阿萨姆邦立法会中的保留名额。

91. 2003 年第 91 修正案(2004 年 1 月 1 日生效)

修改第 75、164 条,新增第 361B 条,修改附表 10(反叛党法附表),规定部长会议成员不得超过人民院总议员的 15%,另强化反叛党法的效力。

92. 2003 年第 92 修正案（2004 年 1 月 7 日生效）

修改附表 8（官方语言附表）将波多语（Bodo）、多格里语（Dogri）、三塔里语（Santali）和梅塔利语（Maithali）列为官方语言，至此宪法规定的官方语言为 22 种（至 2021 年为止包含联邦官方语言印地语在内仍为 22 种）

93. 2005 年第 93 修正案（2006 年 1 月 20 日生效）

在第 15 条中增加第 5 款，规定"为促进表列种姓、表列部落和其他落后阶层（other backward classes，O. B. C.）的发展，国家可以通过法律对其在公立学校和私立学校的入学方面作出特殊规定。"该修正案的主要目的是推翻最高法院关于政府在照顾表列种姓、表列部落和落后阶层入学方面不得包含私立学校的判决，该修正案则明确规定私立学校在入学方面也有义务照顾这些落后阶层，但少数民族学校无此义务。

94. 2006 年第 94 修正案（2006 年 6 月 12 日生效）

修改第 164 条，在新成立的恰尔肯德邦（Jharkand State）（该邦于 2000 年 10 月 15 日从比哈尔邦南部地区分出）和恰蒂斯加尔邦（Chattisgarh State）（该邦于 2000 年 11 月 1 日从中央邦中分出 16 个讲恰蒂斯加尔语的区所组建）邦部长会议中必须有一名部长负责部落福利事务，而原来的比哈尔邦部长会议中则无需再设部落福利部长（因其部落地区全部被划出）。

95. 2009 年第 95 修正案（2010 年 1 月 25 日生效）

修改第 334 条，表列种姓、表列部落和英裔印度人在人民院和邦立法会中的代表的保留再延长 10 年，即延长到 2020 年。

96. 2009 年第 96 修正案（2011 年 9 月 23 日生效）

修改附表 8（官方语言附表），将奥利雅（Oriya）语改成奥地雅语（Odia）。

97. 2012 年第 97 修正案（2012 年 1 月 12 日生效）

修改第 19 条，增加第 9B 编。在第 19 条第 1 款（c）项中加入"合作社"字样，使组建合作社的自由成为结社自由权的一项内容，使之成为基本权利；增加第 43B 条和第 9B 编《合作社》。其中第 9B 编《合作社》（第 243ZH 至 243ZT 共 14 条）详细规定了合作社组建的原则、理事会人数（不超过 21 人，其中一名保留给表列种姓或表列部落人员，2 名保留给妇女）和理事任期(固定 5 年)以及合作社向其成员提供工作报告等事项。将合作社的法律直接规定于宪法中的做法估计在世界上极为少见,该修正案的目的是通过合作社建设促进农村经济民主的发展。

98. 2012 年第 98 次宪法修正案(2013 年 1 月 2 日生效)

增加 371J 条,规定总统可以通过总统令授权卡纳卡克邦邦长设立海得拉巴-卡纳塔克地区独立发展委员会,并规定邦要公平地分配包括财政资金、公职任用和教育等方面的公共资源。同时规定对该地区的人员在入学和公职任用考试方面给予照顾。此次修宪的目的是为促进讲卡纳达语的最不发达地区的发展。

99. 2014 年第 99 次宪法修正案(2015 年 4 月 13 日生效)

此次修宪涉及的条文有十几条之多,核心是增加第 124A 条、124B 条和 124C 条,内容分别是设立全国法官任命委员会、委员会的职责以及授权国会规定该委员会的工作程序。此次修宪的目的是政府和议会希望通过修宪改革最高法院"垄断"法院系统人事任命权的做法,但该修正案被最高法院以违反分权和司法独立原则判决违宪无效。

100. 2015 年第 100 次宪法修正案(2015 年 8 月 1 日生效)

此次宪法修正案并不涉及宪法正文,而仅仅修改宪法附表一有关印度版图和行政区划的规定。原因是印度和孟加拉国之间因为历史原因彼此之间存在很多飞地,为解决领土交换问题,双方签订了诸多协议,为实现这些协议内容并确实解决边界问题,必须修改宪法附表一。主要是对印孟边界地区的阿萨姆邦、西孟加拉邦、梅加拉亚邦和特里普拉邦的领土和边界作变动。

101. 2016 年第 101 次宪法修正案(2017 年 7 月 1 日生效)

此次修改正文十几条之多。新增加第 246A 条、269A 条、279A 三条,分别规定中央和邦的税收立法分权,中央和地方税收分成以及组建商品和服务税委员会。删除第 268A 条(取消服务税),修改第 249、250、269条。并修改宪法附表 7,即调整中央和地方立法分权明细。此次修宪的目的是为建立全国统一高效的市场,因而统一和简化全国的税收制度。

102. 2018 年第 102 次修正案(2018 年 8 月 11 日生效)

除了修改第 338 条、366 条外,增加第 338B 条,设立全国社会和教育落后阶层委员会并规定其职权。增加第 342A 条,规定总统可以通过公告形式公布社会和教育落后阶层目录,国会可以立法修改该目录。此次修宪的目的是赋予实际已经运行的社会和教育落后阶层委员会以宪法地位,促进社会和教育落后阶层的发展。

103. 2019 年第 103 次宪法修正案(2019 年 1 月 12 日生效)

在第 15 条增加第 6 款,授权邦政府制定法律对经济弱势群体给予升学方面最高 10% 的名额保留。在第 16 条增加第 6 款,授权邦立法给予经济弱势群体在公职聘用和晋升方面给予最高 10% 的名额保留。

104. 2019 年第 104 次宪法修正案(2019 年 1 月 25 日生效)

修改第 334 条,将表列种姓和表列部落在人民院和邦立法会中的代表的保留期限再延长 10 年,即从 70 年延长到 80 年,至 2030 年。但取消了英裔印度人在人民院和邦立法会中代表的保留制度。

三、 评析

印度宪法本身极为冗长,修宪也极为频繁,但其中仍有一些规律。

(一) 从修宪程序和实践看,印度宪法介于刚性宪法和柔性宪法之间

虽然宪法第 368 条规定了有别于普通立法的特别程序,即修正案议案由联邦国会两院之一以"法律案"的方式提出,通过程序上不但要求两院分别以全体议员过半数通过(与法律案通过相同),还要求与会议员三分之二以上通过(普通法律案仅要求过半数),同时宪法修正案的通过没有两院联席会议的形式(普通法律案若经一院通过,但被另一院否决,则总统可以召集两院联席会议通过该法律案)。另外提交给总统批准的宪法修正案,总统必须批准(对于普通法律案总统有权批准、否决或者交回议会重新考虑),部分涉及邦利益的修正案在提交总统批准前还需要经半数以上的邦立法机构批准,因此从修宪程序上看,印度宪法是刚性宪法。但另一方面,印度宪法许多条文授权联邦国会直接通过普通法律修宪,但并不被认为是根据第 368 条修宪程序的宪法修正,因此又显示出柔性宪法的特点。

印度属于发展中大国,有些国家通过革命在短时间内实现了巨大的社会变革,但印度坚持以宪法推动社会改革,同时政府干预社会和经济极为广泛,这是实践中宪法修正频繁的重要原因,如尼赫鲁时代和英迪拉·甘地时代因土改而修改财产权条款是印度政府推动社会改革的重要例证。同时,印度宪法过长(至今有 11 万 7000 多字和 448 条,附 12 个附表),可说已经是事无巨细。又规定了一些过渡性条款,如对表列种姓、表列部落及英裔印度人在人民院和邦立法会中席位的保留的规定,若不废止保留规定,则每 10 年就要修宪延长一次。

印度实行单选区制——一个选区选一名国会议员,以得票最多者当选,如此即使某政党选票未过三分之二,但议席则可以超过三分之二,如此则比较容易修宪。另从印度独立到 1977 年,国大党几乎是一党独大,一党独大就更容易修宪。这些因素造成印度宪法在实践中又有英国柔性宪法的特点。

印度宪法学家也认为"在短短 59 年中(指 1950 年至 2009 年)有如此多的宪法修正案不是一件好事"。①

(二) 即使频繁修宪,但印度的民主共和基石没有动摇

已经生效的宪法修正案已经有 104 次,但印度宪法的基本框架从未动摇过,如宪法中的基本权利及救济制度、议会内阁制和联邦制度等三大制度的基石屹立不动,在可预测的将来也不会发生大变动。虽然 1975 年英迪拉·甘地宣布进入紧急状态,上万人被捕,基本权利受到限制,印度接近独裁的边缘,但英迪拉·甘地本人 2 年后自动终止紧急状态。紧急状态期间的 1976 年通过的第 42 修正案一定程度上松动了印度民主的基石,但第 43 和第 44 修正案又恢复了原来的宪法。虽然印度民主受到恐怖主义、地方分裂主义、种姓政治和政治犯罪化等因素的挑战,但是我国学者认为"印度民主的危机是表面的,民主的深化是其实质。"②

(三) 修宪史上存在大量"小修"或"技术性修宪"

宪法本是政府和人民之间分权的契约,必然涉及权力和权利的分配问题,我国学者也认为"较直接地看,宪法的实质在于分配法权(即广义的

---

① M. P. Jain, *Indian Constitutional Law*, Lexis Nexis Butterworths Wadhwa, Sixth Edition, Nagpur, 2010, p. 1857.
② 王红生:《论印度的民主》,北京:社会科学文献出版社 2011 年版,第 388 页。

法律权利,即权利和权力两者之总和)①及其所体现的利益和财产并规范主体的相应运用行为。"②

但印度宪法及其修正中存在很多纯粹的技术性内容。例如邦名字如将奥里萨改成奥迪萨,根本谈不上分权问题,所以不是实质上的修宪;有些问题则是"例行修宪",例如延长表列种姓、表列部落和英裔印度人在人民院和邦立法会中代表的保留的时间,在可预测的将来仍将"修宪不止";每隔10年人口普查后,则要重新划分选区及落后阶层的保留规定也要修改,因而也要"常规性"地修宪;官方语言则会继续增加,每增加一种官方语言则要修宪一次。

(四) 每个时代修宪的主题不同

尼赫鲁时代和英迪拉·甘地时代修宪的最重要主题是限制财产权,以立法推动土地改革,但印度至今仍有三分之一农民没有土地,因此印度的土地改革并不能算成功。尼赫鲁等"国父"在世时,印度最高法院基本不敢挑战议会通过的"土改修正案",这些人退出历史舞台后,最高法院开始挑战政府主导的"宪法改革",印度最高法院和国会之间的斗争是英迪拉·甘地时代修宪的最重大议题。

后英迪拉·甘地时代,随着非国大党势力的兴起,特别是种姓政治的兴起和地方势力的崛起,保护表列种姓和表列部落以及其他落后阶层成为后英迪拉·甘地时代的重要主题,因为包括表列种姓、表列部落和其他落后阶层(other backward classes, O. B. C.)在内的人口达到全印人口一半左右,他们是重要的选票来源。

后英迪拉·甘地时代特别是90年代经济自由化以来,基层民主发展是印度修宪的另一个重要主题。1992年第73次"潘查亚特修正案"、1992年第74次"市政机关修正案"和2012年的"合作社"修正案分别是推动农村基层民主、城市自治民主和农村经济民主的重大宪法修正,分别增加整编的内容。但这些整编的修正案主要是授权性规范,即主要是授权邦立法机构根据宪法规定的框架制定详细的法律,因此对权利和权力的分配

① 童之伟:《法权与宪制》,济南:山东人民出版社2001年版,第18—19页。
② 童之伟:《法权与宪制》,济南:山东人民出版社2001年版,第281页。

关系影响不大,与其说这三次大修是"实质性"的不如说它是"宣示性"的。

(五) 莫迪政府继续通过修宪推进经济社会改革

2014 年莫迪所在的印度人民党领导的全国民主联盟（National Democratic Alliance）获得人民院 543 席中的 336 席（其中印度人民党获得 282 席）,占 62％,接近三分之二席位。全国民主联盟在 2019 年的选举中获得人民院 543 席中的 353 席（其中印度人民党获得 303 席）,占 65％,接近席位的三分之二,莫迪连任总理。印度人民党建立了强有力的政府,结束了印度 80 年代末以来出现的悬浮议会,执政党在人民院中如此高的席位占比使政府非常容易推动法律和宪法改革。

莫迪政府执政的 7 年中进行了 5 次宪法改革,2014 年第 99 次宪法修正案是关于成立全国法官任命委员会的修正案,涉及三权分立中的权力分配,实际是政府向司法（主要是最高法院）"夺权"。第 100 次修宪涉及领土和外交问题,是印度和孟加拉之间因历史原因而解决飞地互换问题,不涉及宪法正文的修改。2016 年的第 101 次修正案则是关于中央和地方之间重新分配税收立法权,是一次重大的中央地方分权改革和经济体制改革。2018 年和 2019 年宪法修正案是关于对经济社会落后阶层和经济弱势群体在入学和公职岗位名额的照顾保留的改革,是继续 80 年代以来提升落后种姓的社会改革,属于公民权和人权改革范畴。

莫迪政府平均每年 1 次多的宪法改革,继续了印度频繁修宪的历史传统。政府上台伊始通过修宪对最高法院"夺权",该举措对于打破"司法专制"有很大的意义,但是该宪法修正案迅速地被最高法院的判决认定为违宪,专业人士在主流媒体上撰文认为最高法院的做法是令人失望的。[①] 2016 年经济领域的税收分权改革的宪法修正案,对于简化税收制度和统一印度市场意义深远。对于 2018 和 2019 年的社会改革修宪,2018 年的宪法改革是给予 50 年代以来成立的经济教育落后委员会以宪法地位,争议不大。但 2019 年单纯以经济标准确定落后阶层,则突破了以往以种姓为中心的对落后阶层界定的标准,争议甚大。

---

① Suhrith Parthasarathy, An anti-constitutional judgment, THE HINDU, OCTOBER 30, 2015 00：13 IST, HTTPS：//WWW. THEHINDU. COM/OPINION/LEAD/NJAC-VERDICT-AN-ANTICONSTITUTIONAL-JUDGMENT/ARTICLE7819287. ECE, 2020 年 1 月 27 日访问。

第二章

宪法基本权利及其晚近变迁

宪法的本质就是分权,而最本质的则是确立国家和人民之间的分权,所以宪法所有的制度设计都是为基本权利而服务的,如果一部宪法的制度设计不是为了保障人民的基本权利,这种宪法一定不能称之为"良宪",而印度宪法基本权利被印度学者和法官称之为印度宪法的良心,可见其重要性。印度宪法不仅详细列举了宪法基本权利的内容,更为重要的是,印度宪法设计了一套极为完备的基本权利救济体系和违宪审查制度。规定基本权利背后的目的是确立法治政府而不是人治政府——保护少数人的权利以免受多数人暴政。[①] 另外,80 年代末 90 年代以来的印度宪法基本权利的变化反映了印度人权事业的晚近发展。

第一节 宪法基本权利研究

印度宪法规定了第一编《联邦及其领土》和第二编《公民》这两个作为国际公法上的国家成立的两大要件之后,紧接着是第三编《基本权利》,置基本权利于联邦政府、邦政府、地方政府以及联邦制度之前,可见印度宪法将基本权利置于较高的地位。另外印度宪法将不直接受司法裁判保护

[①] Dr. J. N. Pandey, *the Constitutional Law of India*, Central Law Agency, Allahabad, 48th Edition, 2011, p. 44.

的社会权利单列成编即第四编,名之为《国家政策指导原则》(*Directive Principle of State Policy*)。印度宪法原来没有基本义务的规定,但在英迪拉·甘地时代,1976 年第 42 修正案增加了一编《基本义务》,但只有一条(第 51A 条)包含 11 项义务。

1919 年《印度政府法》没有规定基本权利,但 1928 年的"尼赫鲁报告"则包含了 19 项基本权利,该报告是 1928 年 5 月 19 日在孟买召开的各政党大会(All Parties Conference)设立的一个以尼赫鲁为首的委员会作出的。[1] 负责制定 1935 年《印度政法》的西蒙委员会和议会联合委员会都反对制定"权利法案",因此 1935 年《印度政府法》也没有规定基本权利,但民族主义者和后来的制宪者都希望制定基本权利条款。

宪法基本权利条款的制定花了 38 天——11 天在制宪会议专门委员会讨论、2 天在制宪会议咨询委员会讨论,另外 25 天在制宪大会上讨论。[2]

英国没有基本权利这一概念。英国宪法的基本权利被认为是消极权利——个人只要没有违法则可以从事任何他想从事的行为。个人权利是通过司法机关对个案的判决来保护的。[3] 英国也没有司法审查制度,法院不能挑战立法机关对个人权利的侵犯。英国实行的是"议会至上主义"——议会可以制定任何扩张和限制公民基本权利的法律(但现在的欧盟条约和欧洲人权条约对英国议会产生限制)。显然,曾经作为英国殖民地几百年的印度,在基本权利保护方面,《印度宪法》没有学习英国模式。

美国宪法最初也没有规定任何宪法基本权利条款,宪法基本权利是宪法修正案所增加的 10 条权利法案。美国联邦宪法的权利是典型的天赋人权,但印度宪法基本权利则被认为是政府赋予的权利,印度宪法起草委员会主席安贝德卡在解释基本权利和非基本权利的区别时说"基本权利和非基本权利之间的真正区别是:非基本权利是当事人之间的协议创

---

① Prof. N. Jayapalan, Prof. S. Joseph, Prof. P. Kannan, *Hisotory of India* (1773 - 1985), Mohan Pathipagam, Triplicane, Madras, 1987, p. 234.

② Subhash C. Kashyap, *Our Constitution: An Introduction to India's Constitution and Constitutional Law*, National Book Trust, India, Second Edition, 1995, p. 87.

③ Durga Das Basu, *Introduction to the Constitution of India*, Lexis Nexis Butterworths Wadhwa Nagpur, 20th edition, 2008, p. 79.

设的,而基本权利是法律赐予的。"

在基本权利保护上,印度学习的是美国模式,即首先详细列举公民基本权利的内容,然后设立司法机关直接对其予以保护。但印度宪法基本权利的内容与美国宪法一个重要的不同是:印度宪法在宪法条文中就规定了对宪法基本权利的限制,但美国宪法中没有规定任何限制基本权利的内容,所以从宪法文本看,美国宪法基本权利是典型的"绝对权"。就基本权利的种类而言,美国宪法规定的权利主要是两类,其一是消极权利,如言论自由、宗教信仰自由等;其二是"正当程序"的程序性权利,其核心则是限制政府实施刑罚的权力。印度宪法基本权利的内容则更加丰富,包括了消极权利、正当程序性权利以及社会权利。

一、　基本权利体系

在宪法中规定哪些基本权利,既反映了世界民主共和发展的一般规律,也是各国特定社会环境决定的结果。印度学者认为"印度宪法基本权利既反映了国父们将《人权宣言》基本原则列入印度宪法的急迫心情,同时也反映了印度少数民族特殊问题和全面保护少数民族的需要。"①

(一) 宪法文本对基本权利的分类

与成文宪法鼻祖的美国联邦宪法仅仅规定自由权(或消极权利或传统人权)不同,印度宪法不仅规定了传统的自由权,同时规定了不受司法直接保护的社会权,另外 1976 年第 42 修正案还增加了第 9A 编的公民义务,因此,就印度宪法文本而言,印度宪法规定了 6 组传统基本权利、17 项社会权和 11 项基本义务。

1. 自由权

印度宪法将传统基本权利(自由权或消极权利)分为 6 组(或 6 大类):1)平等权(第 14—18 条);2)狭义自由权(第 19—22 条);3)免受剥削的权利(第 23—24 条);4)宗教自由权(第 25—28 条);5)文化教育权(第

---

① Subhash C. Kashyap, *Our Constitution: An Introduction to India's Constitution and Constitutional Law*, National Book Trust, India, Second Edition, 1995, p. 87.

29—31 条);6)宪法救济权(第 32—35 条)。

印度宪法文本上的基本权利体系与我国相差不是很大,我国宪法第二章《基本权利和义务》第 33 条至 50 条规定了我国宪法中的基本权利和义务,虽未分组,但我国学者将其概括为如下五大类:1)公民在法律面前一律平等;2)公民的政治权利和自由;3)公民的人身自由和宗教信仰自由;4)公民的社会经济文化权利;5)特定人的权利保护。[①] 与我国宪法稍有不同的地方是,印度将消极权利(自由权)和积极权利(社会权利)以及基本义务分成三编规定,我国则将三者合在一章中,另因为印度宪法冗长,我国宪法精简,印度宪法章上设编,我国则无编的设置。从基本权利内容看,我国宪法所没有的印度宪法基本权利是"免受剥削的自由"(Right against Exploitation)。

2. 社会权

社会权是社会主义运动的产物,是相对于传统的人权——自由权而言的,其集中体现就是联合国的 1966 年《经济、社会和文化权利国际公约》。印度宪法虽然顺应世界社会主义潮流规定了详尽的社会权,但明确规定第四编的社会权不受司法保护。

就社会权而言,印度宪法第四编《国家政策指导原则》(第 36—51 条)共计 19 条规定了不受司法直接保护的权利,包括促进社会福利和平等(第 38 条)、司法公正和司法援助(第 39A 条)、组织村民自治(第 40 条)、工作和受教育的权利(第 41 条)、优化工作条件和优待产妇(第 42 条)、提高劳动者待遇(第 43 条)、促进工人参与工厂管理(第 43A 条)、国家努力统一民法典(第 44 条)、向不满 6 岁的儿童提供幼儿教育(第 45 条)、提高表列种姓、表列部落及其他落后阶层的生活水平(第 46 条)、提高公共卫生水平及禁止饮酒(第 47 条)、促进农业和禁止杀牛(第 48 条)、保护环境、森林和野生动物(第 48A 条)、促进司法独立(第 50 条)和促进国际和平(第 51 条)。

《国家政策指导原则》规定的这些权利只能通过立法机关的立法进行间接保护,与我国的宪法基本权利的保护模式基本相同,但是因为印度宪

---

① 许崇德主编:《中国宪法》,北京:中国人民大学出版社 1996 年版,第 407—428 页。

法是司法机关直接适用的法律,法官在保护第三编自由权的时候,经常利用第四编的社会权内容来解释现行法律是否合宪,因此印度宪法第四编的社会权也有受司法间接保护的权能。

就内容而言,印度宪法规定了某些基于特定历史文化和经济背景的社会权,例如44条统一民法典的规定,这里规定的民法典实际仅指民事人身法典,即婚姻家庭法和继承法等,不包括合同法和物权法等民法内容。印度教派复杂,观念上彼此互相不通婚,不同的教派适用不同的民事人身法,为促进国家统一和团结,制宪之父们遂规定此社会权利,但至今未实现该理想;又如第48条保护牛的社会权,因印度人口80%以上为印度教,崇尚牛神,遂有此社会权的规定;第47条禁酒的规定也与印度宗教观念有很大关系,在印度公开场合喝酒是违法的,笔者在印度从未在公开的餐厅看到有人喝酒;又如第46条提高表列种姓和表列部落以及其他落后阶层的社会生活水平,也是基于印度的特有的历史和国情:印度4大种姓衍生出3000多种种姓,首陀罗种姓和贱民几千年来一直受歧视,至今生活贫困,另很多落后地区仍有大量原始部落居民,宪法给予这些人在公务员考试等方面有照顾性待遇。

3. 基本义务

最初的印度宪法并无基本义务的规定,这也符合英美法系宪法的传统,我国学者的统计显示,当今107部宪法中,英美法系国家宪法规定基本义务的比例只有10.0%,大陆法系国家宪法规定基本义务的比例则高达83.7%。[1] 1976年在英迪拉·甘地主政时期的第42修正案专门增加了第4A编《基本义务》,仅1条(第51A条)。

印度宪法第51A条规定了10项义务,分别是:1)遵守宪法、尊重国旗国徽;2)珍视激发为民族独立而奋斗的理想;3)维护主权统一和领土完整;4)保卫国家;5)促进团结,尊重妇女;6)保护文化遗产;7)保护环境;8)发展科学精神、人道主义和探索改革精神;9)保护公共财产,摒弃暴力;10)努力奋斗,为国争光。

---

[1] 王慧玲:《成文宪法的比较研究——以107部宪法文本为研究对象》,北京:对外经济贸易大学出版社2010年版,第118页。

其中的第 9 项内容"摒弃暴力"的公民义务为印度所特有,是其历史传统,特别是其独立之父甘地留下的文化遗产。

(二) 根据基本权利享有的主体划分

1966 年《公民权利和政治权利公约》将自由权分为公民权利和政治权利,就内容而言,公民权利与民事权利基本重合,可以说是最低级或最基本的基本权利,与国家无直接关系,因此其享有主体可以是所有人,而政治权利与国家有直接的关系,往往要求具备公民资格才能享有。虽然宗教信仰自由权既不属于民事权利中的财产权和人身权,也不属于政治权利,但就其与国家的关系而言,宗教自由权也可以归入民事权利的范围,因此也应当可以由任何人所享有。印度宪法也将基本权利分为可以由印度公民享有的基本权利和任何人都可以享有的基本权利。

1. 只有印度公民能够享有的基本权利

只能由印度公民享有的权利: 1)不得因宗教、种族、种姓、性别和出生地的不同而受有差别的法律保护的权利(平等权之第 15 条);2)获得公职的平等机会的权利(第 16 条);3)六项自由权:言论、集会、结社、迁徙、居住和选择职业的自由(第 19 条);4)少数民族的文化教育权利(第 29 条)。

印度宪法第二编《公民》(第 5 至 11 条)规定了印度公民资格的取得和丧失。宪法生效后,印度奉行兼采出生地主义和血统主义的国籍取得主义,同时不承认双重国籍的做法(但宪法又授权国会可以制定有关国籍法,2003 年国会立法规定印度公民可以拥有双重国籍)。印度宪法第 5 条规定:在印度境内有住所且出生于印度的人具有印度公民身份;在印度境内有住所且其父母之一出生于印度的也具有印度公民身份;在印度境内有住所且从宪法实施之日起在印度居住满 5 年的具有印度公民身份。第 9 条规定,任何人自愿获得其他国家国籍的则自动丧失印度国国籍。另外,和其他国家的做法一样,印度也允许经申请而成为印度公民。

因为印度、巴基斯坦和孟加拉国(1971 年从巴基斯坦独立出来)都是属于独立前的印度自治领,因此印度宪法必须对印巴分治后移民的国籍问题作出规定。对于从巴基斯坦移民入境的人的国籍,印度宪法第 6 条规定:若其父母或祖父母之一出生于印度则为印度公民;1948 年 7 月 19

日前移民入印度且居住在印度的均为印度公民；1948 年 7 月 19 日之后移民入印度的,需向有关部门提交登记申请,且在提交申请当时已经在印度居住满 6 个月。对于在 1947 年 3 月 1 日后从印度迁出到巴基斯坦但又返回印度的,经申请可成为印度公民(宪法第 7 条)。

居住于印度境外,但其父母或祖父母之一出生于印度,经向有关境外外交机构申请,可成为印度公民(印度宪法第 8 条)。同时,印度宪法第 11 条规定议会可以制定任何关于公民资格取得的法律,1955 年《公民法》更加详细地规定了公民取得资格的条件和程序。

部分非基本权利(规定于宪法第四章之外的宪法权利)也只有印度公民能够享有,包括担任总统(第 58 条第 1 款第 1 项)、副总统(第 66 条第 3 款第 3 项)、最高法院法官(第 124 条第 3 款)、高等法院法官(第 217 条第 2 款)、总检察长(第 76 条第 2 款)、邦长(第 157 条)和邦检察长的权利(第 165 条)、国会上下两院议员(第 84 条)和邦上下两院议员的权利(第 191 条第 1 款第 4 项)。另选举联邦国会两院和邦立法会(下院)的选举权只限于印度公民(第 326 条)。需要说明的是,印度宪法没有将选举权和被选举权列为基本权利。

2. 任何人可以享有的基本权利

任何人可以享有的基本权利有：1)法律面前人人平等和受法律平等保护的权利(第 14 条)；2)不受溯及既往的法律追诉的权利、不受双重刑事处罚和不得被迫自证其罪的权利(第 20 条)；3)未经法律授权人身自由不受限制的权利(第 21 条)；4)免受剥削的权利(第 23—24 条)；5)宗教自由权(第 25 条)；6)不被要求缴纳为某特定宗教服务的税(第 27 条)；7)在国家教育机构中有是否参加宗教课程和祷告的权利(第 28 条)。

(三) 根据基本权利受限制的情形不同划分

不同的基本权利受限制的情形不同,有些权利只能通过修改宪法对其进行限制,有些权利则可以通过国会立法直接限制,有些权利则介于两者之间。

行政机关和立法机关都不得限制的"绝对权利"：第 15 条规定的公民不得因其宗教、种族、种姓、性别和出生地的不同而受歧视的权利；第 17 条的废除不可接触制度；第 18 条废除贵族衔级衔称；第 20 条规定的只受犯罪时候有效刑法追诉的权利以及不被迫自证其罪的权利等。宪法本身对这些权利没有作出任何限制，与美国宪法10条权利法案的立法模式相同，都是"绝对权"。

行政机关不得限制，但是立法机关可以限制的权利。如第21条的人身自由权，该权利仅能对抗行政机关，但不能限制立法机关的权力，因为印度宪法第21条规定"未经法律的授权任何人不得被剥夺生命和自由"，所以宪法已经授权法律可以对人身自由权进行"任何限制"。之前最高法院认为议会可以制定任何法律限制人身自由，但是后来最高法院在曼内卡诉印度联邦(Maneka v. Union of India)[1]案中认为这些法律本身也要受司法审查。

行政机关和立法机关都可以限制的权利：第19条规定的6项自由权，宪法本身对这6项权利的行使都作了限制性的规定，如宪法授权法律可以基于主权完整（1963年第16修正案所增加）、国家安全、国际友谊、公共秩序、礼仪道德、藐视法庭、诽谤和煽动暴乱等8项原因对言论自由实施限制，立法机关和行政机关可以根据宪法中的限制性规定对这些权利进行限制。

（四）根据基本权利针对的主体划分

宪法是国家和人民之间分权的宪章，故基本权利针对的是国家，而不针对个人，除非在特定情形下产生"对第三者效力"。[2]（印度学界则称之为宪法基本权利的平行效力，以区别于针对政府的垂直效力）[3]

第三编《基本权利》总则第12条对"国家"的含义作了解释，规定：除非另有规定，国家包括联邦和邦行政机关和立法机关、地方团体（主要指地方自治政府）和印度政府控制的其他机关。但最高法院在柯其尼诉马德拉斯邦(Kochunni v. Sate of Madras)[4]案中认为若个人行为是在国家机关的协助之下进行的，也将被认为是国家机关。

---

[1] 1978 AIR 597；1978 SCR (2)621.

[2] 陈云生：《宪法监督司法化》，北京：北京大学出版社2004年版，第304页。

[3] Ashish Chugh, *Fuandamental Rights：Vertical or Horizontal*, The Practical Lawyer, March 7, 2013, http://www. ebc-india. com/practicallawyer/index2. php? option = com _ content&itemid = 5&do_pdf = 1&id = 226, Thursday, March 07,2013.

[4] 1959 AIR 725,1959 SCR Supl. (2)316.

但也有些权利既针对国家,也针对个人,如第 15 条第 2 款平等使用公共设施的权利、第 17 条的废止"不可接触"制度、第 18 条第 3 款和第 4 款禁止接受外国头衔、第 24 条规定禁止雇佣儿童从事危险职业。但这些权利不是自我实施的(self-executory),即不能直接通过司法机关执行这些权利,而需要制定有关法律来实施,如刑法规定实施不可接触的人要承担刑事责任。从这点来讲,这几项基本权利与第四编《国家政策指导原则》规定的社会权的效果基本相同,这也从侧面说明,这些既针对个人也针对国家的宪法基本权利实际上主要还是针对国家,即立法机关。

二、平等权

印度古代社会向来等级森严,自从雅利安人创立瓦尔纳(种姓)之后,人分 4 等,人之外还有不可接触的贱民(达利特),虽早期经佛教和中世纪经穆斯林的冲击,该制度虽在印度建立共和国之初就已被废除,但该文化观念至今仍存在,严重地阻碍了社会的发展。我国学者估计,印度再用 30 年时间都无法消除这种世界上独一无二的丑陋文化。[1]

虽同为东方世界,但中国自从隋唐以来,农民战争和科举取士两大因素摧毁了传统贵族集团,中国共产党领导的农民战争和土地改革则消灭了地主贵族,所以中国的平等问题与印度不太相同。但两国宪法都极端重视平等权,都将平等权列为众基本权利之首。

按照宪法起草委员会顾问 B. N. 劳(B. N. Rau)的回顾,第 14 条的平等权的前半部分——"法律面前人人平等"借鉴于魏玛宪法,后半部分"法律的平等保护"来自于美国宪法第 14 修正案。[2]

印度宪法以 5 个条文(第 14 条至 18 条)规定了平等权的内容,第 14 条规定了平等权的一般保护、第 15 条从反面禁止不得以宗教、种族、种姓、性别和出生地为由实施歧视、第 16 条规定获得公职的机会平等、第 17

---

[1] 张维为:《中国震撼——一个"文明国家"的崛起》,上海:世纪出版集团,上海人民出版社 2011 年版,第 187 页。

[2] H. K. Khanna, *Making of India's Constitution*, Eastern Book Company, Second Edition, Lucknow, 2008, p. 39.

条规定废止"不可接触"制度和第 18 条废除衔级和衔称。

(一) 平等权的含义

第 14 条规定：国家不得拒绝给予任何人法律上之平等或法律上之平等保护。与我国规定的平等权有两点差别，其一是印度宪法规定的平等权针对的只是国家，而我国宪法平等权则未明确是否仅针对国家；其二是印度的平等权分成两方面的内容——作为消极性的"国家不得拒绝给予任何人法律上之平等"和积极性的"国家给予法律上平等保护"。我国宪法平等权则未包含后者"平等保护"内容，仅规定"法律面前人人平等"。

作为判例法国家和采用美国式司法审查模式的印度，平等权的含义是通过印度高等法院和最高法院解释的，其含义可以概括为：[1]1)法律的平等保护不等于绝对的平等；2)立法机构有权立法实行"区别对待"，"对人群实施区分而实施不同的法律保护是立法机构的职权，法院无权干涉"(D. C. 巴提尔诉印度联邦)[2]；3)立法机构的区分必须建立在可以理解的区别之上；4)这种区别与立法需要达到的目的之间必须有合理的联系(见西孟加拉邦诉安瓦·阿里等案件)[3]和约翰·瓦拉梅诉印度联邦；[4]5)区分的标准有：地理的不同、时间的不同和职业性质不同等；6)平等保护不仅适用于实体法也适用于程序法(见拉茨曼达斯诉孟买邦[5])。

依惯例，国家元首代表国家，而法律是国家制定的，因此法律无法管辖国家元首。印度宪法明确规定了国家元首以及邦元首具有司法管辖豁免权，是平等权含义的例外。包括：1)总统和邦长行使职权的行为不受司法管辖；2)在总统和邦长任职期间不得对其提出任何刑事指控；3)除非两个月前将书面通知送达总统、邦长或其办公处所，否则在总统和邦长的任职期间不得在任何法院对其提起要求民事赔偿的民事诉讼。

(二) 获得公职机会的平等权利

宪法的平等权第一层含义是人特别是一国公民在国家面前——立法

① Durga Das Basu, *Introduction to the Constitution of India*, Lexis Nexis Butterworths Wadhwa Nagpur, 20th edition, 2008, pp. 89 - 91.

② D. C. Bhatia v Union of India：(1995)1 S. C. C. 104.

③ State of Went Bengal v. Anwar Ali：(1952) S. C. R 289.

④ John Vallamation v. Union of India：AIR, 2003 SC 2902.

⑤ Lachmandas v. State of Bombay：1952 S. C. R. 710(726).

机关、执法机关和司法机关面前的平等，公民的地位往往是消极的。平等权的第二层含义，即积极参与国家管理的权利，获得公职机会的平等权利是其中的重要内容。

印度宪法第 16 条用 5 款内容规定了获得公职平等权利的内涵及其例外，其中第 1 款和第 2 款规定该权利的内涵——任何公民对政府职位的聘任享有平等机会（第 1 款），任何公民不得因其宗教、种族、种姓、性别、出生、出身地、住址等 7 项原因而受歧视；第 3 至 5 款规定法律可以作出的例外限制。

1998 年印度法院判决政府不得因公务员报考者得艾滋病而拒绝其担任公职，对一些国家有一定的借鉴意义。印度宪法同时规定了例外情况，包括：1）对于邦和地方机关的特定公务员，联邦国会法律可以设定住址的条件（第 16 条第 3 款，1956 年第 7 修正案所修改）；2）对落后公民（Backward Class of Citizen）的公职的保留（第 4 款）；3）对表列种姓和表列部落的职位的保留及其晋升的优先考虑（4A 款，该款为 1995 年第 77 修正案所增加，其中晋升的优先考虑为 2001 年第 85 修正案所增加）以及每年保留给表列种姓和表列部落的职位当年未满者，可以由下年的表列种姓和表列部落报考者补足（第 4B 款）；4）与宗教有关的职位保留给相关宗教界人士。

（三）不可接触制度的废除

印度贱民制度历史久远，但其文化延续至今则令人惊讶。贱民不得居住于村庄内，普通人特别是婆罗门遇见贱民被认为是极端不吉利的事情，回家后必须沐浴更衣以洗清晦气，贱民出行则必须敲击瓦罐以警示他人躲避。即使独立之后，贱民因没有土地无法实现经济独立等原因而依然异常悲惨。独立后印度政府就立志废除该臭名昭著的贱民制度，于是宪法平等权内容中有此"废除不可接触制度"的内容。

印度宪法第 17 条以一款的内容规定：废除"贱民制"，并禁止以任何形式实行"贱民制"，凡凭借"贱民制"而剥夺他人权利的行为均属于犯罪行为，应依法惩处。1955 年通过了《不可接触犯罪法》（Untouchability Offences Act，1955），1976 年将其更名为《民权保护法》。宪法和上述法律都没有明确界定何为不可接触行为，但明确列举下列与贱民制度有关的行为构成犯罪行为：1）阻止他人进入公共场所，如医院、诊所、学校等；2）阻止他人进入公共宗教场所；3）限制任何人进入商店、饭店、酒店或公共娱乐场所或者限制他人使用水库、水龙头或其他水源、道路和火葬场等场所。笔者在种姓文化相对较淡的印度南方泰米尔纳德邦考察时，我的出租车司机陪我五六天，但不能住宾馆，可见印度法律已改，观念则仍未破除。1976 年则增加如下需被追究刑事责任的事项：1）侮辱表列种姓人员；2）直接或间接地宣扬不可接触制度；3）从历史、哲学、宗教或传统的角度论证不可接触制度的正当性。

上述犯罪行为的刑事责任是：1）判处 1 至 2 年有期徒刑；2）被判"实施不可接触罪"的人不得被选为联邦或邦立法机构议员。在"实施不可接触"诉讼中，实行举证责任倒置，被告必须证明自己没有实施该行为。

（四）废除衔级制度

废除爵位和类似爵位的衔级和衔称是共和国的一般做法。因此我国比较宪法学家认为，就实例而言，一般共和国的宪法大都禁止国家任何机关得以颁给爵位（例如美国、瑞士及德国宪法）。有些国家，即对于爵位以外的名位勋章，亦禁止颁给；国家机关之所可授予者，惟表示一种职业或公共职务的名称，与一种学术资格的学位而已。德国 1919 年《宪法》便作如此规定。①

印度民族主义者认为英国殖民时期的衔级制度是为帝国主义服务的特权制度，因此独立之后在宪法中规定废除衔级衔称。

印度宪法第 18 条规定："非军事或学术之任何衔称不得由国家授予；任何公民不得接受外国的衔称；任何担任有薪水或被国家信任的职务的非印度公民，未经印度总统的同意不得接受外国衔称。"其主要内容有：1）衔级的废除不包含军事衔级和学术衔级，即对学术和军事有贡献者仍可授予衔级和衔称；2）废除衔级只针对国家，个人或团体如大学等仍可以授予衔级和衔称；3）国家可以授予为社会服务作出突出贡献的人以衔级，如巴拉特·拉特纳（Bharat Ratna）或帕德玛·微博哈森（Padma Vibhushan）等荣誉称号。1954 年印度政府设立四个国家奖章巴拉特·拉

---

① 王世杰，钱端升：《比较宪法》，北京：商务印书馆 2010 年版，第 333 页。

特纳(Bharat Ratna)、帕德玛·微博哈森(Padma Vibhushan)、帕特玛·布森(Padma Bhushan)和帕特玛·斯瑞(Padma Shri),其中的巴拉特·拉特纳(Bharat Ratna)奖章是奖励在艺术、文学、科学和公共服务有特殊贡献的人,其他三个奖章则奖励在其他任何公共服务领域有突出贡献的人,包括政府公务中作出杰出贡献的人。很多人批评这些奖章的设立,认为这是一种变相的衔级,即变相恢复贵族制度。但1996年的巴拉诉印度联邦(Bala v. Union of India)一案中,最高法院认为这些非军事的奖章不是衔级,只要不是作为名字的一部分,并不违反印度宪法第14条或第18条。

三、 言论、集会和人身自由等传统自由权

广义的自由权是社会权的对称,是传统意义上的基本权利,但印度宪法规定的第二组基本权利自由权是狭义的自由权。印度宪法规定的自由权(Right to Freedom)内容为第19—22条,共5条,其中第19条规定了最核心的6项自由权、第20条规定了不得自证其罪等涉及刑法的自由权、第21条规定了未经法律授权不得被剥夺人身自由的正当程序内容、第21A条规定了受教育权(2002年第86修正案所增加)以及第22条规定了预防性拘留制度。

(一) 第19条规定6项自由权

最初的印度宪法第19条规定了印度公民可以享有的7项自由权,分别是: 1)言论自由;2)和平集会自由;3)结社和组织工会自由;4)迁徙自由;5)居住自由;6)取得、占有和处分财产的自由;7)择业的自由。但第6项财产权被1978年的第44修正案所取消,因此现在只剩下6项自由。

自由权若从广义角度而言,凡是自由竞争时代的宪法的基本权利都可以被称为自由权或自由权利,与社会主义思想出现之后的社会权利相对应,主要是指《公民权利和政治权利公约》中的权利内容。印度宪法中规定的第二组权利——自由权是广义自由权利中的一部分,但却是其中核心的部分。我国比较宪法学家将30年代之前的世界各国的人民个人自由分为:一为关系个人物质的利益的自由。包括人身自由、居住自由、工作自由和财产自由;二为关系个人精神的利益的自由,包括信教自由、

意见自由、集会自由、结社自由。① 日本当代宪法权威认为"自由权,是在人权谱系中居于中心位置的重要人权,从大的方面可以分为精神自由、经济自由、人身自由。"②印度宪法除将宗教信仰自由权(精神自由)单列为另一类权利外,其余的6项自由与我国学者及日本宪法学家所认为的自由权基本重合,可见自由权在印度宪法基本权利体系中的重要地位。

第一项:言论自由。

言论自由的范围很广,不仅包括发表口头和书面的言论,同时也包括其他表达意见的自由。升国旗也是言论自由(2004年印度联邦诉纳威·吉达〔Union of India v. Naveen Jindal〕案判决);投票也是言论自由〔印度联邦诉阿森等(Union of India v. Assn etc)〕;获得信息的权利也是言论自由的当然内容,特别是选民有权获悉候选人的财产信息。

印度宪法没有单独规定出版自由,而是将其包含在第19条第1款第1项的言论自由中,故对言论自由的限制同样适用于出版自由。但一些司法判决则专门针对出版自由,例如媒体不得诽谤法院。③ 但下述限制媒体的行为则是违法的:1)限制报纸的发行量或者通过政府赞助而使报业失去独立性;④2)将某一媒体作特别的限制,如限制其发行量或限制其选择媒体的形式;⑤3)对某一媒体征过多的税以限制其发行量。⑥

美国宪法判例规定对言论自由的限制只能进行事后限制,任何事前限制言论自由都是违法的。但在印度,在程序正当的情况下的一定时间内的事前审查是合法的,如刑事程序法第144条规定的治安法官为预防犯罪采取措施限制言论自由。

第二项:和平集会自由。

集会自由是大部分国家宪法都规定的权利,在学者统计数据中显示在107部宪法中有90.7%的宪法规定此项权利,是统计的24种权利中规

① 王世杰,钱端升:《比较宪法》,北京:商务印书馆2010年版,第86页。
② 〔日〕芦部信喜原著,高桥和之增订:《宪法》(第三版),林来梵等译,北京:北京大学出版社2006年版,第139页。
③ Arundhati Roy, In re AIR 2002 S. C. 1375.
④ Bennett Coleman v. Union of India AIR1973 S. C.
⑤ Bennett Coleman v. Union of India AIR1973 S. C.
⑥ Express Newspapers v. Union of India, AIR 1958 S. C. 578.

定比例最高的。[①]

政府可以基于以下原因制定法律限制集会自由：1）和平和不持武器；2）；印度的主权和领土完整；3）公共秩序；4）道德。

第三项：结社和组建工会的自由。

结社自由的重要性自不待言，个人力量薄弱，极难抗衡政府，唯有结社才能形成人民和政府之间力量的平衡。中国 2000 多年专制的基础就是形如一盘散沙的小农不可能对抗王权，也无法和王权签订限制权力的宪法性契约，一旦"人权"受到极端的践踏，唯一的解决之道是革命。所以中国最不缺乏的精神就是"革命主义精神"，最缺的精神是妥协的契约精神。印度非政府组织（NGO）数量极多，在社会生活中起到极为重要的作用，也是印度民主发展的基石，这与印度宪法保障结社自由不可分开。

对结社和组建工会的自由的限制的法定根据与对和平集会自由的限制是相同的。另外，只有高等法院可以宣布某团体是违法的团体，早先时候被宣布为非法组织的有：那加兰国家社会主义委员会、泰米尔·伊拉姆猛虎组织、卡里斯坦全国委员会和阿萨姆联合解放阵线。晚近的 1992 年 12 月 10 日被宣布为非法组织的有著名的国民自愿团（Rashtriya Swayamsevak Sangh，R. S. S.）和伊斯兰赛瓦克组织（Islamic Sevak Sangh）等。

第四和第五项：迁徙和居住的自由。

印度宪法将迁徙和居住自由分成两项自由分别规定，但两者本质上没有什么大的区别，国内学者定义迁徙自由时直接将居住自由包含在内，如认为"迁徙自由是指由宪法和法律规定的自由离开原居住地到外地旅行和定居的权利。"[②]

印度独立后虽然也实行计划经济，但并未如其他一些国家一样实行限制人口迁徙的政策，而是在宪法第 19 条第 1 款第 4 项规定了"所有的印度公民有在印度境内自由迁徙（move）的权利"，但必须受公共利益和保

---

① 王慧玲：《成文宪法的比较研究——以 107 部宪法文本为研究对象》，北京：对外经济贸易大学出版社 2010 年版，第 101 页。

② 杨海坤主编：《宪法基本权利新论》，北京：北京大学出版社 2004 年版，第 100 页。

护表列部落的限制。在印度较为落后的地区(特别是东北部地区和一些岛屿),仍存在很多部落,宪法对这些落后阶层作了特殊的保护,因此在对迁徙自由的限制中有此内容。

第六项:择业自由。

至 1997 年为止,学者统计的 107 部宪法明文规定有择业自由的占55.1%,[1]这与择业自由(劳动权)兼具自由权和受益权(社会权)的性质有关,[2],很多资本主义宪法并不太承认社会权,印度宪法中的择业自由则是比较典型的自由权,是国家不得干预的权利。印度宪法第 19 条第 1 款第g 项规定,任何公民都有权从事任何专业、职业、交易和商业。印度宪法没有规定劳动权,但择业自由实际上就是劳动权。

国家可以通过法律规定对择业的限制:1)出于公共利益的需要而限制择业权利;2)对特定职业制定从业标准;3)国家控制某些行业而全部或部分排除公民参与该行业。

印度宪法本身已经对 6 项自由权作出了比较详细的限制,政府可以根据宪法中的这些限制性条款制定细化的法律来限制个人权利,但如果这种限制不合理,则仍会被法院宣布为违宪而无效。司法机关发明了类似"警察权"的概念和标准审查政府的限制行为——实施这些权利的时候,法院必须发展诸如"警察权"的原则对个人权利基于集体利益(community)而对个人自由进行限制。[3] 但审查时仍无统一的标准,而是要分别考虑"声称被侵犯的权利的性质、限制的根本目的、受害程度和当时的环境等",同时也要考虑限制的方式。[4]

对自由权的限制需要实体合法,如为了粮食生产而禁止所有粮食产区的农民禁止生产雪茄烟是不合理的限制,印度最高法院因此判决内政部长的命令违宪无效。[5] 同时也要程序合法,即该限制不违反自然公正,

① 王慧玲:《成文宪法的比较研究——以 107 部宪法文本为研究对象》,北京:对外经济贸易大学出版社 2010 年版,第 101 页。

② 杨海坤主编:《宪法基本权利新论》,北京:北京大学出版社 2004 年版,第 250 页。

③ Durga Das Basu, *Introduction to the Constitution of India*, Lexis Nexis Butterworths Wadhwa Nagpur, 20th edition, p. 104.

④ Khare v. State of Delhi;(1950) SCR 519.

⑤ Chintamanrao v. State of M. P. (1952) SCR 759.

必须给予被限制方以申诉的权利,否则会被判定违宪。①

（二）判罪方面的保护

国家限制人民自由的最严厉措施莫过于限制人身自由,限制自由中最严厉的莫过于刑罚,故在宪法中限制立法机关的刑罚权极为重要。美国宪法最初的 10 条修正案,除第 1、2 和 3 修正案外,其余 7 条主要的目的都是为了保障刑事程序。② 印度宪法第 20 条的规定与美国宪法第 5 修正案"任何人不得因同一罪行为而两次遭受生命或身体的危害;不得在任何刑事案件中被迫自证其罪"基本相同,具体而言:

1. 不得制定溯及既往的刑法

宪法第 20 条第 1 款规定,任何人若未违反行为时该行为被认定为犯罪的法律,不得被判定有罪,也不能被处以比行为当时的法律规定更重的刑罚,即不得制定溯及既往的刑法以惩罚犯罪嫌疑人和被告人,否则该法律对行为当时的人来说是不公平的。③

2. 不遭受双重刑罚危险

印度宪法第 20 条第 2 款规定:任何人不得因同一犯罪行为被两次以上起诉和惩罚。但这里仅对同一犯罪行为在法院被起诉两次以上,如果同一行为一次受行政机关处罚,另一次受法院的刑罚处罚,则不被认为是遭受双重处罚。④ 另若犯罪既未被判有罪,也未被判无罪而遭受第二次审判不被认为是遭受双重指控。⑤

3. 不得自证其罪的权利

不得自证其罪的权利已经被最高法院的解释所扩大,即不仅包括口头证言,也包括书证(documentary evidence),但是控方对被告人实施医学检查、获得被告人的指纹或签名式样并不违反不得自证其罪的宪法规则。另外不得自证其罪的规则不适用于民事诉讼程序。⑥ 同时印度最高法院解释认为该规则只在正式指控的时候才适用,被告在接受普通的询问时

───────────

① Dwarka Prasad v. State of Uttar Pradesh, (1954) SCR 803.

② 张千帆:《美国联邦宪法》,北京:法律出版社 2011 年版,第 173 页。

③ G. . Gupta v. Glaxo-Smithkline Pharmaceuticals Ltd. ,(2007).

④ State of Punjab v. Dalbir Singh, (2001)9 SCC 212.

⑤ O. P. Dahiya v. Union of India, (2003)1 SCC 122.

⑥ Sharma v. Satish, (1954) S. C. R. 1077.

不得要求该规则的保护。

(三) 人身自由权的保护

生命自由权和财产权是最早的人权,从内容上看,两者合起来就是民事权利,他们是 18 世纪的人权。生命自由权又是一切人权的基础,没有生命自由权,政治权利和社会权都成为空谈。

1. 法律保留原则——生命和自由受法律保障

印度宪法第 21 条规定,除非根据法定程序,任何人不得被剥夺生命和人身自由。该条设置的是"法律保留原则"——即只有法律的授权才可以剥夺他人的生命和人身自由。在曼内卡(Maneka)诉印度联邦之前,最高法院认为议会可以制定任何法律剥夺和限制人身自由,即认为印度宪法第 21 条赋予了"议会主权"(Parliament Supremacy)。在 A. K. 高普兰诉马德拉斯邦(A. K. Goplan v. State of Madras)一案中,多数法官即持该观点。但 1978 年的曼内卡(Maneka)一案中多数法官采纳了高普兰(Goplan)一案中少数法官的观点,认为即使是议会制定的剥夺和限制人身自由的法律也应该接受司法审查,即法律对生命和自由的剥夺和限制必须不是"任意的、不公平的和不合理的"。该案认为:1)第 19 条的 6 项自由权和第 21 条人身自由权是相互联系的,是一定程度上重合的,即第21 条规定的"个人自由"暗含了很多权利,包括了很多在第 19 条所规定的权利;2)因此对第 21 条的"个人自由"的剥夺也应该受第 19 条的"合理性"原则的限制(除规定法律保留外,宪法本身未对第 21 条作任何其他规定);3)如果剥夺个人自由的法律违反了自然公正原则,则应当被判为违宪而无效。虽然印度宪法在制宪的时候放弃了通过正当程序保护人的生命和自由的思想,但最高法院通过曼内卡案件实际上确立了和美国宪法第 5 修正案中"不经正当法律程序,不得被剥夺生命、自由或财产"相似的核心内容。

最高法院还通过对第 21 条的自由解释(liberal interpretation),使第21 条的个人自由权极为扩大,包含如下权利:1)不被强迫劳动的权利(right not to be subjected to bonded labour and to be rehabilitated after release);2)生存权;3)环境权;4)人身保险权(right to appropriate life insurance policy);5)健康权;6)获得食物、水、教育、医疗和居住的权利;

7)罪犯获得生活必需品的权利;8)及时、公正和公开审判的权利;9)妇女尊严权;10)隐私权;11)赴海外的权利;12)被单独监禁的权利;13)不被铐手铐的权利;14)接受法律援助的权利;15)不得被延迟执行裁决的权利;16)不受监禁虐待的权利(right against custodial violence);17)不被在公众场合接受绞刑的权利;18)工人有获得健康和医疗帮助的权利;19)接受医生帮助的权利;20)社会公正和经济权利;21)不受噪音污染的权利;22)名誉权;23)家庭养老的权利〔right to family pension (release)〕;24)有尊严地殡葬的权利(right of decent burial or cremation);25)获得信息的权利;26)听证的权利;27)对有罪判决上诉的权利。[1]

2. 免于被任意逮捕的权利

1) 免于受任意逮捕的权利的内容

印度宪法第 22 条第 1 款规定,任何被捕的人必须被告知被捕的情况,且有权获得自己选择的律师辩护的权利。第 2 款规定,任何被逮捕和被监禁的人必须在 24 小时内(不含从被捕地点至治安法官的路程中的时间)移交给最近的治安法官,未经治安法官的允许,其拘留时间不得超过上述的 24 小时。但 22 条第 3 款规定"但上述第 1 和第 2 款不适用于当时的敌国侨民,也不适用于依据预防性拘留制度所逮捕或拘留的人员"。

2) 预防性拘留——免于受任意逮捕的例外

预防性拘留是相对于惩罚性拘留而言的,是一种预期措施(anticipatory measures)[2],是没有足够证据证明被拘留人有罪,但又认为必须对其拘留以防止社会危害的一种措施。该拘留制度独立于刑事诉讼程序之外,是独立的程序。被认为是"自由社会中为了国家利益和社会公共利益而存在的一种必要的恶"[3],除非在战时,一般国家都废止了该制度。该制度与保安处分(security measures)也不同,保安处分主要针对无

---

① Durga Das Basu, *Introduction to the Constitution of India*, Lexis Nexis Butterworths Wadhwa, Nagpur, 20th Edition, 2008, pp. 113 - 114.

② *Wharton's Concise Law Dictionary*, Universal Law Publishing Co. New Delhi, 15th Editon, 2009, p. 819.

③ *Wharton's Concise Law Dictionary*, Universal Law Publishing Co. New Delhi, 15th Editon, 2009, p. 820.

责任能力人或有特殊癖性的人或处以刑罚尚不足以改善迁恶的人①,两者对象不同。

对于预防性拘留宪法本身作了限制:1)预防性拘留在一般情况下的最长期限是3个月(在1978年第44修正案之前是2个月);2)经高等法院法官或有相同资格的人组成的咨询委员会(在1978年第44修正案之前该咨询委员会由高等法院首席法官推荐的人组成)的报告,对其预防性拘留可以超过3个月,但不能超过议会规定的最长期限;3)拘留机关必须立即告知被预防性拘留的人所拘留的理由并使其有陈述的机会(但拘留当局可以不向其透漏有可能妨害公共利益的信息)。

3)相关预防性拘留的法律

规定预防性拘留制度的重要原因是制宪当时的动乱情况,没有预防性措施很可能无法保证社会秩序的稳定;对其作出严格限制的原因则是鉴于英国殖民政府通过立法迫害印度人民的教训,包括臭名昭著的1818年《孟加拉管理法》(或称《孟加拉邦罪犯管理法》)以及马德拉斯和孟买邦的相似立法、1939年《印度防务法》(Defence of India Act,1939)、《省公共秩序维持令》(Provincial Maintenance of Public Order)等。

印度独立后仍通过了许多预防性拘留的法律。1950年通过了《预防性拘留法》(The Preventive Detention Act,1950),但在1969年被废止。国内的无政府主义状况又使政府通过了1971年《内部安全维持法》(Maintaintence of Internal Security Act,MISA),该法与1950年的《预防性拘留法》相似,针对的是社会动乱和政治犯,在1978年被废止。1974年国会通过《外汇交易保存和走私活动防治法》(The Conservation of Foreign Exchange and Prevention of Smuggling Activies Act,1974,COFEPOS)以针对经济动乱,至今仍生效。1980年国会通过了《国家安全法》(The National Security Act,1980)和《黑市交易防止和必需品供给法》(Prevention of Blackmarketing and Maintenance of Supplies of Essential Commodities Act,1980)。1985年又通过了《恐怖主义和破坏性活动(防止)法》(The Terrorist and Disruptive Activies〔Prevention〕Act,

——————

① 《中国大百科全书·法学》,北京:中国大百科全书出版社1984年版,第8页。

1985，TADA），但该法在 1985 年被废止。2002 年通过了《恐怖主义防止法》，但在 2004 年被废止。

1975 年至 1976 年之间，在紧急状态下被拘留的人达到 17.5 万之多，印度人民党上台前夕，承诺废除预防性拘留制度。1978 年废止了针对政治问题的《内部安全维持法》（MISA），但发现无法废止针对经济社会问题的 1974 年的《外汇交易保留与走私活动防止法》（COFEPOSA）。既然无法废止预防性拘留制度，也就无法取消宪法第 22 条第 2—7 款，印度人民党政府于是希望对其作出修改，但修改之前印度人民党就下台了。有些学者认为印度是极权主义国家或者至少是低质量的民主国家，[1]这与印度的预防性拘留制度有关。

对于预防性拘留制度，中央和邦都有立法权，中央的立法权的根据是宪法附表 7 中央立法项目第 9 项：中央可以基于国防、外交和国家安全制定预防性拘留的法律。邦的立法根据是宪法附表 7 邦立法事项第 3 项：邦可以基于公共秩序、生活必需品的供给制定预防性拘留法律。所以只要任何邦认为该制度有其存在的必要，那么中央不太可能轻易废止该制度——涉及邦利益的宪法修正案需要半数以上邦立法机构批准。

四、　免受剥削的权利

印度宪法中的第四组基本权利为免受剥削的权利（Right Against Exploitation），包括两条内容，相当简略。

据我国学者对世界上 107 个国家的宪法基本权利中的典型的 22 项基本权利的统计，发现规定免受奴役权的比例高达 52.3%，而该项基本权利在大洋洲国家的宪法中规定的比例高达 88.9%，另外相对于发达国家和发展中国家而言，免受奴役权在发展中国家宪法中规定的比例高达 60%，在发达国家宪法中规定的比例仅占 29.6%，[2]可见印度宪法规定的

---

① Maya Chadda, *Building Domocracy in South Asia*, Lynne Rienner Publishers Inc, London, 2000, p. 143.

② 王慧玲：《成文宪法的比较研究——以 107 部宪法文本为研究对象》，北京：对外经济贸易大学出版社 2010 年版，第 103—108 页。

这第四组基本权利也不是印度所独创。

印度宪法第 23 条第 1 款规定,禁止人口贩卖、强迫佃农为地主劳动和其他形式的强迫劳动,违反本条的行为将是犯罪行为,根据法律受刑罚处罚。但第 2 款规定:本条并不禁止国家出于公共目的而实施强迫劳动,但该强迫劳动不得因宗教、种族、种姓和阶层而有任何歧视。

第 24 条规定,禁止雇佣不满 14 周岁的儿童在任何工厂和矿山工作及从事任何其他有害工作。

立法机关为了保护和实现上述基本权利,也通过了一些法律,如 1956 年国会通过了《不道德人口贩卖防止法》〔Immoral Traffic (Prevention) Act, 1956〕,专门打击和惩罚拐卖妇女和未成年少女从事卖淫的违法犯罪活动,通过了《童工禁止与管理法》〔Child Labour (Prohibition and Regulation) Act〕,具体规范童工问题。

第 23 条和 24 条从印度宪法生效至 1982 年休眠了 32 年,这 32 年间没有任何法院判例出现。但到 1982 年之后,这两条却成为法院解放被奴役的穷人的强有力的武器。[①]

值得指出的是第 23 条、第 24 条以及第 17 条("废除不可接触制度")是印度宪法中不仅可以针对国家也可以针对个人的三个条文。印度宪法学界似乎没有太拘泥于宪法是国家和人民之间分权的传统观念,也没有特别关注大陆法系国家研究出来的"宪法效力的第三者理论"。但这三个条文的效力没有违反大陆法系的传统观念,因为能保持"不可接触"制度和"剥削"的往往是政府,即使不是政府,也是如政府一样的强势方。

班德华·穆克提·莫查诉印度联邦(Bandhua Mukti Morcha v. Union of India)[②]是 80 年代的一件著名案件,案件的主要事实是:大量的采石工人在与首都德里不远的哈里亚纳邦一采石场被强迫劳动,劳动条件极端恶劣——没有安全措施、没有医疗条件、没有干净的水喝,劳动者则居住在极端破烂的草棚中。公益人士班德华·穆克提·莫查向印度最高法院起诉印度联邦政府,要求政府执行印度有关的劳动法,解放这些凄

---

① M. P. Jain, *Indian Constitutional Law*, Lexis Nexis Butterworths Wadhwa, Sixth Edition, Nagpur, 2010, p. 1303.

② AIR 1984 SC 802: (1984)3 SCC 161.

惨的劳工。印度最高法院判决解放采石场被强迫劳动的劳工,并且指示印度联邦政府采取措施保证劳动法得以有效执行。

印度宪法并不完全禁止童工,而是禁止童工从事与其年龄不符和有害身心健康的工作。针对雇佣童工从事有害身心健康的工作问题,最高法院曾受理多起公益诉讼(非由受害人提起的诉讼)。如 1996 年 M. C. 米赫塔诉泰米尔纳德邦(M. C. Mehta v. State of Tamil Nadu)①案中判决不满 14 周岁的儿童不得在火柴厂工作。在班德华·穆克提·莫查诉印度联邦(Bandhua Mukti Morcha v. Union of India)②案中最高法院判决不满 14 周岁的未成年人不得在有害的地毯厂工作,并引用印度宪法第四编《国家政策指导原则》中的第 39 条第 5 项和第 6 项关于国家有义务改善工作条件和保护儿童的规定,指示邦政府采取相应的措施。

另外,司法机关在判例中通过扩大解释,将罪犯也包括在上述基本权利的保护中。喀拉拉邦高等法院在 1983 年的一判决中认为罪犯也必须付给合理的工资,印度最高法院在古吉拉特邦诉古吉拉特邦高等法院(State of Gujarat v. Hon'ble High Court of Gujarat)③案中,认为罪犯可以被强迫劳动,因为这是刑事判决本身的内容,但是必须给付合理工资,如果不给工资的话就是"奴隶制度的残余",同时印度最高法院指示邦政府任命一个委员会来确定罪犯工资的标准。

五、 宗教自由权

宗教被马克思主义认定为是统治阶级对人民的"精神麻醉",但学者统计世界上的 107 部宪法中明文规定宗教信仰自由权的比例为 83.2%,④可见全世界大部分人民愿意被"精神麻醉"。印度人民一方面极端热情于宗教麻醉,另一方面不同的宗教之间又冲突不断,因此宗教信仰

① (1996)6 SCC 756; AIR 1997 SC 699.
② AIR 1997 SC2118; (1997)10 SCC 549.
③ AIR 1998 SC 3164.
④ 王慧玲:《成文宪法的比较研究——以 107 部宪法文本为研究对象》,北京:对外经济贸易大学出版社 2010 年版,第 99 页。

自由权在印度有特殊的意义。

(一) 宗教自由权在印度宪法中的特殊地位

宗教自由权(Right to Freedom of Religion)在印度具有特殊重要的地位,印度信教人口比例几乎达到百分之一百,教派林立,绝大多数人口(占80%左右)为印度教教徒,其他较大的宗教则有穆斯林、耆那教、基督教、拜火教等。印度的神有3300万之多,①城市中只要拐个弯就可以看到印度教神庙,有些地方整个县城一半以上的区域都是神庙,如泰米尔纳德邦的提鲁瓦鲁尔(Thiruvarur)市,很多神庙极端壮观雄伟,虽建造于几千年前,却高过30层楼并屹立不倒。

但印度宗教冲突又非常激烈,最早的时候是婆罗门教(今印度教之前身)和佛教之间的冲突,公元前300年左右的第一个印度大帝国的缔造者阿育王崇奉佛教,但之后的政治人物大多带有反佛教之倾向,②在宗教的竞争与冲突中,我国玄奘赴印学习期间,佛教已经开始盛极而衰。之后的约1000年中,外来穆斯林和印度教之间的冲突贯穿了整个印度直到巴布尔入主印度。第三代莫卧儿皇帝阿克巴大帝实行民族和宗教融合政策,取得了巨大成功,但第六代莫卧儿皇帝奥朗则布则公开迫害印度教徒,制造宗教冲突。英国人殖民印度,为分化瓦解印度实行"分而治之"的政策,英国人后期设计的以教派分配议会席位的做法彻底分裂了南亚次大陆,造成印巴分治,30多万人因教派冲突而丧生。印度国父甘地被印度教极端主义者枪杀,原因是甘地"偏袒"穆斯林,直至今日,宗教冲突的历史还没有结束。

鉴于上述事实,印度制宪者们采取了美国式的宗教政策模式——国家中立于宗教,不设国教,并在宪法序言中宣誓"印度人民庄严宣誓印度为主权的、社会主义的、世俗的和民主的共和国"(序言第一段)。

(二) 宗教自由权的主要内容

印度宪法在正文中用4条内容(第25—27条)分别规定了良心与宗教自由权(第25条)、宗教机构管理宗教事务的自由(第26条)、不被强迫缴纳宗

---

① [英]迈克尔·伍德著:《印度的故事》,廖素珊译,杭州:浙江大学出版社2012年版,(楔子)第4页。
② 吴俊才:《印度史》,台北:三民书局1981年版,第73页。

教税的自由(第 27 条)和学生不得被强迫学习宗教课程的自由(第 28 条)。

　　具体内容而言,第一,印度是世俗国家,不设国教: 1)政府不得以发展和保持宗教和宗教机构而向公民征税(第 27 条);2)政府设立的教育机构不得开设宗教课程(第 28 条第 1 款);3)非政府的教育机构可以组织宗教教育,但必须经本人或其监护人同意(第 28 条第 3 款)。

　　第二,可以基于法定的理由对宗教信仰自由实施限制: 1)政府可基于公共秩序、道德和健康的原因限制宗教活动(第 25 条第 1 款);2)国家可基于经济、金融、政治和其他与宗教有关但与良心自由没有真正关系的世俗活动的原因制定管理和限制规则(第 25 条第 2 款第 2 项);3)基于社会福利、社会改革和使印度教机构成为公众性的宗教机构而作出的限制(第 25 条第 2 款第 2 项)。

　　第三,宗教团体和教派的权利。宗教团体可以组成宗教机构、开展宗教活动、拥有动产和不动产和根据法律处分财产(第 26 条)。

　　第四,印度宪法的其他相关条文也保证宗教信仰自由。

　　1) 通过平等权保护宗教信仰自由: 进入公共场所不得有所歧视(第 15 条第 2 款)、政府在聘用公务员时不得因宗教原因而有所区别(第 16 条第 2 款);2)通过少数民族文化教育权保护宗教信仰自由: 在政府资助的教育机构入学不得因宗教等原因而被歧视(第 29 条第 2 款);3)不得因宗教原因被剥夺选举权和被选举权(第 325 条)。

　　(三) 有关宗教自由权的重要判例

　　1. 宗教信仰自由包括实行宗教仪式的自由

　　印度教慈善专员诉拉克西米德拉(Commissioner, Hindu Religious Endowments v. Lakshmindra)[1]案件中,印度最高法院认为宗教信仰自由权不仅包含上述信仰宗教的自由,也包含了实行宗教仪式的自由(ritual and observance)。在拉提拉诉孟买邦(Ratilal v State of Bombay)[2]和萨鲁普诉旁遮普邦(Sarup v. State of Punjab)[3]案中,最高法院则认为法院有权决定哪些仪式是合法的、哪些仪式是损害健康和道德的。

---

① (1954) SCR 1005.
② (1954) SCR 1055.
③ AIR 1959 S. C. 860(866).

2. 最高法院对宪法序言"世俗国家"的解释

在宗教信仰自由和印度宪法序言规定的"世俗国家"的关系中,印度最高法院对"世俗国家"的解释是:1)世俗国家不意味着国家敌视宗教而是指国家平等对待各种宗教;2)任何人有宗教信仰自由,但不能因此认为他们不是世俗的;3)宪法序言中的世俗一词并不与第 25—30 条(宗教自由权和少数民族文化教育权)及第 351 条(推广印地语)冲突;4)为政治目的而利用宗教是违反国家对宗教的中立性原则的,如果邦利用宗教于政治目的,中央政府可以以此为由认为邦宪法秩序无法维持而宣布紧急状态;5)世俗主义是印度宪法的基本特征之一(Basic Feature)。[1]

3. 宗教信仰自由不包含强迫、引诱他人改变宗教信仰的自由

在斯雷拉斯诉中央邦(Stainislaus v. State of M. P.)[2]案件中,印度最高法院认为:1)第 25 条第 1 款规定的布教自由不包含改变他人信仰的自由;2)第 25 条第 1 款规定的每个人的平等的良心自由权意味着每个人可以在选择宗教的同时有权利不被他人利用暴力、欺骗和引诱的方式改变其宗教信仰;3)各宗教可以宣扬各种教义,包括让其他人信仰其宗教的权利,但政府有权以"公共秩序、道德和健康"的理由限制宗教自由。因此判决北方邦和奥利萨邦的关于禁止以胁迫、欺骗和引诱的方式使他人改宗宗教的法律符合宪法。

六、(少数民族)文化教育权

印度宪法中的文化教育权(Cultrual and Educational Rights)不是联合国《经济社会文化权利公约》中的作为社会权内容的文化教育权,而是少数民族的保持其文化特性的权利,是保持印度文化多元化的一种宪法措施或者说是通过文化融合而保持国家团结的政策。印度宪法中的社会权利被集中规定于第四编《国家政策指导原则》中,所以印度宪法中的第五组权利——文化教育权并不是社会权却仍属于自由权范畴。我国学者

---

[1] Durga Das Basu, *Introduction to the Constitution of India*, Lexis Nexis Butterworths Wadhwa Nagpur, 20th edition, 2008, p. 121.

[2] AIR 1977 S. C. 908.

将我国的经济社会文化权利概括为四类,即劳动权、休息权、物质帮助权、受教育权以及科学文化方面的权利和自由,①可见印度宪法与我国宪法中的经济社会文化权利差异很大。

印度宪法第 29 条规定对少数民族的保护,第 1 款规定"凡居住在印度境内具有特定语言、文字和文化的任何公民群体都有权保留其特定的语言、文字和文化";第二款规定"任何国家维持或资助的教育机构不得因宗教、种族、种姓或语言的理由拒绝任何公民入学"。

第 30 条规定了少数民族建立和管理教育机构的权利,其第 1 款规定"任何少数民族,不管是基于宗教或语言都有权建立和管理自己的教育机构"的权利;第 1A 款规定"在制定任何强制征收上述少数民族建立和管理的教育机构时,政府必须保证征收补偿的数额不至于剥夺第 1 款规定少数民族建立自己教育机构"的权利(1978 年第 44 修正案所增加);第 2 款规定"政府在向教育机构提供资助时,不得因其是少数民族管理的教育机构而歧视,不管该少数民族是基于宗教或语言形成的。"

上述两条包含了少数民族的五项权利:1)保持其语言、文字和文化的权利;2)公平入学的权利;3)建立少数民族教育机构的权利;4)少数民族学校在被征收时获得公平补偿的权利;5)少数民族学校受政府公平资助的权利。

虽然"文化教育权"保护的是少数民族的权利,但"民族"一词没有确定的含义,我国的字典将其定义为1)指历史上形成的、处于不同社会发展阶段的各种人的共同体;2)特指具有共同语言、共同地域、共同经济生活以及表现于共同文化上的共同心理素质的人的共同体。②可见我国将确定民族的要素界定为历史、语言、文化、地域、经济生活、心理素质等 6 个方面,但 6 项要素中除了语言一项要素容易界定外,其他要素仍然模糊不清。印度宪法没有界定民族的含义,但在宪法文本中也列出了其认为重要的要素:语言、文字、文化、宗教、种族、种姓 6 项要素,这些要素除了文化一项不容易界定外,其余 5 项则比较容易界定。

① 罗玉中,万其刚,刘松山:《人权与法制》,北京:北京大学出版社 2001 年版,第 328 页。
② 《现代汉语词典》,北京:商务印书馆 2002 年增补本,第 884 页。

1995 年的巴拉查理·西德海斯瓦诉西孟加拉邦（Bramchari Sidheswar v. State of West Bengal）〔俗称拉姆·克里希那布道所案件（Ram Krishna Mission Case）〕案中，最高法院判决由斯瓦米·维沃克南达设立的拉姆·克里希那布道所（宣讲印度吠檀多思想）不是独立的少数派宗教，只是印度教的一个分支，因此不是少数民族学校，不得享受第 30 条第 1 款的宪法基本权利。可见，即使印度宪法针对少数民族列出了 6 项界定因素，但解释的时候仍需要依赖司法机关。

在 1971 年的 D. A. V. 学院和巴厅达诉旁遮普邦（D. A. V. College, Bhatinda v. State of Punjab）[1]案件中，旁遮普大学规定所有的系和附属学院（印度大部分学院附属于大学，由大学设置课程和组织考试并发放学位证书，但学院的财产人事则完全独立于大学）只能用旁遮普语教学，原告提起诉讼，最高法院判决大学的行为违法，侵犯了附属的少数民族学院（基于语言形成的少数民族）学生的文化教育权（第 30 条第 1 款的权利）。

七、 宪法救济权

如果说印度宪法规定的前述 5 组宪法基本权利是人的身体的话，那么第 6 组权利——宪法救济权（Right to Constitutional Remedies）则是人的心脏，没有宪法救济权，宪法基本权利将会死亡，国家和人民之间的分权也将形同虚设，我国学者称宪法救济为"权利救济的脊梁"[2]，不无道理。

因宪法救济权与基本权利救济及司法审查密切结合，故宪法救济权将在本章第二节中论述，在此不赘。

八、 基本权利的特点

印度学者称基本权利为印度宪法的良心，如果说政府的组建是阶级社会出现之后的事物，那么人权是与人的出现而伴生的（虽然狭义的人权概念

---

① AIR 1971 SC 1731.
② 程燎原，王人博：《权利及其救济》，济南：山东人民出版社 1998 年版，第 374 页。

是资产阶级兴起之后的事情),没有人权,人将不再是人。任何宪法都规定了政府的组成,但是不能说凡是有政府的社会就有宪法,大家否定近代民主出现之前有宪法和宪制的存在,不是因其缺乏政府,而是因为缺少人权。印度宪法详细规定了 6 组人权,并设置独立的司法机关保护这些权利,就广大发展中国家而言,印度宪法基本权利及其救济制度是相当完备的,是其他发展中国家权利及其救济制度的典范。印度宪法及救济制度的主要特点有:

(一) 真正的宪法基本权利不是在宪法文本中,而是在司法机关的判例中

印度宪法对宪法基本权利的列举不能说是不详细的,印度宪法学家也认为印度宪法是世界上规定"人权宪章"最为完备的宪法之一。[①] 但真正要理解印度宪法基本权利,只能通过对浩如烟海的判例的解读。司法机关通过判例,不但解释和保护宪法基本权利,同时直接创设基本权利,例如印度最高法院通过判例将第 21 条"除非依据法定程序,任何人的生命和人身自由不被剥夺"的内容衍生出几十种基本权利之多。

(二) 将自由权利、社会权利和基本义务分成三编分别规定

印度宪法第三编规定了传统的可以直接受到司法救济的宪法基本权利——自由权利,第四章《国家政策指导原则》规定的社会权则明确规定其不受司法救济,但在实践中,法院经常引用《国家政策指导原则》以解释第三编《基本权利》中的条款,可以说是间接地通过司法救济社会权利。1976 年第 42 修正案增加的《基本义务》编的法律效力与《国家政策指导原则》相同。

基本权利和国家政策指导原则之间效力的高低曾经成为印度宪法的一个重要议题,1971 年增加的第 31C 条规定实施宪法第 39 条 b 和 c 款的法律不因其侵犯第 14 条的平等权、第 19 条的 7 项自由和第 31 条的财产权而无效,但该内容在米内瓦案件[②]中被印度最高法院判定为违宪无效。新增的第 31C 条本身规定实施第 39 条 b 和 c 款的法律不受法院司法审查的规定则在之前的著名的凯瑟万达·巴拉提案件[③]中被判定违宪无效。

---

① Subhash C. Kashyap, *Our Constitution: An Introduction to India's Constitution and Constitutional Law*, National Book Trust, Second Edition, New Delhi, 1995, p. 88.

② Minerva Mills Ltd. v. Union of India: (1980)2 S. C. C. 591.

③ Kesavananda Bharati v. State of Kerala: AIR 1973 SC 1461.

如何平衡基本权利和国家政策指导原则(社会权)之间的关系是印度宪法中一个重要议题,印度最高法院在一份判决中指出:印度宪法是建立在第三编和第四编的平衡的基石之上的。①

(三)司法机关具有非常广泛的救济基本权利的途径,完全不受英美法系当事人主义的诉讼模式的限制

最高法院可以通过公益诉讼——毫无关系的当事人的起诉以救济受害人的基本权利;最高法院可以直接给政府下指示(Direction),要求政府保护宪法基本权利。印度最高法院和高等法院都可以发布令状(Writ),同时可以通过任何适当的程序救济基本权利,不受司法中立和对抗式诉讼模式的限制,在救济基本权利中是典型的"超职权主义"模式。最高法院收到救济基本权利的申请后,可以在没有任何证据的情况下成立调查委员会调查案情,可以说是典型的"偏听偏信"模式。

在救济基本权利过程中印度最高法院可以命令政府采取各种措施,例如命令邦政府建立棚户屋以免流浪汉冬天被冻死、命令政府采取措施完善基层法院的硬件设施以及命令政府采取措施防止妇女在工作场所受到性骚扰等,有人甚至开玩笑说,"是最高法院在统治印度。"②

(四)部分权利为印度宪法所特有

基于特定的历史和文化条件,印度宪法规定了一些其他国家宪法所没有的基本权利,如平等权中的废除不可解除制度、特有的少数民族的文化教育权等。

种姓是印度社会结构的最重要特征,最早的印度社会结构是四个种姓加贱民(不可接触的人),随着社会的发展,印度如今的种姓有3000多个,这些种姓又衍变成25000多个亚种姓。如此复杂的阶层社会关系严重阻碍了公民社会和平等观念的形成,所以印度的民主是上层社会的精英民主,法治也只限于上层社会,下层社会实际上与民主法治无缘。印度国父基于改造社会的理想,将平等权列于所有基本权利之首,并在其中规定废除贱民制度。

---

① Madhendra Pal Singh:《印度宪法上基本权利体系、范畴及其实现》,柳建龙译,载《公法研究》2010年7月3日。
② [印度]辛格:《印度法学教育与宪法学之热点问题》,柳建龙译,载《求是学刊》2008年9月。

印度除了种姓这一特有的社会结构之外，复杂的宗教和语言也是其最重要的社会特征之一，为了化解社会矛盾和保护社会弱势群体（基于语言、宗教或文化形成的少数民族往往是社会弱势群体），印度宪法规定了具有特定内涵的"文化教育权"。

第二节　宪法救济权与印度违宪审查制度

宪制的关键在于实施宪法，而不仅仅是把宪法作为一种价值观的宣示。我国有关宪法实施的概念极为混乱，有宪法实施、宪法保障、宪法监督、违宪审查、司法审查和宪法诉讼等诸多含义模糊的概念。笔者赞同我国已故宪法学者蔡定剑先生的观点，即在宏观层面上使用宪法保障和宪法实施的概念，且这两个概念本身含义极为宽泛模糊；在中观层面使用宪法监督和宪法适用，认为"宪法监督是通过违宪审查、合宪审查、宪法解释、法规备案审查和宪法诉讼等方式保障宪法实施的制度"，而宪法适用是"指宪法条文被专门宪法监督或违宪审查机关用来解决纠纷、处理案件的过程"；在微观层面上或操作层面上使用违宪审查（司法审查）和宪法诉讼，并且主张"法院行使宪法的私权诉讼"而全国人大则行使违宪审查权。[①]

宪法实施的本质在于救济权利特别是救济基本权利，而宪法的本质是分权——人民将部分权利让渡给政府使其成为权力，法治的目的则是约束权力，使权力救济或者服务于权利。

印度宪法基本权利被称为印度宪法的良心，如何保护这颗良心成为宪法中的根本性问题。印度宪法赋予人民以"宪法救济权"以启动保护宪法基本权利的程序，同时宪法设置了独立权威的司法机构以保障宪法基本权利得以实现。

虽然违宪审查的主要目的是维护宪法秩序——使法律和行政行为符合宪法，但根本目的是救济权利，即使是法国那样不给予直接权利救济的宪法委员会的抽象违宪审查模式也是如此。

---

① 蔡定剑：《宪法实施的概念与宪法施行之道》，载《中国法学》2004 年第 1 期。

一、 宪法救济权与基本权利的救济

印度宪法共有 22 编内容,若从宪法的本质而言,其中的 21 编内容都是为第三编基本权利服务的。启动这个"服务过程"的钥匙是第三编第 7 部分的"宪法救济权"(Right to Constitutional Remedies)(第 32 至 35 条),其中最核心的是第 32 条。

印度宪法第 32 条第 1 款规定:申请最高法院以适当途径执行本编规定的权利受到保障;第 2 款规定:最高法院有权发布指示、命令和包括人身保护令、执行令、禁令、调查令、调卷令在内的令状等合适程序执行本编规定的权利;第 3 款规定:在不损害第 1 款和第 2 款授予的最高法院的权力的情况下,联邦国会可以通过法律授予任何其他法院在其管辖权范围内第 2 款规定的最高法院所享有的权力;第 4 款规定,除非本宪法有其他规定,本条保障的权利不得被停止实施。

除第 32 条最高法院的宪法救济权之外,另一宪法救济权的内容则规定在第六编《邦》第五章《邦高等法院》第 226 条中,该条授予高等法院救济宪法基本权利的手段与最高法院完全相同。

(一) 宪法救济权在印度宪法中的地位

宪法救济权的重要性不管如何评价都不为过,甚至可以说,评价一国是否实行宪制的试金石就是有无启动权利救济程序的"宪法救济权",有宪法但因无"宪法救济权"而无基本权利救济程序或者根本不实施宪法的国家只能说是有宪法而无宪制。印度宪法中的宪法救济权的重要性及其特征体现在如下方面:

1. 作为宪法救济权基石的司法审查是印度宪法基本结构,不能通过修宪而被修改。

印度宪法学家断言"第 32 条是印度宪法所建的整个大厦的基石"。[1]"如果宪法不提供有效的执行机制的话,宪法保护的基本权利将毫无意

---

[1] Durga Das Basu, *Introduction to the Constitution of India*, Lexis Nexis Butterworths Wadhwa Nagpur, 20th edition, 2008, p. 132.

义。"①"基本权利的宣示本身是没有用的,除非有使之生效的措施。"②宪法学家的论断都说明了宪法救济权存在的极端重要性。安贝德卡在制宪会议上曾说"如果我被问及宪法中的哪个条文最重要——没有该条宪法就没有效力,我不会指任何其他条文而会说是这条(第 32 条),它是宪法的灵魂和中心所在。"在 1981 年的卡玛噶化肥公司工会诉印度联邦和其他人(Fertilizer corpn. Kamgar Union v. Union of India)③案件中,最高法院认为,宪法第 32 条规定的宪法救济权是宪法基本特征,即使宪法修正案也不得废止之。

2. 宪法救济权不能被立法所限制或取消。

1950 年《预防性拘留法》禁止拘留机关向任何法院披露拘留的原因,该内容被最高法院在著名的高普兰诉马德拉斯邦案件中判为违宪无效,因为禁止法院获得拘留原因的立法使法院无法保护公民的第 21 条和 22 条的宪法基本权利,因此也侵犯了公民第 32 条的宪法救济权。

3. 是否发布令状,最高法院有自由裁量权。

1955 年,最高法院在一个案件中,认为是否发布令状给予基本权利以救济,最高法院有自由裁量权。1961 年大瑶诉北方邦(Daryao v. State of U. P.)④案件中,最高法院则认为根据第 32 条,给予宪法救济不是最高法院的任意性权力而是法定的职权。1993 年的 A. K. 克汗诉哈里亚纳邦(A. K. Khan v. Sate of Haryana)案件中,最高法院又认为,如果有法律规定的其他救济措施,则第 32 条不适用,即遵循"穷尽法律救济原则"⑤,但实际上,最高法院并不完全遵循该原则。

4. 宪法救济权申请主体的限制。

在公益诉讼发展之前,一般要求申请者自己的权利受到侵犯才可以申请宪法救济,唯一例外是人身保护令的申请——只要与被非法限制人

---

① M. P. Jain, *Indian Constitutional Law*, Lexis Nexis Butterworths Wadhwa, Sixth Edition, Nagpur, 2010, p. 1428.

② Das Basu, *Introduction to the Constitution of India*, Lexis Nexis Butterworths Wadhwa Nagpur, 20th edition, 2008,p. 131.

③ AIR 1981 SC 344 para. 11.

④ AIR 1961 SC 1457 at p. 1461.

⑤ 胡锦光,王书成:《穷尽法律救济之规范分析》,载《江汉大学学报》(社会科学版)2008 年 6 月。

身自由的人不是完全陌生的人都可以申请人身保护令申请释放被非法限制人身自由的人。但80年代公益诉讼发展之后,该"当事人适格"的条件基本已经被抛弃。

5. 最高法院对基本权利的保护措施不受程序技术的限制。

最高法院可以发布任何它认为适当的指示、命令和令状。即使原告没有申请正确的令状,其权利申请仍不得被拒绝。[1] 即基本权利救济程序虽然不是一个独立于民事诉讼程序和刑事诉讼程序的独立程序,但也不受普通诉讼程序的制约。

(二)宪法救济权启动的条件

虽然印度最高法院享有极为广泛的权力救济基本权利,但鉴于最高法院救济基本权利的实际可能性等原因,根据第32条启动基本权利救济程序也存在如下的限制条件。

1. 原告的条件

启动最高法院宪法救济程序时"原告无需证明他没有其他权利救济途径,也无需证明他已经穷尽了所有的其他权利救济手段,而只需证明其受损权利没有得到适当的救济即可。"[2] 虽然启动宪法第32条的条件是宪法基本权利受到损害,但是也有较少的例外——即使基本权利没有被侵犯,也有可能启动第32条的宪法救济权。这种例外的根据是,除了启动32条,没有其他途径可以维护宪法秩序。这些例外的判例是:1)比哈尔邦滥用条例制定权;[3]2)高等法院和最高法院法官的任命;[4]3)免除最高法院法官的程序问题;[5]在一邦际河流纠纷案件中,[6]在原告起诉7年之后,最高法院判决即使原告的基本权利没有被侵犯,但仍然可以启动第32条以解决高韦里河流的纠纷。

---

① Dr. J. N. Pandey, *the Constitutional Law of India*, Central Law Agency, Allahabad, 48th Edition, 2011, p. 404.

② M. P. Jain, *Indian Constitutional Law*, Lexis Nexis Butterworths Wadhwa, Sixth Edition, Nagpur, 2010, p. 1431.

③ D. C. Wadhwa v. State of Bihar, AIR 1987 SC 579.

④ Supreme Court Advocates-on-Record Ass v. Union of India;supra.

⑤ Sarojini Ramaswami v. Union of India, AIR, 1992 SC 2219;(1992)4 SCC 506.

⑥ Tamil Nadul Cauvery NVV NU P Sangam v. Union of India.

按照传统观点,原告必须是基本权利受到损害的人,如公司股东不得
作为原告,以公司基本权利受到损害为由根据第 32 条提起诉讼,因为股
东在公司基本权利受到损害时,一般情况下自己的基本权利并没有受到
损害。[1] 但是最高法院将"原告的基本权利受到损害"的诉讼资格(Locus
Standi)的限制几乎无限放松,以至于为了公共利益,任何没有利害关系的
人都可以依据第 32 条起诉。另外在人身保护令的案件中,只要"不是完
全陌生的人",都可以根据第 32 条起诉要求释放被关押的人。[2] 在调查令
(quo warrnto)案件中,原告的资格标准也很宽松。

另外,若某法律损害了某公司的权利,同时也侵犯了公民的基本权
利,那么该公民可以提起司法审查诉讼,该公司虽然不是公民,没有独立
提起违宪审查诉讼的权利,但是可以在该诉讼中作为共同诉讼人。[3]

2. 被告的条件

依照宪法基本原理,违宪审查只针对政府,但政府(State)不包含教育
研究与培训政府委员会(State Council of Education, Research and
Training)[4]和合作银行[5]。

但印度最高法院甚至对私人团体或者私人侵犯宪法基本权利也给予
第 32 条的宪法救济。[6]

3. 一事不再理原则对宪法救济权利的适用的限制

一事不再理原则是保障生效裁判既判力的原则,是保证司法裁判稳
定的原则,该原则不仅存在于民事诉讼中,也存在于刑事诉讼中,该原则
一定程度上也限制了印度宪法基本权利救济程序。

1) 若一令状申请被法院拒绝,当事人不得以相同的事实和理由重新
根据第 32 条规定申请基本权利的保护。

但最高法院在拉鲁布海诉印度联邦(Lallubhai v. Indian of Union)案

---

[1] Chiranjit Lal v. Union of India.

[2] Sunil Batra v. Delhi Administration (II) AIR 1980.

[3] Bennett Coleman v. Union of India.

[4] Lt Governor of Delhi v. V. K. Sodhi, AIR2007.

[5] Dr. Durga Das Basu, *Constitutional Law of India*, Eighth Edition 2008, Lexis Nexis Butterworths Wadhwa Nagpur, New Delhi. p. 24.

[6] Bodhisatwa v. S. Chakraborty, (1996)1SCC490.

件中认为,一事不再理原则仅仅适用于民事诉讼和民事程序,而不适用于非法监禁的情况。被非法监禁的人之前的人身保护令申请被拒绝后,可以重新申请人身保护令。

2) 根据一事不再理原则,第 32 条和第 226 条不得被重复启动。

若在最高法院申请令状被拒绝,不得以相同事实和理由在高等法院申请相同的令状,同理,在高等法院申请权利救济被拒绝,也不能重复地在最高法院申请权利救济,但被高等法院驳回的案件可以上诉至最高法院。

3) 针对司法机关侵犯宪法基本权利,原告不得启动第 32 条要求司法审查,而只能上诉。

宪法第 32 条的宪法救济权针对的是国家侵犯基本权利的救济,但这里的国家主要是指立法机关和行政机关,若是司法机关,因最高法院本身就有对下级法院司法审查的职权,因此必须首先在其他司法机关寻求救济,若不服则可以上诉到最高法院。

针对准司法机构(行政机关的司法裁决)裁决问题,最高法院的意见是:若该机构没有管辖权则可以启动第 32 条,要求最高法院审查该裁决,但若该准司法机构有管辖权,只是因法律或事实问题而裁决错误因而侵犯基本权利,则最高法院不得对该裁决依据第 32 条实施司法审查。但区分什么情况是越权、什么情况下是在职权范围内行使职权但因事实和法律问题而裁决错误一直是一个难题。[①] 在 1962 年的吴贾穆·白诉北方邦(Ujjam Bai v. State of U. P)一案中,最高法院认为准司法机构对销售税的评估是在其职权范围内行使职权,原告无权依据第 32 条要求对该裁决实施司法审查,若要纠正该裁决只能上诉至最高法院。

因针对行政机关在其职权范围内行使准司法权的行为,原告不得根据第 32 条要求最高法院予以救济。因此界定行政行为和准司法行为将成为一个重要的问题。印度最高法院在古兰姆·阿巴斯诉北方邦(Gulam Abbas v. State of U. P.)[②]一案中认为,1973 年《刑事程序法》第

---

① Dr. J. N. Pandey, *the Constitutional Law of India*, Central Law Agency, Allahabad, 48th Edition, 2011, p. 1438.
② AIR 1981 SC 2198.

144 条(地区治安官为防止犯罪的发生发布预防性命令的权力)规定的是行政职权,尽管该行政机关给予了当事人听证的权利,依据第 144 条作出的命令可以被高等法院撤销,但该命令并没有对于双方当事人的权利争议问题作出裁决,因此不是准司法行为,原告可以直接启动第 32 条以保护自己的宪法基本权利。

当基本权利被侵犯的时候,下述情况仍可以依据第 32 条启动权利救济程序:1)准司法机构根据越权的法律实施的行为;2)税务机关对宪法禁止对其征税的商品或服务征税或者在没有法律授权的情况下征税;3)授权的法律是有效的,但是实施机关越权或者错误地实施管辖;4)程序越权,例如违反自然公正原则。①

4. 第 32 条的宪法救济权基本不受时效期间的限制

印度宪法本身没有规定启动第 32 条的时效问题,该问题仍然是最高法院在判例中解决的。一种观点认为 1963 年《印度时效法》(Indian Limitation Act 1963)应该适用于第 32 条——凡是超过时效的最高法院均以超过时效而驳回其权利请求。海歌德(Hegde)法官则认为因第 32 条保护的是基本权利,因此任何其他法律都不得限制该条保护的权利,《印度时效法》自然不适用于宪法第 32 条,唯一可以限制的是宪法本身作出时效的规定。第三种折中的观点是印度首席大法官提出的,认为时效是否适用于第 32 条,应依据情况而定,既不是僵化地将《印度时效法》直接适用于第 32 条,也不是受害人在基本权利被侵犯之后任何时间都可以申请最高法院根据第 32 条给予救济。后来的实践中,最高法院的做法基本是折中的做法:《印度时效法》仅作为参考,最高法院根据权利人要求保护的权利的性质、基本权利受侵犯后经过的时间等情况决定是否给予权利人的基本权利以保护。

(三) 印度最高法院救济基本权利的方式

印度宪法第 32 条规定,最高法院可以发布 5 种令状以及发布指示和命令等合适的方式以保护宪法基本权利。

---

① M. P. Jain, *Indian Constitutional Law*, Lexis Nexis Butterworths Wadhwa, Sixth Edition, Nagpur, 2010, p. 1437.

1. 发布令状

英国令状的起源可以追溯至盎格鲁-撒克逊时期。……从爱德华二世到威廉四世时期令状逐渐衰退并逐步废止。[1] 被英国人废止的普通法令状在印度却成为保护基本权利的最重要的手段。

印度法律词典对令状(Writ)词条的定义有四,一是指一种传唤被告人到庭的司法程序;二是命令有关人员遵守法庭命令和判决的手段;三是法院以国家或者其他有权机关名义发布的要求特定人为一定行为或不为一定行为的书面命令;四是指印度宪法第 32 条和第 226 条印度最高法院和高等法院救济基本权利的手段。[2] 可见印度宪法中的令状已经"印度化"了。

最高法院可以根据情况发布任何命令以保护基本权利,而不受英国"特权令"的技术性问题的约束。"特权令"(Prerogative Writ)一词是普通法用语,本意指作为公正源泉的国王基于一般法律给予的救济不充分时而给当事人的特殊救济。随着时间的推移,高等法院代表国王对一般法律没有给予救济或者救济不充分的案件给予救济。在印度,最高法院和高等法院成了"国王",当然真正的"国王"是宪法。

高等法院根据宪法第 226 条的宪法授权也可以发布上述 5 种令状,以保护基本权利,但最高法院和高等法院在保护基本权利上有区别。最高法院只在宪法基本权利受到侵犯时签发令状,而高等法院不仅针对基本权利受侵犯,而且也针对非基本权利受侵犯签发令状。另外,最高法院可以向任何印度境内的人签发上述"特权令",但高等法院只能向居住在本辖区境内或者案件发生在该高等法院辖区内的人签发令状。当事人基本权利受到侵犯是否必须先在高等法院起诉,不服才能向最高法院起诉的问题,宪法本身没有明文规定。在 1950 年的龙曼习·萨巴(Romesh Thappar)案件中,最高法院认为当事人无需先依据第 226 条向高等法院寻求救济,而是可以直接向最高法院寻求救济。但 1987 年最高法院(2 名法官组成的法庭)在卡努巴海(Kanubhai)案件中判决当事人必须先依据第 226 条向高等法院寻求救济,不服才可上诉至最高法院。其原因是最

---

① 屈文生:《普通法令状制度研究》,北京:商务印书馆 2011 年版,第 75 页。

② *Wharton's Concise Law Dictionary*,Universal Law Publishing Co. New Delhi. ,Fifteenth Edition,2009,p. 1127.

高法院的案件积压,但宪法学家认为"这不可能是制宪者的立法意图"①。

印度宪法规定议会可以制定法律授权除最高法院和高等法院之外的法院签发"特权令",但实际上议会从未制定这样的法律,因此,时至今日,只有最高法院和高等法院享有签发"特权令"的职权。该特权令有如下5种。

1) 人身保护令(Habeas Corpus)

人身保护令也称出庭状(Writ of Habeas Corpus),原是英国王座法庭颁发的要求监禁者将被监禁的人移送法庭的特权令状。它是英国极老的制度,1215年英国大宪章已承认这种制度。②该令状顾名思义是为了保护人身不受非法监禁之用,即凡人身受到第三人或政府非法监禁的人均可向法院申请该令状,法院则签发该令状要求拘禁他人之人交出被监禁者全身,即此人必须完好无缺,③法院审查被监禁的理由后,如果认为监禁没有法定理由,则命令立即释放。印度宪法中规定的人身保护令状虽主要针对政府,但也不排除针对私人。该令状适用情形主要有:第一,没有法律的授权而限制人身自由。印度宪法第21条规定:未经法定程序,任何人的生命和自由不被非法剥夺。如果行政机关没有法律的授权或者没有按照法定程序而剥夺和限制人身自由,则最高法院或高等法院可以签发人身保护令,要求行政机关释放被关押的人。第二,虽有法律的授权,但是行政机关越权时,最高法院和高等法院也可以签发人身保护令。④但下列情况不签发人身保护令:1)该案件不在法院的管辖区内;2)因刑事犯罪而被法院拘押的;3)因藐视法庭或藐视议会而被拘押的。

2. 履行令(Mandamus)

履行令本意为命令(command),意在其他法律救济方式无法实现救济时,命令接受命令的人履行公法或准公法(public or quasi-public legal

① M. P. Jain, *Indian Constitutional Law*, Lexis Nexis Butterworths Wadhwa, Sixth Edition, Nagpur, 2010, p. 1432.

② 龚瑞祥:《比较宪法与行政法》,北京:法律出版社2003年版,第146页。

③ 龚瑞祥:《比较宪法与行政法》,北京:法律出版社2003年版,第146页。

④ Makhan Singh v. State of Punjab (1952) S. C. R368; Keshav v. Commr. of Police, (1956) S. C. R. 653.

duty)。 对于非基本权利的救济而言,该特权令救济属于法院的自由裁量权。但就基本权利的救济而言,因最高法院和高等法院有职责保护基本权利,因此法院没有自由裁量的余地。另该命令可以针对履行公务的个人,也可以针对政府本身,还可以命令下级法院履行法定义务。

3）禁止令（Prohibition）

禁止令是最高法院或高等法院签发的禁止下级法院继续其超越职权的程序的命令。履行令不仅针对司法机关,也针对行政机关,但禁止令仅针对下级司法机关而不得针对公务人员或者行政机关。在印度,禁止令不仅针对下级司法机关超越职权的行为,同时也针对下级法院根据违宪的法律作出的司法行为。

4）调卷令（Certiorari）

调卷令指上级法院签发的废止下级法院或法庭的违法裁决的命令。调卷令和禁止令一样原则上都是仅仅针对司法机关而不能针对行政机关的特权令状,但调卷令在特定情形下可以针对行政机关。

签发调卷令的条件是：1)有司法机关或准司法机关裁决纠纷,影响公民权利的行为；2)该司法机关超越职权或者违反自然正义原则或者有明显的错误；3)最高法院以前的观点是调卷令仅仅针对司法行为或准司法行为,而不针对纯行政行为,但是现在的观点则是"即使制定法没有要求行政相对人有要求听证的权利,但是法院认为个人的财产权和其他公民权受影响时要求听证的权利是内涵在制定法中的。"如果剥夺当事人听证的权利,则是违反了自然公正,对于这种行政行为,法院可以通过调卷令废止该行政行为。

5）调查令（Quo Warranto）

调查令是法院发出的查询某公务人员占有该公职的合法性的命令,如果发现其不合法,法院则撤销该被违法任命的公务员。调查令发出的条件是：1)公务机构是制定法或宪法本身设立的机构,例如曾经有人向

① Durga Das Basu, *Introduction to the Constitution of India*, Lexis Nexis Butterworths Wadhwa Nagpur, 20th edition, 2008, p. 136.

② Durga Das Basu, *Introduction to the Constitution of India*, Lexis Nexis Butterworths Wadhwa Nagpur, 20th edition, 2008, p. 138.

最高法院起诉要求总统说明任命总理的理由；2)该公务员不是另一个机构聘用的；3)任命该公务员违反宪法或制定法。

2. 除令状之外基本权利救济形式

印度宪法第32条第2款规定，最高法院可以发布指令(Direction)和命令(Orders)以保护基本权利。该条没有规定任何程序性内容，因此最高法院无需遵循抗辩式(adversary)程序，可以主动派人调查证据。原告甚至无需提供任何证据，仅需一封信即可以启动第32条的宪法救济程序。

1) 发布普遍性规则

最高法院发布具有法律效力的普遍性规则的宪法依据是第32条、第141条、第142条和第144条。第141条规定：最高法院发布的"法律"约束所有印度法院；第142条规定：最高法院行使其司法管辖权时，为了充分公平处理任何未决诉讼或案件，可以发布必要的法令或命令；这种法令或命令应在印度全国予以执行，具体办法由议会以法律作出规定。此项规定颁行以前，由总统发布命令规定实施办法。第144条规定所有行政和司法机构有协助最高法院的义务。在2002年的印度联邦诉民主改革协会(Association for Democratic Reforms)案中，最高法院认为其发布普遍性规则(Genreral Directions)的理由是：法院无法改变法律，但是当有关机关有义务履行特定义务，但是法律对此又没有明确规定，那么最高法院有权力发布普遍性规则以填补法律的真空。在印度，经常会看到印度最高法院发布指示要求联邦政府或者邦政府履行特定的法律义务，如2011年曾下命令要求邦政府造棚户屋给无家可归者居住。另最高法院发布的规则与法律具有同等效力，不遵守可构成藐视法庭罪。

2) 接受总统咨询

根据印度宪法第143条的规定，如果总统认为有关事实和法律问题需要咨询最高法院，则最高法院可以作出回答，当然其中也包括对某法律或行政行为或司法行为是否违宪的回答，但最高法院也可以拒绝答复总统。美国宪法未授予联邦最高法院此种权利，判例也无法产生出此种制度。

3) 在其他程序中实施违宪审查以救济基本权利

英美法系国家对诉讼模式并不进行模块化地区分，如大陆法系国家一样分为民事诉讼程序、刑事诉讼程序、行政诉讼程序和违宪审查程序，如果有划分的话只有两种程序——民事诉讼和刑事诉讼程序。即使是宪法规定的宪法基本权利救济程序，就令状而言并非专为救济宪法基本权利，也并非为违宪审查所设计，法院在其他诉讼程序中也可以签发令状。所以在民事诉讼和刑事诉讼中，若当事人提出具体案件争议的法律和行政立法等违反宪法，也可以提出违宪审查。

二、 权利的救济者——印度的司法体制

即使规定详细的基本权利体系以及启动程序，但若没有独立权威的权利救济机关则基本权利仍然无法得到保护。在英美法系国家，司法体制的权威独立一直是其历史传统，普通司法机关既救济非基本权利也救济基本权利，典型者如美国（但英国既无基本权利概念也无违宪审查制度），大陆法系国家则专门设立独立于普通司法机关之外的机关救济基本权利，典型者如德国（法国虽有违宪审查制度，但 2008 年之前无诉讼性的基本权利救济程序）。

印度的基本权利救济模式主要学习的是美国，但其司法体制并没有沿用美国的联邦制司法体制。在美国，法院分为联邦法院系统和州法院系统，印度则只有一套法院系统，分为三级，分别是印度最高法院、高等法院和下级法院。

（一）印度最高法院

最高法院的机构和职权等内容规定于第五编《联邦》第四章《联邦司法机关》中（第 124—147 条），共 29 条内容（其中第 124A 条、124B 条、124C 条、131A 条、134A 条、139A 条和 144A 条为宪法修正案所增加，但131A 条和 144A 条两条后又被删除）。

1. 最高法院法官的人数及任职条件

印度最高法院由一名首席法官和不超过 7 名的其他法官组成，但联邦国会可以通过法律增加法官数额。除首席法官外，1977 年增加到 17名，1986 年增加到 25 名，2009 年增加到 30 名，2019 年增加到 33 名，所以现在印度最高法院包括首席法官在内共计 34 名法官，这与美国联邦最高

法院永远是 9 名法官的宪法惯例不同。首席法官由总统任命,若总统认为需要,可以先咨询最高法院其他法官以及高等法院法官的意见,其他法官由总统在咨询首席法官之后任命,如总统认为需要,也可以咨询最高法院其他法官和高等法院的法官的意见(第 142 条第 2 款)。任命资历最高的法官为首席法官是印度宪法生效之后一直遵循的宪法惯例,但 1973 年 4 月 25 日,英迪拉·甘地建议总统任命资历较浅的 A. N. 雷(A. N. Ray)为首席法官,其他三名资历更高的法官因此辞职。英迪拉·甘地的做法虽未违反宪法的明文规定,但受到律师界和学者的批评。[1] 1977 年,人民党上台后又恢复了任命资历最高的法官为印度首席法官的惯例。

如果最高法院工作繁忙,印度首席法官在经总统同意和咨询所在高等法院首席法官的意见之后,可以任命该高等法院法官为最高法院临时法官,但该临时法官的任职条件必须具备最高法院法官的资格(宪法第 127 条)。另外经总统同意,且经本人同意,印度首席法官可以任命最高法院退休法官担任最高法院法官,其职权与其他法官相同,其薪水由总统命令确定。

当然,宪法虽然规定是总统任命最高法院和高等法院法官,但印度是议会内阁制度国家,所以实际上是总理任命法官。

印度宪法第 124 条第 3 款规定最高法院法官任职的条件是必须具备下列条件之一的印度公民: 1)高等法院任职 5 年以上;2)高等法院担任律师 10 年以上;3)总统认为杰出的法学家。至今只有两名律师直接从律师职业被任命为最高法院法官,但仍无任何法学家被任命为印度最高法院法官,[2]到 2020 年为止,已经有 8 名律师直接被任命为最高学院法官。

2. 对最高法院法官的弹劾程序

最高法院法官除非经宪法规定的弹劾程序由总统解除其职务外,其任职不受政党政治和政府更迭的影响。人民院 100 名以上议员或者联邦院 50 名以上议员均可以提出弹劾最高法院法官的动议,人民院议长或者联邦院主席可以同意或者否决该动议,如果同意该弹劾动议,则由人民院

---

① Dr. J. N. Pandey, *the Constitutional Law of India*, Central Law Agency, Allahabad, 48th Edition, 2011, p. 498.

② M. P. Jain, *Indian Constitutional Law*, Lexis Nexis Butterworths Wadhwa, Sixth Edition, Nagpur, 2010, p. 208.

议长或联邦院主席成立一个 3 人组成的调查委员会,其成员一名为最高法院法官,一名为某一高等法院首席法官,第三名为一名法学家。经过调查,调查委员会向议会提交调查报告(如果是发现该法官因健康原因不能胜任工作,则需由人民院议长或联邦院主席设立的一个医学委员会对该法官进行医学检查),如果调查后发现该法官并无行为不检(Misdemeanour)也无健康问题,则弹劾程序结束。如果报告认为该最高法院法官有行为不检或健康原因无法胜任其工作,则议会根据该报告进行弹劾投票表决,需人民院和联邦院全体议员过半数通过,且出席议员三分之二以上表决通过,总统最后根据表决结果免除该最高法院法官职务。印度宪法第 124 条第 4 款仅规定了表决程序和免职程序,其他调查程序则是由 1968 年《法官调查法》(The Judges〔Inquiry〕Act)和 1969 年《法官调查规则》(The Judges〔Inquiry〕Rules)规定的。

　　法治国家法官的独立保障向来很严,弹劾程序也极少使用,印度历经 40 年后,在 1991 年第一次经历法官弹劾案件,但弹劾的结果令人尴尬不已。1991 年最高法院律师协会呼吁弹劾印度最高法院法官 V. 拉马斯瓦米(V. Ramaswami),印度人民党和左派政党则直接向议会呼吁启动弹劾程序,经人民院动议,议长于 1991 年 3 月 12 日成立调查委员会调查拉马斯瓦米法官的不检行为,经调查,该法官有滥用公车、电话费超额以及超额购买地毯、空调等行为。1991 年 11 月 8 日,调查委员会向议会提交报告,国会则展开辩论,另拉马斯瓦米聘请属于国大党党员的著名律师为其在国会辩护。在整个调查过程中,也是意外频出,被弹劾者利用各种法律程序试图阻断调查程序。1993 年 5 月 10 日,人民院 401 人出席会议,表决结果是赞成弹劾的票数为 196 票,反对票为 0 票,弃权票为 205 票(国大党议员因政党政治原因全部投弃权票)。因没有达到出席代表的三分之二以上多数(需要 270 票),拉马斯瓦米继续任职,直到 1994 年退休。印度法学家对此事件的评论是该弹劾程序是"一种讽刺","最大的受害者是司法机关"。[1] 明知最高法院法官违法,但印度人民无可奈何,本来设计

---

[1] Dr. J. N. Pandey, *the Constitutional Law of India*, Central Law Agency, Allahabad, 48th Edition, 2011, p. 506.

起来是为了保障司法独立的弹劾程序最终却保护了不法者，使司法威信扫地。

3. 印度最高法院法官的退休年龄和薪水

与美国联邦最高法院法官实行终身制不同，印度最高法院法官的退休年龄是 65 周岁，年满必须退休，所以也有人忧虑法官在任时枉法裁判但不收钱，等退休后再受贿的问题。

最高法院法官工资从印度统一基金（国库）中支付，并且印度宪法附表 2D 部分中明确规定最高法院法官的工资数额（印度宪法附表 2 是专门规定包括总统、邦长、部长、议长、副议长、上院主席、副主席、最高法院和高等法院法官以及审计长工资的附表），首席法官的月工资在宪法生效时的 1950 年是 5000 卢比，1986 年涨到 1 万卢比，1998 年涨到 3.3 万卢比，2009 年涨到 10 万卢比（约合 2 万人民币），最高法院其他法官则分别从 4000 卢比涨到 9000 卢比，又涨到 3 万卢比，再涨到每个月 9 万卢比。2018 年最新的《高等法院和最高法院工资与任职条件法》修正案则将印度首席法官和最高法院其他法官月工资分别涨到 28 万卢比和 25 万卢比。

（二）邦高等法院和下级法院

印度宪法第六编《邦》第五章规定《邦高等法院》、第六章规定《下级法院》，因此从宪法内容设计上而言，高等法院和下级法院（Subordinate Courts）属于邦的司法机关。

印度宪法第 216 条规定高等法院法官由首席法官和其他法官组成，并无人员限额规定，高等法院首席法官由总统咨询印度首席法官和邦长后任命，其他法官由总统咨询印度首席法官、邦长和该邦高等法院首席法官后任命。1992 年的律师诉印度联邦[①]的公益诉讼案中，最高法院认为，在任命高等法院法官的时候，印度首席法官、邦长和高等法院首席法官三者意见不一致的时候，印度首席法官（经与最高法院两名法官商量）的意见是决定性意见。

担任高等法院法官的条件是：担任司法工作 10 年以上或者担任高等

[①] Advocate-on-Record v. Union of India：(1993)4 SCC 441.

法院律师 10 年以上且必须是印度公民。高等法院的弹劾程序与最高法院法官相同,法官薪水和经费则由邦财政拨付(第 229 条)。高等法院法官的退休年龄是 62 周岁(1963 年第 15 修正案从原来的 60 周岁改成 62 周岁)。所以邦高等法院的条文虽规定在第六编《邦》中,但因人事权由联邦控制(主要是最高法院控制),这可以保证高等法院不受邦政府的不当影响。

印度宪法《邦》第六章《下级法院》规定了下级法院法官的任命程序(第 233 条)、任职资格(第 233A 条)、法院行政人员的任免(第 234 条)、高等法院对下级法院的监督(第 235 条)、地区法官(即下级法院法官)的含义(第 236 条)和该第六章对治安法官的适用。

下级法院(或称地区法院)法官由邦长咨询邦高等法院后任命,其任职基本条件为从事律师工作满 7 年。但下级法院并无高等法院和最高法院法官那样有独立的职位保障。如宪法没有规定其薪水、任职年龄和弹劾程序,这些内容由邦法律规定。但因下级法院法官的任命提升都控制在高等法院手中,因此总体上受到行政直接干涉较少。另外 1992 年全印法官协会诉印度联邦(All India Juges, Ass. v. Union of India)[①]案件中,最高法院下达指示要求联邦政府建立"全印司法公务员"(All India Judicial Service)以统一下级法院司法人员的任命条件。其指示包括统一任职条件、将退休年龄从 58 岁提高到 60 周岁、建立工作图书馆、配备工作车辆和建立司法公务员学院(Service Institute)等,内容非常详细。

三、 基本权利救济的最高形式——违宪审查

印度宪法第 32 条和第 226 条的基本权利救济程序(第 226 条也可以救济非基本权利)虽然主要是通过司法审查的形式实现的,但有些时候在基本权利救济程序中无需司法审查,例如在特定的情形下私人侵犯基本权利的时候。另外,印度宪法第三编《基本权利》中部分条款可以直接针对私人,例如第 17 条废除不可接触制度条款、第 23 条和第 24 条规定的

---

① (1992)1 SCC 119.

免受剥削的条款。所以有印度学者认为"第32条的宪法救济权与违宪审查没有直接的关系"①，但违宪审查的最重要意义不在于审查法律、行政行为和司法裁判的合宪性，而在于救济权利，其最根本目的是为了救济基本权利。而且违宪审查是基本权利救济的最高形式——它针对的主要是立法机关的违宪行为，因此"司法审查是法治的试金石和本质"②。

(一) 违宪审查的含义

违宪审查或宪法审查或宪制审查（Constitutional Review）一词是我国学者的创造，英国、美国和印度的法律词典都没有收录该专业法学词汇。剑桥法律辞典（第五版）在宪法词条中只有宪法和宪法惯例等词汇，没有收录违宪审查（Constitutional Review），美国人编的《韦伯斯特新世界法律词典》（Webster New World Law Dicionary）也无该词条，印度人编的《简明法律词典》同样未收录该词。③

80年代我国出版的《中国大百科全书·法学》收录了"违宪审查"一词（吴家麟撰写），其标注的英文则是 Review of Constitutionality，④但未收录"司法审查"一词。我国另一本80年代出版的《法学词典》则将"违宪审查制度"和"司法审查制度"两个词条互引，即将两者完全等同。⑤晚近出版中国社会科学院法学研究所编辑的《法律词典》则既收录了"违宪审查"也收录了"司法审查"。

违宪审查（或宪制审查或宪法审查）有狭义和广义，狭义指法院或专门成立的审查机构，基于宪法对立法行为的审查。⑥广义的违宪审查则是指有权机关审查立法和行政行为甚至包括法院裁判合宪性的行为，广义的违宪审查与司法审查的含义基本接近，但其范围仍小于司法审查，因为司法审查不但审查合宪性同时也审查合法性。另司法审查是英美法系常

① Dr. Durga Das Basu, *Constitutional Law of India*, Lexis Nexis Butterworths Wadhwa Nagpur, Eighth Edition 2008, New Delhi. p. 197.
② Pan Mohamad Faiz, *Judicial Review on Administrative Action*, http://faizlawjournal. blogspot. com/2007/09/judicial-review-on-administrative. html 2012年6月26日访问。
③ *Wharton's Concise Law Dictionary*, Universal Law Publishing Co. New Delhi. , Fifteenth Edition, 2009, pp. 225 - 226.
④《中国大百科全书·法学》，北京：中国大百科全书出版社1984年版，第618—619页。
⑤《法学词典》，上海：上海辞书出版社1984年版，第403页。
⑥ 张千帆：《宪法学导论》，北京：法律出版社2004年版，第153—154页。

用的词汇,却不用违宪审查一词。布莱克法律词典对司法审查的解释是:其一,法院审查其他政府部门的权力,特别是指法院裁决立法或行政行为违宪而无效的权力;其二,指赋予法院上述审查权力的宪法原则;其三,对下级法院或行政机构的事实或法律的裁决的审查。[1] 牛津法律词典对司法审查的解释是:从 1977 年开始的高等法院取得的针对下级法院、下级法庭和行政机关发布特权令状和其他救济程序的简化程序。根据当事人对司法审查的申请,法院可以发布撤销令、强制令、中止诉讼令、声明和禁止令,也可能给予赔偿救济。[2] 可见广义的违宪审查是美国的司法审查加上英国的上级法院审查下级法院的裁判的制度的综合,但违宪审查只审查合宪性(或违宪性),没有将合法性审查包含在内。

很多印度学者在法学著作中没有给司法审查下定义,即使是法学词典,也只是引用法院判决书的内容对该词汇予以描述,如将司法审查的词条叙述为"司法审查不仅审查原判决的对错,同时还要考察原判决程序是否合法;它是救济个人权利以免受到有权机关滥用权力的损害;有时也指同一法官在特定条件下对原判决的重新审查"[3],其语义模糊,但印度学者所谓的司法审查是最广义的违宪审查,即法院对所有立法行为、行政行为和法院判决的合法性和合宪性审查。

(二) 各国违宪审查的模式

全球违宪审查制度主要有如下几种,其一,不存在违宪审查,如英国。英国"议会主权"观念源远流长,任何机关都不得审查英国议会通过的法律的效力,包括法院,法院的任务是在裁判案件中解释议会的法律。但英国加入欧洲共同体和欧洲联盟后则一定程度上改变了传统做法,即法院可以根据欧盟的法律审查英国议会的法律"合条约性"。其二,议会审查模式,即议会自己审查自己的法律是否违宪,这种做法为大多数社会主义国家所实施,我国也实行该模式。其三,普通司法机关监督宪法实施,如

---

① 布莱克法律词典(英文版第 8 版),第 2479 页。
② 牛津法律词典(英文版),牛津大学出版社 2002 年版,第 272 页。
③ *Wharton's Concise Law Dictionary*, Universal Law Publishing Co. New Delhi. , Fifteenth Edition, 2009, pp. 565 – 566.

美国,并被其他国家所模仿,目前有 60 余个国家采用这一类型的制度,[①]印度学习的就是美国的违宪审查模式。其四,德国的宪法法院违宪审查模式。德国宪法法院既可以进行如美国一样的、通过具体案件的违宪审查,也可以实行抽象的审查,审查议会法律的合宪性。据统计,目前全世界共有 40 多个国家建立了宪法法院。[②] 其五,法国的宪法委员会的违宪审查模式,法国宪法委员会没有受理具体诉讼案件的权力,只能进行抽象的违宪审查。

　　美国模式司法审查的一个大前提是司法机关的权威和独立,否则无法胜任违宪审查的任务。印度司法体制沿袭了英国殖民时期的法院体制,英国殖民政府很早就重视印度法院的建设,包括硬件设施,笔者参观建于 1892 年的印度-阿拉伯风格的马德拉斯高等法院和完工于 1878 年的哥特式风格的孟买高等法院的感受是,英印殖民政府非常重视法院建设,其法院建筑规模极为庞大,精美绝伦。独立后的印度政府沿袭了保持法院独立和权威的法治主义传统,由印度普通司法机关担当违宪审查的任务是可行的。

(三) 违宪审查的宽度——评凯瑟万达·巴拉提诉喀拉拉邦案

　　印度虽沿袭了英国的单一制的权威独立的司法体制,但却否定了英国的"议会至上"做法,而采"宪法至上",即学习美国的司法审查模式,在宪法框架下,司法机关可以判决议会制定的法律违宪而无效。但印度的司法审查的宽度远甚于美国,法院的权力也比美国联邦法院大。

　　印度司法审查中最著名的案件莫过于凯瑟万达·巴拉提诉喀拉拉邦(Kesavananda Bharati v. State of Kerala)案,[③]可以被称之为印度的马伯里诉麦迪逊案件。1803 年,马伯里起诉当时美国联邦政府的国务卿麦迪逊,要求将任命马伯里本人为治安法官的任命状交给他本人。美国联邦最高法院法官马歇尔基于党派利益既没有判决自己的同党马伯里胜诉——判决新上任的国务卿(属于共和党人)麦迪逊将之前自己连夜签发

---

① 胡锦光:《从宪法事例看我国宪法救济制度的完善》,载《法学家》2003 年第 3 期。
② 秦前红,陈道英,汪自成,伍华军,韩树军:《比较宪法学》,武汉:武汉大学出版社 2007 年版,第315 页。
③ AIR 1973 SC 1461;(1973)4 SCC 225.

的法官任命状(马歇尔在担任首席大法官之前是国务卿,马伯里要的法官任命状就是他自己签发的)交给马伯里,因为担心最高法院没有强制执行措施,①也没有直接判决马伯里败诉,却"狡猾地"判决自己同党的原告所依据的法律——1789 年《司法法》第 13 条违反宪法,无效。马歇尔基于党争动机(党争为美国国父华盛顿所厌恶②),通过判例为联邦最高法院"抢"来了大多数人崇拜的违宪审查权——联邦法院有权审查国会通过的法律是否为违宪。美国违宪审查制度是美国联邦最高法院通过马伯里诉麦迪逊案件以判例形式确立的,因为美国联邦宪法并未赋予美国联邦法院该职权,印度最高法院则通过凯瑟万达·巴拉提诉喀拉拉邦案件为司法机关稳固地夺到了更巨大的权力——司法机关有权判决宪法(修正案)是否"违宪"!

凯瑟万达·巴拉提案件的起因是 1970 年喀拉拉邦卡萨拉沟德地区(Kasaragod District)的安德那(Endeer)村的印度教神父凯瑟万达·巴拉提因其宗教财产受到喀拉拉邦政府有关土地改革法的侵犯,遂起诉喀拉拉邦政府,最后上诉到印度最高法院,上诉人诉称喀拉拉邦的有关土地改革法以及该土地改革法所依据的宪法条文(宪法第 24 修正案、第 25 修正案和第 29 修正案所修改的条文)全部违宪无效。

印度最高法院于 1973 年 4 月 24 日以 7:6 的微弱优势作出如下判决:1)推翻 1967 年的高来克·纳斯(Golak Nath)案关于宪法基本权利不得被修改的判决;2)判决 1971 年第 24 修正案有效(该修正案增加了第 13 条第 4 款,规定"本条不适用于根据第 368 条作出的修正案",即规定宪法修正案不是普通"法律",不会因违反宪法而无效);3)但判决认为宪法第 368 条并没有规定宪法修正案可以修改宪法任何内容,即宪法基本结构(Basic Structure)不得被修改;4)判决 1971 年宪法第 25 修正案第 2 条 a 款和 b 款有效,该修正案修正了第 31 条强制征收的内容,修改了赔偿标准,同时判决该修正案第 3 条前半段有效,但后半段"所有实施国家政策指导原则的法律不受司法审查"的内容无效;4)1972 年第 29 修正案有效

---

① 王振民:《中国违宪审查制度》,北京:中国政法大学出版社 2004 年版,第 51 页。
② 狄红秋主编:《名人殿堂——美国总统篇》,天津:天津大学出版社 2008 年版,第 6 页。

（该修正案在宪法附表9中增加两部喀拉拉邦土地改革法，使之不受司法审查）。

凯瑟万达案件被学者称为"司法创造性的最高水准"[1]，该判决书非常冗长，引经据典，有40多万字，2264段。其重要性在于——印度司法机关（主要是最高法院）不仅发扬光大了美国的司法审查制度，同时建立了有一定印度特色的违宪审查的限度——法院可以以一种更高的标准来衡量宪法，即宪法本身（即宪法修正案）不得违反宪法基本结构。

该案件与马伯里诉麦迪逊案件的最大相似点是，两国的宪法都没有规定该国的最高法院具有此项违宪审查权力——美国联邦宪法没有赋予美国联邦最高法院审查联邦议会通过的法律的违宪性，印度宪法也没有赋予印度最高法院审查印度宪法修正案的违宪性。但印度最高法院通过判例"夺得"的权力远大于美国联邦最高法院所"夺得"的权力，另外美国司法审查制度起因于"党争"，印度最高法院对宪法修正案的审查制度则起因于对土改问题的"理性思考"。

但何为宪法基本结构，印度法学界和司法界都没有统一的界定，但至少如下内容属于宪法基本结构：1）宪法的至上性；2）民主政体和共和政体；3）宪法的世俗性；4）立法、执法和司法分开；5）联邦制。[2] 在很多案件中印度最高法院判决司法审查是不可以被修改的宪法基本结构。

在凯瑟万达案件之前，已经有要求审查宪法修正案的案件。1951年的山卡里·帕拉萨德·辛格诉印度联邦（Sankari Prasad v. Union of India）[3]和桑贾·辛格诉拉贾斯坦邦（Sanjjan Singh v. State of Rajashtan）[4]案件中法院驳回原告诉讼请求，认为宪法修正案本身就是宪法，不能被审查。

1967年的高来克·纳斯（Golak Nath v. State of Punjab）案[5]则完全

---

[1] M. P. Jain, *Indian Constitutional Law*, Lexis Nexis Butterworths Wadhwa, Sixth Edition, Nagpur, 2010, p.1775.

[2] M. P. Jain, *Indian Constitutional Law*, Lexis Nexis Butterworths Wadhwa, Sixth Edition, Nagpur, 2010, p.1772.

[3] AIR 1951 SC 458; 1952 SCR 89.

[4] AIR 1965 SC 845; (1965)1 SCR 933.

[5] AIR 1967 SC 1643.

推翻了上述两个案件的观点,认为宪法修正案是普通"法律",且宪法基本权利的效力高于任何其他宪法内容,任何修正案都不得删减宪法基本权利。印度联邦国会则于 1971 年制定第 24 修正案,规定"宪法修正案不是第 13 条所称的法律,不受第 13 条约束"(第 13 条第 4 款),推翻了高来克·纳斯案的判例。

1973 年的凯瑟万达案件中,最高法院推翻了高来克·纳斯案的判决,认为基本权利条款也可以通过宪法修正案而被修改,但该案却创造了宪法的"基本结构"的概念——宪法基本权利可以被删减,但宪法基本结构不得被修改。可以说凯瑟万达是对前述案件的总结和折中。

四、 印度基本权利救济和违宪审查制度的特点

印度议会内阁制度学习自英国,宪法基本权利和违宪审查则学自美国,但有其自己的印度特色。

(一) 印度最高法院在违宪审查中起核心作用

和美国有两套司法体系不同,印度只有一套司法体系,除原查谟·克什米尔邦有自己的邦宪法之外(已经被 2019 年第 273 号总统令废止),其他邦都没有邦宪法。印度最高法院不仅是联邦的最高法院,也是邦的最高法院,印度最高法院和高等法院都有救济宪法基本权利的权力,但最高法院的判例属于通行全国的法律,起到极为重要的法律纠错和"法律填补"功能,在违宪审查中起核心作用。宪法虽然规定宪法可以赋予任何法院有救济宪法基本权利的职能,但至今立法都没有赋予下级法院(即地区法院)此项职权。

(二) 印度法院特别是最高法院享有极为广泛的司法审查权力

印度高等法院和最高法院不但可以通过一般具体案件实施违宪审查,同时可以发布特权令状在救济基本权利和非基本权利(最高法院只能针对基本权利发布该特权令状,但高等法院可以针对任何权利受到损害给了令状的救济)的同时实施违宪审查。另外最高法院可以通过任何"适当的途径"以救济基本权利,通过修改"原告适格"原则而发展了"公益诉讼"(Public Interest Litigation),甚至只要一封信寄到最高法院,就有可能

启动基本权利救济和司法审查程序。在宪法基本权利的救济方面，印度已经突破了美国"不告不理"的违宪审查模式。另外最高法院还有出具法律意见的权力。印度最高法院的权力比美国联邦最高法院的权力更大，可以说是世界上权力最大的最高法院。

（三）五种特权令状是救济基本权利的重要手段

在英国，令状制度和诉讼形式在 1852 年开始被《普通程序法》所取消，1873 年—1875 年《司法法》彻底废除这些制度。[①] 但该制度却在印度生根发芽，成为宪法基本权利救济的最重要手段。人身保护令（Habeas Corpus）、履行令（Mandamus）、禁止令（Prohibition）、调卷令（Certiorari）和调查令（Quo Warranto），因这些令状不受诉讼形式的约束，也基本不受诉讼时效的限制，因此可以更加高效地救济基本权利。禁止令（Prohibition）和调卷令（Certiorari）原则上只针对司法机关而不能针对行政机关，人身保护令（Habeas Corpus）、履行令（Mandamus）和调查令（Quo Warranto）则既可以针对行政机关也可以针对司法机关。

（四）没有将违宪审查或者司法审查作为一个独立的诉讼形式

印度没有独立的违宪审查程序，而是将违宪审查寓于基本权利救济和其他诉讼中，司法审查也不是专门为救济基本权利所设计。严格地说，印度只有两种诉讼程序，即民事诉讼程序和刑事诉讼程序，也只有两部诉讼法典即 1908 年《民事程序法典》和 1973 年《刑事程序法典》，而没有制定宪法诉讼法典。一方面，宪法第 32 条和 226 条的基本权利救济和权利救济程序有一定的特殊性，故可以说一定程度上专为宪法诉讼所设计，但大部分违宪审查则完全是在民事诉讼和刑事诉讼中由当事人提出有关法律违宪而启动的，故违宪审查诉讼完全是按照民事诉讼或刑事诉讼进行的。

（五）宪法基本结构理论在印度违宪审查中地位特殊

在印度宪法生效后的第二年，就有人申请印度最高法院审查宪法修正案是否违宪，[②]之后的高来克·纳斯案则确立了宪法修正案不得限制和

---

① 毛玲：《英国民事诉讼法的演进与发展》，北京：中国政法大学出版社 2005 年版，第 99 页。
② Sankari Prasad v. Union of India；AIR 1951 SC 458；1952 SCR 89.

删减基本权利的判例,但印度最高法院通过创立一套理论稳定地确立最高法院有权审查宪法修正案是否违宪的案件则是前述的凯瑟万达案——印度最高法院通过创立"宪法基本结构"(Constitutional Basic Structure)理论限制了议会修宪的权力。世界上只有包括巴基斯坦在内的少数国家的宪法有此理论和实践。

第三节　基本权利的晚近变迁
——基于宪法修正案和重大判例的考察

人类的文明史就是人权变迁和发达的历史,印度宪法通过修宪和司法判决发展了印度的人权事业。印度宪法从 1951 年第一次修正以来,到 2021 年已经修正 104 次,其中直接修正基本权利的修正案约有 15 次,包括第 1、4、16、17、25、42、43、44、50、77、81、85、86、93 和第 97 修正案等。

一、平等权的变迁

印度几千年的社会等级森严,追求平等成为印度领导人一直追求的事业。在尼赫鲁和英迪拉·甘地时代,追求的主要是经济平等。但当时对经济平等的追求却不是通过修改平等权的内容进行的,而是通过修改宪法自由权中的财产权实现的——在土地改革和国有化过程中限制私人财产权。第 44 修正案(1978 年)最后彻底地将第 19 条第 1 款 f 项的"取得、占有和处分财产"的财产权内容彻底删除,从此作为自由权之一的财产权不再是印度宪法基本权利,现在印度宪法的第 19 条的自由权只剩下 6 项内容。

进入实质多党制和联合政府的 90 年代,宪法基本权利的修正则主要针对平等权,而实际上在于对落后阶层的保护,其直接原因则与种姓政治和地方势力的兴起有关。印度传统社会将人分成四等,分别是负责宗教的婆罗门、负责国家管理的武士阶层刹帝利、从事工商业的吠舍和从事农业生产的首陀罗,前三者可以再生,首陀罗则不能再生,在四等人之外则是不可接触者,即贱民。印度宪法中的表列种姓指的就是不可接触者,贱民又分为很多层级,最底层的是巴哈基(Bhangi),即扫厕的清洁工,贱民占印度人口的15%左右。另外,印度的西北和东北以及中部地区还存在很多原始部落社会,这些人融入社会缓慢,印度宪法中的表列部落指的就是这些人,占印度人口的7.5%左右。[①]另外,除了表列种姓和表列部落,还有其他落后阶层(Other Backward Classes),是教育和经济上的社会弱势群体,占人口的27%左右。所有这些受宪法"照顾"的阶层达到人口的50%左右。

(一) 90 年代以来的有关平等权的修正案

1994 年第 74 修正案将 1993 年《泰米尔纳德落后阶层、表列种姓和表列部落(在该邦教育机构及公务员任用中名额保留)法》〔Tamil Nadu Backward Classes, Scheduled Castes, and Scheduled Tribes (Reservation in Educaiton Institutions and or Appointments or posts in Service under the State) Act〕列入宪法第 9 附表,使之受宪法第 31B 条的"保护",不受违宪审查。该修正案实际是为了落实印度最高法院的有关英德拉·萨瓦赫妮(Indra Sawhney)案的判决,该案判决认定政府在公务员考试中对落后阶层的职位保留的比例最高可以达到 50%(印度宪法第 16 条第 4 款规定政府可以在公务员考试中对落后阶层公民作出照顾性职位保留,但没有规定比例)。该修正案虽然没有直接改变第三编《基本权利》中平等权的具体条文,但间接改变了平等权的内涵,使表列种姓(SC)、表列部落(ST)及其他落后阶层(OBC)得到更多公平竞争的机会。

1995 年第 77 修正案在第 16 条增加第 4A 款,规定"如果政府认为表列种姓和表列部落在公务员中没有足够的代表,本条并不禁止政府对表列种姓和表列部落在职务晋升上不限职位地作任何保留",在英德拉·萨瓦赫妮(Indra Sawhney)案中印度最高法院认为,第 16 条的聘用(employment)并不包含晋升,因此推翻了以前的一些判例,但最高法院发布指示(direction),要求政府通过立法直接规定对于落后阶层的职位晋升

[①] M. P. Jain, *Indian Constitutional Law*, Lexis Nexis Butterworths Wadhwa, Sixth Edition, Nagpur, 2010, p. 1527.

的有关内容,于是国会通过了第 77 修正案,从此不仅使落后阶层在公务员考试中有照顾,在晋升中也有照顾,使之获得更多平等竞争的机会。

2000 年的第 81 修正案又在第 16 条增加 4B 款,规定"本条不禁止政府根据第 16 条第 4 款或者第 4A 款将每年的空缺名额作出单独的保留,在计算最高 50% 比例的保留规定时,该年的保留不与后续年份的保留名额合并计算"。每年公务员考试中最高 50% 的比例可以保留给落后阶层,但如果当年考试中落后阶层人员并没有占满该最高保留比例,该保留名额并不与来年的保留名额合计,即以前没有用完的保留名额并不会在第二年或之后作废,这样就使落后阶层每年的保留比例都可以达到 50%,其目的仍然是为了保护落后阶层,使之能在公务员任用中享有更多公平竞争的机会。

2000 年第 82 修正案,在第 335 条中增加但书,规定"但本条并不禁止邦政府和联邦政府在公务员晋升考试中,对表列种姓和表列部落作出降分或者降低考评标准的规定。"第 335 条规定在第十六编《有关特定阶层的特别条款》中,该第十六编专门对表列种姓、表列部落和其他落后阶层作出特殊规定。第 335 条第一款规定"在联邦或邦公务员任用中,在考虑行政效率的同时,表列种姓和表列部落人员的情况必须被考虑。"因此有些法院的判例认为公务员晋升考试中降低分数或者降低考评标准会影响行政效率,所以是违宪的,第 82 修正案增加该但书规定,消除了该疑问,即降分和降低考核标准并不必然降低行政效率。

2000 年第 83 修正案,在第 243M 条中增加第 3A 款,规定"第 243D 条有关表列种姓的职位保留的规定不适用于阿鲁纳恰尔邦",第 243D 条规定在九编《潘查亚特》中,是有关在农村潘查亚特自治组织中对表列种姓的保留规定,位于中印争议的藏南地区的阿鲁纳恰尔邦被认为没有表列种姓,[①]所以有此修正案。

2001 年第 85 修正案在第 16 条 4A 款(原第 77 修正案所增加)增加"the consequential seniortiy"(相应的资格)字样,即明确落后阶层公务员

---

① Dr. J. N. Pandey, *the Constitutional Law of India*, Central Law Agency, Allahabad, 48th Edition, 2011, p. 802.

的资历虽然比非落后阶层低,但仍可以优先晋升。

2006 年第 93 修正案在第 15 条中增加第 5 款,规定"尽管有本条规定和第 19 条第 1 款第 7 项的规定,为了促进社会和教育落后阶层以及表列种姓和表列部落公民的发展,国家可以通过法律规定此类人员在包括私立学校(不管受政府资助或者不资助)入学方面的特殊优惠,但第 30 条第 1 款规定的少数民族学校除外。"以前对落后阶层的入学照顾仅限于公立学校,第 93 修正案明确将私立学校也包含在内,该修正案的立法宗旨仍然是为了促进落后阶层平等权的发展。

(二) 落后阶层的界定——曼德尔案件(或英德拉·萨瓦赫妮诉印度联邦)

我国对少数民族的保护以设立民族区域自治权为基点,以《中华人民共和国民族区域自治法》为主要法律依据保护少数民族,将"民族要素和区域要素有机结合起来",其中"民族要素居于主导地位"。[①]印度对少数民族的保护则主要通过"平等权"的模式,即提高少数民族在公务员考试和入学方面的比例。虽然印度曾经在邦之下设立自治邦,犹如我国的少数民族区域自治,如在阿萨姆邦下建立梅加拉亚自治邦(二级邦),但后来梅加拉亚自治邦上升为一级邦,因此以自治邦的模式保护少数民族是印度的次要模式。但如何界定谁是落后的少数民族则是印度宪法中一个重大问题。

1. 曼德尔案件(英德拉·萨瓦赫妮诉印度联邦案)[②]的案情

1979 年 1 月德赛总理任命成立以斯里·B. P. 曼德尔(Sri B. P. Mandal)为主席的第二届落后阶层委员会(Backward Classes Commission)调查全国的落后阶层状况,该委员会在 1980 年 12 月提交报告,认定印度有 3743 个种姓属于教育和社会落后阶层,并建议政府在公务员录用中给予这些落后阶层 27% 的职位的保留。但人民党政府因内部分裂不受议会过半数信任而倒台,国大党的英迪拉·甘地政府上台后对曼德尔委员会的报告不予落实,1989 年人民党在大选中又胜出,维普·辛格总理签署《政府备忘录》(Office Memoradum),于 1990 年 8 月 13 日

---

① 田芳:《地方自治法律制度研究》,北京:法律出版社 2008 年版,第 362 页。
② Indra Sawhney v. Union of India.

开始执行曼德尔报告。政府对落后阶层的保留行为引起社会骚乱,高种姓纷纷反对该政府备忘录。原告英德拉·萨瓦赫妮向印度最高法院申请特权令状审查政府备忘录的合宪性。但人民党又很快倒台,新上台的国大党拉奥政府修改了人民党政府的《政府备忘录》,于1991年9月25日公布新的《政府备忘录》,其修改的主要内容是将高种姓中的穷人也列为社会经济落后阶层,并为其保留10%的公务员录用比例。

2. 判决

印度最高法院9名法官参加的审判庭以6∶3的比例作出判决,判决上述两份政府备忘录(Office Memoranda)合宪,但判决其中给予高种姓经济落后阶层单独的10%的保留性内容违宪,另外判决认为给予27%的比例的保留仅仅指录用而不包含晋升。

英德拉·萨瓦赫妮诉印度联邦案件(Indra Sawhney v. Union of India)(一般称为曼德尔委员会或曼德尔案件〔Mandal Commission Case〕)一案不仅解决了上述纠纷,但更重要的是它给出了界定落后阶层的一系列标准,包括:1)宪法没有对落后阶层下定义,但在印度,低种姓被视为落后阶层,一个种姓本身可能被视为一个阶层;2)在印度教社会中,落后阶层是通过种姓、职业、贫困、居住地、受教育程度确定的,并且在不承认种姓的族群中,其他标准也可能被用来界定落后阶层;3)第16条第4款规定的“落后”的含义主要是社会性的,而并不要求社会性和教育性2个标准同时具备;4)收入是界定落后阶层的重要标准,收入高于一定水平的种姓可能会被排除在“职位保留”的范围之外;5)要获得公务员录用保留,该落后阶层必须在国家公职中的代表性不够;6)第16条第4款的保留不能超过50%;7)50%的保留是每年的保留比例,而不是总的保留比例;8)公务员职位保留是针对最初录用,而不包含职位晋升的情况;9)落后阶层的界定必须接受司法审查;10)第16条第4款只是规定政府有义务对落后阶层在公职录用中进行保留,但没有使落后阶层的获得“要求保留”的宪法权利,即落后阶层和其他印度公民一样享有的仍然是平等权,而不具有单独的“要求保留比例”的宪法基本权利。

3. 简要评析

曼德尔案判决书本身鸿篇巨制,引经据典,字数达十几万。一方面确认给予落后种姓以一定比例的公务员录用保留为合法,另一方面指示政府可以给予达到 50％ 的比例保留,该判决是 1995 年第 77 修正案、2000 年第 81 和第 82 修正案的直接根据。同时该案件基本撤开了"政治问题不予审查"的观念,对完全属于政治事务的事项照样予以违宪审查,就这点而言,印度的违宪审查的范围远大于违宪审查制度的创始国美国。

印度社会的最大特征之一就是它是种姓社会,存续几千年的历史,印度宪法虽然在"免受剥削的权利"中废止了不可接触制度,国会也通过了相应的单行刑法,所以从制度上已经废止种姓制度,但是生活和观念中还远没有消除。

在尼赫鲁时代,因为一党独大的缘故,很少有人敢于利用种姓或宗教去获得政治好处,种姓至少在公众生活中已经淡化了。但 90 年代以来,种姓政治异军突起,很多党直接利用种姓拉选票,所以落后阶层的公务员录用比例保留问题成为重大宪法问题。

印度工商业不够发达,90 年代以前实行计划经济,可以说是政府控制一切,因此公务员成为印度大学生选择工作的首选,其地位薪水都相当有保障。1989 年宪法修正案将选民年龄从 21 岁降至 18 周岁,(2013 年 1 月 25 日,第 3 个全国选民日,印度选举委员会公布印度登记选民为 2320 万人,其中 18—19 岁选民为 930 万人[①]使大学生也成为印度的重要政治力量,大学生也特别关注公务员录用的保留制度,因为这直接关涉自己切身利益。

二、 财产权和人身权等传统自由权的变迁

自由权为最传统和最基础的人权,传统宪制就开始于以自由权限制王权,"生命、自由和反抗压迫"等权利基本上与自由权等同。但印度宪法中的财产权则经历了从有到无的消失过程,晚近则将一些与经济社会有密切联系的自由权加入宪法中。

---

① http://newsonair. nic. in/full_news. asp? type = bulletins&id = 112, January 25,2013.

（一）财产权的历史与消亡

在 90 年代之前，基本权利的主要变化就是财产权的消亡。原印度宪法第 19 条第 1 款第 f 项规定印度公民有"取得、占有和处分财产"的权利，同时第 31 条从反面规定了征收补偿的规定，但在土地改革和国有化进程中，多次宪法修正案对财产权作出限制，1978 年第 44 修正案（人民党政府时代）索性删除第 19 条第 1 款第 f 项和第 31 条。因此财产权已经不是印度宪法的基本权利，只有一个例外：若征收或征用的财产是第 30 条第 1 款规定的少数民族管理的教育机构的财产，则必须保障少数民族的"文化教育权"，因此少数民族教育机构的财产权是附在该"文化教育权"基本权利之内受宪法保护的，对其征收补偿也仍受司法审查。

（二）90 年代以来其他传统自由权的变化

1. 受教育权成为基本权利

印度宪法已经有受教育权的内容，规定于第四编《国家政策指导原则》第 41 条中，该条同时规定了工作权、受教育权和获得政府帮助的权利，但该编的内容属于"社会权"，是一种社会理想，不受司法保护，只能通过立法予以间接保护，与我国宪法规定的基本权利的效力相同。

但与我国的宪法学观念不同，印度宪法中受教育权也属于自由权的范畴，鉴于提供普及的高质量的义务教育的目标仍未实现，所以需要将受教育权列入基本权利之中。[1] 于是有 2002 年第 86 修正案，该修正案增加第 21A 条，规定"根据国家法律的具体规定，国家必须向 6—14 岁的儿童提供免费义务教育"，另外增加第 45 条（国家政策指导原则的内容）规定"国家努力实现向不满 6 周岁的儿童提供幼教服务"。从此接受义务教育成为印度宪法的一项自由权，可以受司法保护，另接受幼儿教育成为一项社会权。

2. 组建合作社成为结社自由的一项内容

2012 年第 97 修正案：在第 19 条第 1 款第 3 项中增加"或合作社"字样，并增加第 9B 编，其目的是为了促进合作社在农村的发展。从此组建合作社成为结社自由的一项重要内容。

---

[1] 修宪说明：http://indiacode. nic. in/coiweb/coifiles/amendment. htm，March 20,2012。

3. 人身自由权的衍生权利

在 1978 年的曼内卡·甘地诉印度联邦(Maneka Gandhi vs Union of India)[1]案件之后,最高法院无限扩大解释人身自由权的内涵,衍生出很多宪法中没有规定的基本权利,如生存权、流浪者不得被驱逐权、小贩贩卖权、获得医疗权、隐私权和安乐死权等权利。[2] 印度最高法院承认印度宪法第 21 条是印度宪法基本权利的核心。[3] 如果说印度整部宪法的核心是第 32 条的"宪法救济权"的话,那么宪法实体基本权利中,第 21 条的人身自由权成为晚近印度宪法发展的真正中心。

三、 宗教信仰自由与世俗主义关系的变迁

印度宪法序言规定印度为世俗国家,即不设国教,政府在宗教事务中保持中立。在尼赫鲁时代,政府的中立地位基本能够保持,但在英迪拉·甘地和 90 年代以后,很多政党直接利用宗教情感以获得政治利益,宗教自由和世俗主义的问题又成为一个重大宪法问题。

1936 年《表列种姓命令》(the Scheduled Castes Order)规定,基督教徒、佛教徒或者其他部落宗教的信仰者不被列为表列种姓,即使之前曾经被列为表列种姓,在其皈依这些宗教之后,则不再被列为表列种姓。1950 年《表列种姓命令》也规定信仰印度教和锡克教之外的人不得被列为表列种姓。其原因是种姓制度只有在印度教和锡克教中实行。因此印度教徒和锡克教徒改宗其他宗教之后即丧失表列种姓资格,因此有人挑战该法律的合宪性,但最高法院一致判决认为该法律合宪有效。[4]

但全国阵线政府(National Front Government) 1990 年通过了《表列种姓宪法修正命令》〔Constitution (Scheduled Castes) Orders (Admendment) Act, 1990〕将佛教徒也列入表列种姓之中。于是人们担

---

[1] 1978 AIR 597,1978 SCR (2)62.

[2] M. P. Jain, *Indian Constitutional Law*, Lexis Nexis Butterworths Wadhwa, Sixth Edition, Nagpur, 2010, pp. 1222 – 1250.

[3] Unni Krishina v. State of Andhra Pradesh; AIR 1993 SC 2178; (1993)1 S. C. C. 645.

[4] Punjabrao v. Meshram, AIR 1965 S. C. 1179;Ramalingam v. Abraham, (1969)1 S. C. C. 24; Soosai v. India, AIR 1986 S. C. 733 (para 8).

心一旦以教派为依据给予权利的时候,其他教派必然会仿效,例如从印度教和锡克教改宗为基督徒的人就强烈要求被列为表列种姓。人民担心如此会危及国家团结,同时也与宪法的世俗主义精神相冲突,因为南亚次大陆的人民永远不会忘记以教派划分权利是造成印巴分治和三十几万人被屠杀的最沉痛的教训的。

四、 宪法救济权的发展——公益诉讼

(一) 公益诉讼的含义及启动条件

1. 公益诉讼的含义

印度宪法第 32 条"宪法救济权"第一款规定"请求最高法院通过适当程序执行宪法基本权利的权利受保护",该条文已经隐含了可以提起任何公益诉讼的可能,即无需遵守"当事人适格"原则。第 226 条"高等法院发布令状的权力"的条文虽没有"适当程序"字样,但其救济权利的种类与最高法院是一样的,即都可以发布令状、下达指示和命令。另外,印度宪法第 39A 条规定的有关"司法公正和法律援助"的社会权条文也是公益诉讼发生的直接依据之一。

印度人编的《沃顿法律词典》引用印度最高法院在 1992 年的人民党诉 H. S. 昌德哈里(Janta Dal v. Chowdhary)①一案判决书的内容给公益诉讼下了一个极为简要的定义——公益诉讼是指为保护公共利益或特定群体的利益,在法院提起的诉讼。② 也有学者认为公益诉讼(Publici Interest Litigation)实际上是用词不当,在印度应该被称之为社会行为诉讼(Social Aciton Litigation)③。可见公益诉讼并不仅限救济基本权利,但它的最重要功能是救济基本权利。我国有学者给公益诉讼下的定义是"公益诉讼是任何组织和个人根据法律的授权,就侵犯国家利

---

① (1992)4 SCC 305; (1991)3 SCR 752.

② *Wharton's Concise Law Dictionary*, Universal Law Publishing Co. New Delhi. , Fifteenth Edition, 2009, p. 843.

③ S. P. SATHE, *Judicial Activism in India*, New Delhi: Oxford University Press, Second Edition, (2002), pp. 202 – 203.

益、社会公益的行为提起诉讼,由法院依法处理违法的司法活动"①,可见我国学者视野中的公益诉讼范围较窄,因为"要法律的授权"。

2. 当事人适格理论与公益诉讼

印度学者基本没有直接界定第一起公益诉讼属于哪一例案件,但桑尼尔·巴特拉诉德里市政府(Sunil Batra v. Delhi Administration)②可以称得上最早的比较典型的公益诉讼案件。在该案件中印度最高法院仅凭德里提哈尔(Tihar)监狱服刑人员巴特拉寄出的一封字迹潦草的信就启动了基本权利救济程序,巴特拉在信件中称其在监狱受到非人的虐待。

80年代之前,印度法院也遵守"当事人适格"理论,要求必须是受害人才可以提起诉讼,但80年代之后特别是最高法院法官P. N. 巴格瓦迪(Justice P. N. Bhagwati)和V. R. 克里希那·艾耶(Justice V. R. Krishna Iyer)首先突破"当事人适格"理论,承认公益诉讼。③

提起公益诉讼的条件极为简单,甚至可以说没有条件,只要最高法院认为公共利益受到损害,任何人都可以提起公益诉讼。如果基本权利也同时受到侵犯则可以依据第32条和226条启动基本权利救济程序,当然只要够得上公共利益受到损害,往往也是基本权利受到损害,如德里监狱的服刑人员巴特拉的人身自由权受到政府的严重侵犯。

印度学者对提起公益诉讼的条件的概括和总结是:任何具有公益精神的个人和组织都可以提出对某法律的违宪审查诉讼,但他在诉讼中必须是善意的(bona fide)且受违宪法律侵犯的人因其弱势(disability)没有能力提起违宪审查诉讼。④

在阿西·巴哈拉提亚·叟西特·卡玛查理·山格铁路公司诉印度联邦〔Akhil Bharatiya Shoshit Karmachari Sangh (Railway) v. Union of India〕案中,克里希那·艾耶(Krishna Iyer)法官认为"我们现在的程序

---

① 颜运秋:《公益诉讼理念研究》,北京:中国检察出版社2002年版,第52页。
② 1980 AIR 1579; 1980 SCR (2)557.
③ http://en. wikipedia. org/wiki/Public-interest_litigation_%28India%29.
④ Dr. Durga Das Basu, *Constitutional Law of India*, Lexis Nexis Butterworths Wadhwa, Nagpur, Eighth Edition 2008, New Delhi, p. 30.

法理已经不是英印时期的个人主义模式。……我们认为狭隘的'诉因'和'受害人'等概念在有些案件的管辖中是过时的。"①

在 2002 年的巴寇工会诉印度联邦〔Balco Employee's Union（Regd.）v. Union of India〕案中最高法院重申提起公益诉讼的唯一条件是有关行为侵犯了宪法第 21 条（人身权），或者原告因贫穷等原因无法按照其他诉讼程序救济自己的权利。

学者认为当事人适格规则（the Rule of Locus Standi）是基于公共政策，其前提假设是当事人知晓自己的权利也有能力寻求权利救济。即使在英国，也放宽了该规则，使有足够利益（sufficient interest）的人起诉政府的违法行为。②

如果说不告不理以及原告适格"适合自由放任经济和 19 世纪流行的最小政府观念"③，那么公益诉讼是印度法院应对社会贫穷、政府低效的重大司法措施。

另外，印度最高法院对不成熟规则（Doctrine of Premature）不是很热衷。认为在一个大多数仍贫穷且对自己的法律权利并无太多意识的国家，法院认为在实际侵害发生之前救济基本权利更佳。④

3. 公益诉讼的时效问题

公益诉讼也基本不受时效限制，在卡西纳斯·G. 加米博士诉人民院议长（Dr. Kashinath G. Jalmi v. the Speaker）案件中，人民院议长认定某些议员叛党而失去议员资格，但该议长去职后，代行议长职权的副议长改变了该决议，认为这些人并不失去议员资格，经过 8 个月后，加米（Jamil）博士提起公益诉讼，最高法院并未以时效已过而驳回该案件，理由是该案件是为了公益。

---

① S. P. SATHE, *Judicial Activism in India*, New Delhi：Oxford University Press, Second Edition, 2002, p. 214.
② S. P. SATHE, *Judicial Activism in India*, New Delhi：Oxford University Press, Second Edition, 2002, p. 202.
③ S. P. SATHE, *Judicial Activism in India*,, New Delhi：Oxford University Press, Second Edition, 2002, p. 196.
④ S. P. SATHE, *Judicial Activism in India*,, New Delhi：Oxford University Press, Second Edition, 2002, p. 198.

4. 对滥用公益诉讼的限制

但如何限制公益诉讼被滥用也是印度宪法实践的一个问题。在北安查尔邦诉巴望·辛格·查夫（State of Uttaranchal v. Balwant Singh Chaufal）案中最高法院对公益诉讼的被滥用问题作出裁决。该案中，一名执业律师向最高法院起诉，质疑邦长对邦总检察长的任命，认为宪法规定高等法院法官任职年龄是 62 岁，而该邦检察长已经超过 62 岁。高等法院命令邦政府作出答复，邦政府向最高法院提出特别救济申请，最高法院认为该执业律师明知高等法院法官任职年龄不适用于邦检察长（G. D. Karkara v. T. L. Shevde and others），但仍提出该公益诉讼，故判决该执业律师缴纳罚款 10 万卢比。

上述在案件中，最高法院对公益诉讼作出如下限制：1）法院必须鼓励真正的和善意的公益诉讼，但要限制有恶意考虑的公益诉讼；2）高等法院应该规定公益诉讼程序；3）法院必须确认申请者的初步证明；4）法院必须确认申请者的初步正确性；5）在给予公益诉讼救济之前，法院必须确信公益诉讼的条件得到满足；6）法院必须保证公益诉讼涉及公共利益，必须保障公益诉讼的优先性；7）法院必须给予真正的公共损害（Public Injury）给予救济，法院必须保证在公益诉讼背后没有私人动机和其他不良动机；8）法院也必须保证，对基于不良动机申请公益诉讼的"爱管闲事的人"给予罚款或者其他措施以阻止滥用公益诉讼。

（二）公益诉讼的发展

印度公益诉讼机制是司法机关实现正义的强大武器，从保障人权到反腐到保护环境，在保护公共利益和基本权利领域作出了巨大贡献。

1. 救济基本人权

70 年代末至 80 年代初的公益诉讼主要集中在代表受压迫人群所提起的诉讼，主要问题是人权。法院通过对宪法第 21 条（生命和自由权）的自由解释，将很多人权都包含在该条之中。[①]

1989 年在莫汉乐·莎玛（Mohanlal Sharma）诉北方邦（State of U.

[①] S. P. SATHE, *Judicial Activism in India*, New Delhi: Oxford University Press, Second Edition, 2002, p. 209.

P.)案中,申请人向最高法院发了一封电报,申明其儿子被警察谋杀,最高法院将该电报视为公益诉讼申请而命令中央调查局(C. B. I.)调查该案件。

2. 公益诉讼应用于反腐

公益诉讼是法院在政治生活中揭露贪腐和惩罚被告人的有力武器。哈瓦拉贪腐案(Hawala Scam)、乌瑞贪腐案(Uria Scam)、比哈尔邦的佛德贪腐案(Fodder Scam in Bihar)、圣凯斯贪腐案(St. Kits Scam)、阿育吠陀医药案(Ayurvedic Medicine Scam)以及政府住房分配和政府加油站分配等案件都是通过公益诉讼使之暴露的贪腐大案。[①] 1997 年的一个案件中最高法院判决拉奥政府的包括苏克哈拉姆(Mr. Sukhram)在内的 3 名部长因其滥用职权而向政府赔偿 500 万卢比。[②]

1997 年的斯瓦·萨迦·提瓦里诉印度联邦(Shiv Sagar Tiwari v. Union of India)一案中,原告通过公益诉讼质疑中央政府住房与城市发展部部长希拉·卡(Sheela Kaul)分配 52 套住房违法,法院判决该部长支付惩罚性赔偿金 6000 万卢比。

3. 公益诉讼被应用于环境保护

在 1987 年 M. C. 米赫塔诉印度联邦(M. C. Mehta v. Union of India)案中,一名社会活动家米赫塔提起公益诉讼,最高法院判决关闭在坎普尔市加加玛地区(Jajmau)的皮革厂,以保护恒河。

在 1996 年的印度环境法律诉讼委员会(Indian Council for Enviro-Legal Action)诉印度联邦(Union of India)案件中,法院认为私人公司对个人基本权利造成侵犯,私人公司虽然不属于印度宪法第 12 条所指的"国家"(State),但最高法院可以判决要求政府采取措施,以停止私人公司的侵权行为。在该案件中,在拉贾斯坦邦的五戴普地区(Udaipur District)的比茶礼村(Village Bichari),生产发烟硫酸和磷肥的化工厂没有取得有关环保许可证和采取环保措施就开工生产,因此对周边村民造成损害,后该工厂在村民的反对下而关门,但损害仍然持续,后法院要求国

---

① J. N. Pandey, *the Constitutiaonal Law of India*, Central Law Agency, 48th Edition, 2011, p. 398.

② Common Cause A Registry Society v. Union of India, AIR1997 SC 1886.

家环境工程研究院(National Eviromental Engeering Research Institute)调查此事,并提交报告,该报告披露2440吨中的770吨有毒化工原料仍残留在泥土中,最高法院命令政府根据有关环境保护法采取措施。

在1997年米赫塔诉印度联邦(M. C. Mehta v. Union of India)案件中,公益原告米赫塔提起公益诉讼,要求法院调查泰姬陵周边的铸造厂和化工厂对泰姬陵的损害问题,法院最后判决要求泰姬陵边上的292家污染企业全部搬到其他地方,其最后期限是1997年12月31日。同时判决对搬迁企业职工的待遇问题作出了安排,规定搬迁期间工资待遇不变及所有企业员工在搬迁后其劳动关系不变等。

4. 公益诉讼被用于改革选举制度

在2002年的一起公益诉讼案中,原告向最高法院起诉要求法院命令有关部门执行印度法律委员会于2002年3月2日作出的第170次法律改革报告,最高法院判决指示选举委员会发布公告,要求所有候选人必须公布其学历、资产、债务和犯罪前科。但议会通过《选举改革法》(Electoral Reforms Law)修改了《公共代表法》(Public Representation Act),使上述判决失效。民主改革人民联盟(People's Union For Democratic Reforms)提起公益诉讼,认为修改的《选举改革法》(Electoral Reforms Law)侵犯宪法规定的公民获得信息的权利,因此违宪无效。最高法院判决认为国会无权指示政府机关不执行最高法院的判决,因此恢复2002年5月2日发布的命令的效力,命令选举委员会根据判决重新发布公告,要求候选人公布上述相关信息。

五、 基本权利发展的特点

在尼赫鲁时代和英迪拉·甘地时代政府比较注重经济公平,土地改革和国有化涉及的财产权是当时基本权利保护的主题,80年代末经济自由化改革以及政治多元化以来,社会更加关注政治的平等以及人身权和环境权利的保护,晚近印度宪法基本权利的保护出现如下特点:

(一) 落后阶层的平等权问题成为时代的主题

在尼赫鲁时代主要是从消极的角度保护落后阶层的平等权,如禁止不可接触制度等,虽然宪法有关于对落后阶层照顾性保护的规定,但基本没有实施,政治多元化后,落后阶层在政治上成为一支重要力量。人口大邦北方邦前首席部长玛雅瓦蒂(Mayawati Kumari)是贱民妇女,是印度贱民的偶像,这在以往是不可想象的。2011 年,在孟买为纪念宪法起草委员会主席、贱民领袖安贝德卡博士诞辰 120 周年而修建纪念公园都表明了落后阶层的崛起,而这就是民主真正的本质,也是推动人类宪制发展的真正动力。90 年代后期至 21 世纪的宪法修正案多次规定对包括贱民在内的落后阶层在公务员录取中的照顾性规定反映了平等权内涵及外延的变化。2012 年 12 月 15 日,联邦院提议有关落后阶层的保护的立法,引起联邦院混乱,议长多次宣布休会,①表明印度平等权的发展仍是当代印度最重大宪制问题之一。

(二) 宗教自由权与世俗主义之间的紧张关系是晚近基本权利发展需要解决的一个重要课题

印度人民的宗教热忱程度是其他国家所不能想象的,但印度宪法序言却宣称印度为世俗国家。90 年代以来,一些政党如印度人民党利用宗教情感拉选票引发宗教冲突,如印度人民党主席阿德瓦尼在 90 年代初模仿印度教大神罗摩乘"战车"全国巡回演讲,最后造成印度教极端主义者摧毁阿约迪亚巴布里清真寺。中央政府遂根据宪法第 356 条解散北方邦等几个邦的印度人民党政府,实施总统直接治理,最高法院在关于解散邦政府实施总统治理的合宪性问题上,认为印度人民党邦政府违反世俗主义原则,中央政府解散邦政府实施总统治理是合宪的。

但如何解释世俗主义,很多人认为最高法院解释世俗主义的时候也有偏颇,如最高法院从未宣布政党利用伊斯兰教情感从事政治活动为违宪。如何处理宗教信仰自由、世俗主义和民主政治问题成为 90 年代以来印度重要的政治和宪法议题。

(三) 与经济发展直接相关的一些基本权利成为修正案的重要议题

印度经济落后于中国的一个重要原因是基础教育落后,尼赫鲁非常重视高等教育的发展,印度成为世界数一数二的软件业强国与其高等教

---

① 印度空中新闻:http://newsonair.nic.in/,February 17,2013.

育的发达和成功是分不开的,但印度文盲比例高达30%,严重制约制造业
的发展。印度诺贝尔经济学奖获得者阿玛蒂亚·森认为"所有这些由于
增长而实现进步的成功国家和地区(主要指亚洲四小龙),他们经济取得
重大发展时的基础教育发展已比现在的印度先进得多"。[①] 鉴于此,印度
国会在1997年曾提议将基础教育阶段的"受教育权"列入宪法基本权利
中,2002年第86修正案终于将6至14岁儿童的受教育权列入基本权利
体系中。当然,宪法的实施状况仍然非常糟糕,印度基础教育公立学校教
师旷工极为严重。

另外为了农村经济民主和经济发展将"成立合作社"的权利列入"结
社权"中成为基本权利的一部分。

(四)公益诉讼成为救济宪法基本权利的重要手段

80年代以来,印度最高法院摈弃了"当事人适格"理论,只要是公共
利益受损,任何人都可以基于善意的目的提起公益诉讼。

80年代初,公益诉讼主要集中在保护传统人权上,即保护受迫害者
的人身自由权,90年代以来公益诉讼被广泛适用于环境保护、反腐和选
举中,成为人民和法院监督政府的强有力武器,虽然落实情况并不完美,
但这一制度却是印度化解社会矛盾的重要手段,值得其他国家特别是发
展中国家借鉴和学习。

[①] [印度]阿玛蒂亚·森,让·德雷兹著:《印度经济发展与社会机制》,黄飞君译,北京:社会科学
文献出版社2006年版,第45页。

第三章

议会内阁制及其晚近变迁

宪法规定基本权利以确定国家和人民之间的分权只是宪制的第一步,但国家机关之间如果没有分权,则人权同样毫无保障。权力与权力的划分又分为横向分权和纵向分权,纵向分权即中央和地方之间的关系,于是有联邦制或单一制不同的宪法制度。横向分权则产生议会内阁制、总统制和委员会制等不同政体。

印度继承英国议会内阁制,并将英国的宪法惯例成文化,印度的议会内阁制虽然面临诸多挑战,但至今运行稳定,是发展中国家成功的宪制范例之一。

第一节　印度议会内阁制概述

议会(Parliament),法语词根为 Parler,意为谈话,原指国王和贵族在大议事会上交谈或谈判。13 世纪的大议事会具有政治的、司法的、立法的和财政的职能,[1]但 13 世纪的《大宪章》和基本定型的议会还没有创立议会主权。1688 年荷兰执政威廉受邀来到英国继承王位,同时宣布召开议会。"这次会议后来变成一个真正的议会",同时解决了主权问

---

① 钱乘旦,许浩明:《大国通史——英国通史》,上海:上海社会科学院出版社 2007 年版,第 70 页。

题,"既然议会创造了国王,主权当然在议会。"①近现代意义上的法治国随之诞生。

当代世界上实行议会内阁制度的国家有 71 个,都源于英国,其运行模式虽有一些变更,基本原理仍是相同的。议会内阁制度的基本制度包括:公民普选产生议会下院,由选举胜出的在下院中占多数席位的政党组建政府(核心成员组成内阁)。如果没有政党在选举中过半数,则需联合其他政党组建联合政府。内阁如果得不到议会的过半数信任,则内阁需要集体辞职或者请求国家首脑解散议会举行大选,若新选举产生的议会仍不信任政府,则政府必须辞职。议会作为最高立法机关代表民意制定法律,即建立所谓的巴力门主权——"法院必须执行,……无一人复无一团体,在英宪之下能建立规则以与巴力门的法案相反抗"②。国王(或其他国家元首)在议会制定的法律范围内活动,即创立"王在法下"的宪制规则。

一、 印度议会内阁制的历史

从 1757 年年轻的英国军事冒险家克莱武以 3000 兵力击败孟加拉纳瓦布西拉杰的 7 万兵力(其中武装有大炮 40 万门)③开始,印度在"双重权力中心:公司统治和议会监督"④的治理之下,到 1858 年英王代替东印度公司统治印度 101 年间,英国东印度公司以谋求利润最大化为目的,从苏拉特、加尔各答、马德拉斯和孟买等几个据点向外蚕食,实现商业公司对主权国家的统治,英国议会则通过相关宪法性文件规范公司的行为。1773 年英国会通过的《管理法》(Regulating Act)建立了英国殖民政府的雏形,"由首相提名总督一名和参事四人组成参事局治理马德拉斯。"⑤1773 年《管理法》被认为是"英国议会首次试图建立正规印度政府和干涉

---

① 钱乘旦,许浩明:《大国通史——英国通史》,上海社会科学院出版社 2007 年版,第 185 页。
② [英]戴雪著:《英宪精义》,雷宾南译,中国法制出版社 2001 年版,第 116 页。
③ 林承节:《印度史》,北京:人民出版社 2004 年版,第 212 页。
④ 林承节:《印度史》,北京:人民出版社 2004 年版,第 227 页。
⑤ 吴俊才:《印度史》,台北:三民书局 1981 年版,第 185 页。

东印度公司事务的尝试。"①

东印度公司治理时代,英国国会通过的 1833 年《章程法》(Charter Act)在印度建立了中央集权式的治理模式,孟加拉总督改名为印度总督,马德拉斯和孟买总督只能在紧急情况下才能立法,取消了马德拉斯和孟买据点的立法权(只有在紧急情况下才可以制定法律)。

1857 年,印度人民起义迫使英王对印度实行直接统治,从 1858 年到 1947 年印度独立,英国议会通过了一系列具有一定宪法性内容的法律,包括 1858 年的《印度政府法》、1861 年《印度参事会法》(Indian Council Act)、1870 年《印度政府法》、1892 年《印度参事会法》、1909 年《印度参事会法》,一定程度上规定了印度殖民政府的管理体制,但当时既无民选的议会,内阁(参事会)也无责任,所以与现代议会内阁制相去甚远。

印度人民的独立运动和国际形势,使英国议会通过了 1919 年《印度政府法》和 1935 年《印度政府法》。根据 1919 年《印度政府法》制定的《授权条例》(Devolution Rules),中央政府将地方性权力移交给省,包括地方性收税的权力。省建立双头政府(Dyarchy),即转移的事项(Transferred subjects)由省督在部长协助下履行,同时向省委员会(Provincial Council)负责;保留事项(Reserved Subjects)则由省长在行政委员会的协助下实施,无需向省委会负责。1919 年《印度政府法》的中央政府则没有实行任何名义上的责任政府形式。

1935 年《印度政府法》仍采用议会内阁制模式,但与 1919 年《印度政府法》在地方实施"双头政治"相对应,1935 年《印度政府法》在中央实行"双头政治"——总督对防务、外交、基督教事务和部落事务自行决定,无需向议会负责;其他次要事项总督在部长会议的协助下行事,并向议会下院负责。1935 年《印度政府法》在地方则实现"完全的"议会内阁制自治政府,省督在部长会议协助下行使所有职权,并向省议会负责。

---

① V. D. Kulshreshtha, *Landmarks in Indian Legal and Constitutional History*, Eastern Book Company, Eighth Edition, Lucknow, 2005, p. 94.

二、 联邦议会内阁制

印度的议会内阁制制度基本沿袭了英国的议会内阁制。议会行使立法权、由议会多数党组织政府执行法律；总统作为国家元首和名义上的政府首脑，地位相当于英王；司法机关独立行使司法权。

民主国家的政府组织形式主要有议会内阁制、总统制和委员会制（代表者为瑞士）三种，英国民主法治起源于议会，早些时候议会为主导，议会产生的政府（内阁）为从属，所以称议会制或议会内阁制，然而当代世界随着国家事务的复杂化和集权的需要，实际上已经是政府（或内阁）为主导，议会为从属，故称这些国家的政府组织形式为内阁议会制更为妥当。印度宪法规定印度政府组织顺序的时候，也是先规定内阁政府，然后规定议会。印度宪法第五编《联邦》详细地规定了印度联邦政府的具体组织和职能（广义上的政府包含了立法机关和司法机关），共分五章：第一章《行政机关》包括总统和副总统、部长会议、印度检察长和政务的执行5个部分；第二章《国会》分总则、议会官员、议员资格的丧失、国会及议员的职权、特权和豁免、立法程序、财政事项程序和程序规则共8个方面的内容；第三章是《总统的立法权》；第四章是《联邦司法机关》；第五章《印度审计长》。

（一）印度总统——统而不治

议会内阁制国家，行政权虽然由内阁部长们行使，但在名义上则由国家元首行使，英国不流血的"光荣革命"中，议会不但没有废止国王，而是邀请荷兰执政威廉来担任英王。印度的近代化改革虽然也是一场渐进式的"非暴力"改革，但印度自从莫卧尔皇帝奥郎则布之后，实际上没有一个能够影响全国的皇帝，英殖民时期更是实行分而治之的策略，王公多达500多个，所以印度宪法没有保留印度皇帝的可能，独立后印度宪法则设计了地位如同英王一样的总统。

印度宪法第五编《联邦》第一章《行政机关——总统和副总统》详细规定了总统的地位、职权、选举产生程序、任期和弹劾程序等。印度的总统是政府首脑和国家元首，统帅全国武装力量，这点与总统制国家是一样的（但印度宪法只规定印度总统是政府首脑，却没有明文规定其为国家元首）。但在议会内阁制国家中，总统或国王仅仅是名义上的元首，真正的行政权则由总理为首的内阁或部长会议行使。与英国的英王一样,在法律上,总统是最有权力的人;在政治上,总统是毫无权力的人。① 最初的印度宪法没有明确规定是否总统的所有行为都必须根据部长的建议作出,制宪会议主席拉金德拉·帕拉萨德在制宪的时候曾说:"虽然宪法没有明确的条文规定总统必须接受所有的部长的意见,但是希望英国的宪法惯例——国王必须根据部长的意见行事在印度确立,希望总统在所有的事务中都是'宪法意义上的总统'"。但帕拉萨德成为印度总统之后,于 1960 年 11 月 28 日在印度法律研究院发表的讲话则称"宪法没有明文规定总统必须根据部长会议的决议行事"。这个问题最后留给了司法机关解决,在 1955 年的兰姆·加瓦亚诉旁遮普邦(Ram Jawaya v. State of Punjab)一案中,法院认为:"总统是形式上或宪法意义上的行政首脑,真正的行政权力由部长会议行使。"在拉奥诉英迪拉(Rao v. Indira)一案中,法院的一致意见更明白地说"制宪会议没有采纳总统制政府"。说明司法部门都认为印度的总统是名义上的总统,总统的所有行为都必须依据部长会议的决议作出。1976 年第 42 宪法修正案则索性将司法机关的意见明文写进宪法——在第 74 条第 1 款中加入"总统必须根据部长会议的建议履行职权。"但 1978 年的宪法第 44 次修正案增加了一项总统的"实权"——第 74 条第 1 款加入但书——"但是总统可以要求部长会议一般地或对特定问题重新考虑,总统必须根据部长会议重新考虑过的建议行事。"即总统有权要求部长会议重新考虑有关事项,如果部长会议仍坚持原意见,则总统必须依建议行事。除非常特殊的情况下,如出现悬浮议会(没有任何政党获得过半数席位)或政府不受议会过半数信任而垮台,总统可以任命他认为合适的人担任临时总理,此时的印度总统为有实权的总统,除此之外,称印度总统为"橡皮图章"也不为过。

印度的总统任期 5 年,可以连选连任。由联邦国会两院选举产生的议员、邦立法会(下院)选举产生的议员、首都德里直辖区和本例治理直辖区的议会议员组成的选举团选举产生。凡年满 35 岁具有被选为国会议员资格的印度国民都可以被选为印度总统。消极任职条件为总统不得担

---

① 王名扬:《比较行政法》,北京:北京大学出版社 2006 年版,第 149 页。

任联邦议会两院和邦议会议员且不得担任任何有薪水的公职（但担任印度总统、副总统、邦长以及联邦和邦部长不认为是担任有薪水的公职）。现任（第14任）印度总统为政治家拉姆·纳特·科温德（Ram Nath Kovind），2017年7月25日开始任职。

在总统制国家，因总统不对议会负责，只对议会制定的法律负责，所以必须设计总统弹劾程序，如美国。美国联邦众议院作为集体检察官可以起诉总统，联邦参议院作为大陪审团表决总统是否有罪，联邦最高法院主持审理总统弹劾案。在美国历史上，走完整个弹劾程序的总统是民主党人克林顿和共和党人特朗普，但在弹劾程序中，参议院投票时都没有达到三分之二以上多数。在议会内阁制国家，因包括总理在内的内阁部长会议对议会负集体责任，若不受议会信任则需集体辞职，故无弹劾总理的程序。

虽然印度总统没有实权，但宪法地位仍崇高，故印度宪法比较详细地规定了相应的弹劾程序。设弹劾制度的原因之一是总统作为政府首脑享有很多宪法特权，除受弹劾之外，总统对其履职行为不向任何法院负责（shall not be answerable to any court）；总统免受任何刑事指控；任何法院不得向总统签发拘捕令（与我国由检察院签发逮捕令不同，法院签发拘捕令是其他国家的通常法律制度）；除非两个月前将载明诉讼性质、案由、当事人姓名、地址和案件概况的书面通知预先递交总统，否则不得对总统提起民事诉讼。

印度宪法设立了副总统，副总统在总统因死亡、辞职、免职或其他原因缺位时或者因出国、疾病或其他原因不能履行职务时，由副总统代行总统职务，直到新总统选出继任为止，印度历史上曾有3次副总统代行总统职务。副总统的任职条件与总统相同，但选举程序稍有不同，副总统由联邦国会两院议员组成的选举人团秘密投票选举产生，副总统也不得担任联邦国会两院和任何邦议会议员以及任何有薪水的公职。

（二）部长会议与内阁——宪法上与事实上的权力中枢

依照宪法规定，部长会议是印度政治生活中的权力中枢，但印度宪法第五编《第一章》第二部分《部长会议》仅用区区两个条文规定之，即印度宪法第74条和75条。第74条第1款规定，"设立以总理为首的部长会议协助和并向总统提出建议,总统必须根据建议履行职责",此款规定了国家元首统而不治(reigns but does not govern)的英国宪法惯例。规定议会内阁制核心的内容是第 75 条,该条共计 6 款,其中最重要的是第 1 款、第 3 款和第 5 款。其中第 1 款规定"总理由总统任命,其他内阁部长在总理的建议下总统任命之";第 3 款规定"部长会议集体向人民院负责";第 5 款规定"内阁部长连续 6 个月丧失联邦国会任一议会的议员资格,则自动丧失内阁部长资格"。第 3 款和第 5 款确立了议会内阁制的核心:内阁成员必须是国会(两院其中之一院)议员,并向下院负集体责任,第 1 款则确立了总理的"首长负责制",因为总理可以任意更换部长,所以议会内阁制实际上也符合我国"民主集中制"的精神。

　　印度的行政机关是在人民院选举胜出的占多数席位的政党组成的部长会议(Council of Ministers),其首长为首相(或首席部长)(Prime Minister),中文一般称总理。部长经总理提名,总统任命,组成部长会议行使行政权。印度宪法的议会内阁制制度是宪法明文规定的,而英国的议会内阁制主要是一种宪法惯例。总理由总统任命,虽然宪法没有明文规定什么人可以被总统任命为总理,但实际上要任命人民院的多数党领袖或者能够获得人民院多数议员信任的人担任。原宪法没有规定部长会议的人数(我国对国务院的部长人数也是根据需要而设)。1961 年联邦部长会议是 47 人,1975 年底时增加到 60 人,1977 年减少到 24 人,1989 年又增加到 58 人,全国阵线政府(V. P. 辛格为首)则只有 22 名部长。[1] 但是 2003 年的第 91 宪法修正案规定,包括总理在内的内阁部长人数不得超过人民院议员人数的 15%(印度宪法第 75 条第 1A 款),所以包括总理在内的部长人数不得超过 82 人(因为人民院的议员不得超过 550 人)。部长分为 3 类,分别是内阁部长、部长和副部长,内阁部长是内阁会议成员,决策一般由内阁会议作出,部长则仅经邀请参加特定的内阁会议。部长又分为一般部长(Minsiter of State)和独立责任部长〔Ministers of State (Independent Charges)〕,前者可以直接和内阁部长联系,后者则

---

[1] Durga Das Basu, *Introduction to the Constitution of India*, Lexis Nexis Butterworths Wadhwa Nagpur, 20th edition, 2008, p. 196.

只负责一个部的工作,不与内阁部长联系,部长和独立责任部长都是低级部长(Junior Minister)。副部长则不参加内阁会议。部长(包括副部长)必须是国会两院任一院的议员,如果不是议员而担任部长必须在 6 个月内选为议员,否则不得继续担任部长。现在的第 17 届人民院产生的政府内阁部长有 25 名(包括总理在内),一般部长 24 名,独立责任部长 9 名。25 名内阁部长中,有些部长分管几个部,如莫迪总理(首席部长)分管人事部、原子能部、太空部 3 个部门,其他内阁部长一般只负责一个部,辛哈拉曼(Sitharaman)负责财政部和公司事务部。[①]

　　虽然宪法规定以总理为首的部长会议以总统名义行使所有行政职责,是政治权力中心,但"印度全体部长会议从未正式开过会"[②],因此事实上的权力中心是内阁而不是部长会议,内阁不仅是行政管理也是立法活动的指导中心。这点与日本的议会内阁制不同,1947 年日本宪法规定内阁向议会下院负责,内阁与部长会议等同。但印度内阁(cabinet)制度完全是宪法惯例,印度宪法中从未出现过内阁一词。

　　除了部长个人必须负法律责任这点与英国不同外,其他内容均沿袭自英国的部长集体负责制度。[③] 另外,部长仅集体对人民院负责(即使有些部长是联邦院议员),而无需对联邦院负责,负责的形式是必须获得人民院全体议员过半数信任,否则必须集体辞职。部长个人即使对政府决议有异议,但对外必须支持政府的决议,否则必须辞职。除所有部长集体向议会负责之外,部长个人需向作为行政首脑的总统负个人责任,印度宪法第 75 条第 2 款规定"部长的任职时间由总统决定"。因此总统在总理的建议之下可以免除部长职务,一般情形则是总理要求部长"自愿辞职"。另外,印度法律没有采纳英国宪法中的部长负"法律责任"的制度,在英国,没有部长的"副署",国王不得行使公务,部长对其副署行为在法庭承担法律责任,而国王不承担责任。但印度对总统未经部长副署不得行使

① http://www.india.gov.in/govt/cabinet.php, March 10,2021.
② M. P. Jain, *Indian Constitutional Law*, Lexis Nexis Butterworths Wadhwa, Sixth Edition, Nagpur, 2010, p.193.
③ Durga Das Basu, *Introduction to the Constitution of India*, Lexis Nexis Butterworths Wadhwa Nagpur, 20th edition, 2008, p.197.

公务没有明确规定。

印度的总理如英国的首相是首席部长，是部长会议的首脑，负责召集内阁会议，作出行政决策等。虽然内阁是事实上的权力中心，但若总理在党内地位崇高，在议会中获得过半数席位支持，则总理个人实际上成了权力中心，在这种情况下，议会内阁制的总理比总统制国家的总统权力更大，不仅控制行政机关、同时控制议会立法，变成实际上的"党政军法"一把手了。

（三）联邦议会——印度民主的基石

1. 联邦院和人民院的组成

印度联邦（或中央）代议机关为两院制，分别是代表普通选民的人民院（House of People，印地语为 Lok Sabha）和代表邦的联邦院（Council of States，印地语称 Raja Sabha）。印度宪法第五编《联邦》第二章《国会》（第79 条至 111 条）分总则、国会官员、事务的执行、议会及议员的职权、特权和豁免四个部分，规定了联邦两院的组成和职权问题。

议会的设立有两院制和一院制的区分，两院制起源于英国，一院制起源于 1789 年的法国。比较宪法学家将主张两院制的理论概括为，其一，以为两院制可以防杜议会的专横；其二，以为两院制可以减少法律案的草率与粗疏；其三，以为两院制可以减少议会与行政机关之间发生剧烈的冲突。而将主张一院制者的理论概括为，其一，以为代表民意的机关，应只有一个机关，因为人民多数的意志就只能有一个；其二，以为两院制可使法律案不易成立，其结果便不免妨碍社会的改革与进步；其三，以为两院制可以引起议会内部的冲突，以致议会为行政机关所操纵。① 印度制宪会议宪法顾问劳（Rau）教授认为主张联邦两院制的理由是：1）传统；2）体现有产者利益；3）制衡下院；4）使不能在下院中得到代表的人的利益得到体现。② 我国当今学者统计，"当今世界，议会采用一院制的国家略占多数"③。就印度而言，印度殖民时期作为印度宪法雏形的 1919 年《印度政

---

① 王世杰，钱端升：《比较宪法》，北京：商务印书馆 2010 年版，第 242—244 页。
② Granville Austin, *the Indian Constitution：Cornerstone of a Nation*, Oxford University Press, New Delhi, 1966, p. 157.
③ 王光辉主编：《比较宪法学》，北京：北京大学出版社 2007 年版，第 351 页。

府法》和 1935 年《印度政府法》都采纳了英国的两院制度,印度采纳两院制,历史惯性起了很大作用。另外,根据"尼赫鲁报告"(Nehru Report)中的有关联邦制问题的解释,联邦上院的主要功能是创造"某种冷静气氛"(somewhat cooler atmoshphere),这主要是基于印度的宗教和种姓情感(Communal Feelings)。[1] 联邦国会采用两院制在制宪当时基本没有什么争议。

印度联邦院由总统从在文学、科学和社会服务领域具有丰富知识的人中任命 12 名议员(印度宪法第 79 条第 3 款),其余不超过 238 名的联邦院议员由各邦和设立法会的中央直辖区立法会(下院)选举产生。印度宪法第 4 附表还详细规定了各邦的代表人数(根据各邦人口比例产生,且根据全国人口普查结果而变化),人口最少的果阿邦、那加兰邦、曼尼普尔邦、特里普拉邦、梅加拉亚邦、锡金邦、米佐拉姆邦和本地治里中央直辖区均为 1 名代表,而人口第一大省北方邦的代表名额为 31 名,现在的各邦和两个直辖区的选举产生的代表名额总数为 245 名。美国的参议院代表各州,参议员名额分配每州相同,均为 2 名,但印度的联邦院除任命议员之外,其余议员均按照各邦(和直辖区)的人口比例产生,人口小邦和直辖区只有 1 名代表,而人口大邦有 30 余名代表,所以很难说是平等代表各邦利益,实际上仍然间接代表印度人民的利益(因联邦院代表由邦下院选举产生,而各邦下院为该邦选民直接选举产生),另外,在历史上,1919 年《印度政府法》第一次在中央层次引入两院制,但德里的上院从来没有代表过省或邦。[2] 印度联邦院自成立起,永久存续,但每 2 年更换三分之一议员。凡年满 30 周岁的印度公民,经过向选举委员会宣誓均有资格被选为联邦院议员。

印度人民院议员则由年满 18 周岁(1988 年第 61 修正案之前是 21 周岁)的印度选民直接选举产生,其中不超过 530 名代表从各邦选区直接选举产生,不超过 20 名代表从中央直辖区选举产生(1973 年第 71 修正案将

① Granville Austin, *The Indian Constitution: Cornerstone of a Nation*, Oxford University Press, New Delhi, 1966, p. 157.
② Granville Austin, *The Indian Constitution: Cornerstone of a Nation*, Oxford University Press, New Delhi, 1966, pp. 156 - 157.

中央直辖区的代表名额从 25 名改为现在的 20 名),各邦分配代表与其人口之间的比例应尽可能相同,邦内各选区的代表名额与其所在选区人口比例也应尽可能相同(印度宪法第 81 条)。这与我国人大代表在农村和城市的比例一直实行区别对待不同,印度农村人口庞大,所以议会从人数上看肯定是农村代表多。现在的第 17 届人民院议员总数为 545 名,其中 2 名为任命议员。人民院任期为 5 年,除非被提前解散。但在紧急状态期间,人民院每次可以延长不超过 1 年的时间,在紧急状态结束之后 6 个月内必须终止本届议会。凡年满 25 周岁,且经过向选举委员会宣誓均可被选为人民院议员。

2. 联邦国会的职权

印度议会的职权有:立法、控制财政、审议或讨论、监督政府、解除某些重要官员和作为修宪机关,[1]其中最重要者莫过于立法和监督政府了,控制财政可以列入广义的立法中,称为财政法案。

(1) 监督政府

在议会内阁制国家,议会的第一个职权就是监督政府。议会监督(或监察)政府的方法有(一)质询权,(二)查究权,(三)受理请愿权,(四)建议权,(五)弹劾权,(六)不信任权及(七)设立常设委员会权等。[2] 其中最严厉的莫过于不信任权,这也是议会内阁制的本质。在总统制国家,总统不对议会负责,总统不会因不受议会信任而辞职,即使通过不了预算案,总统也只是缩减开支甚至解雇非关键部门的公务人员,如 1995 年克林顿政府在预算问题上和国会发生冲突,不得不在 11 月 13 日"关闭政府"[3],而议会解除总统职务的唯一合法途径是弹劾程序。但在议会内阁制国家,总理和其领导的部长一旦不受半数以上的议会议员信任就必须辞职或者请求总统(或国王)解散议会重新举行大选,让人民来作出最终的选择。如果执政党本身在议会中不过半数,而是联合其他政党组建政府,则议会

① M. P. Jain, *Indian Constitutional Law*, Lexis Nexis Butterworths Wadhwa, Sixth Edition, Nagpur, 2010, p. 67.

② 王世杰,钱端升:《比较宪法》,北京:商务印书馆 2010 年版,第 262 页。

③ [美]比尔·克林顿著:《我的生活——克林顿回忆录》,潘勋等译,南京:译林出版社 2004 年版,第 109 页。

的不信任权的监督则更严厉且更容易引发政府垮台。90年代以来,印度大选中没有任何一个政党获得过半数的议会席位,因此只能组建联合政府。如第15届议会印度国大党的席位是208个,没有超过545个席位中的过半数,只能联合其他小党组建团结进步联盟(United Progress Alliance)联合政府,而印度人民党作为反对党其席位有115个,联合政府中的任何一个小党宣布退出政府,政府就有可能要集体辞职。

质询权、查究权、受理请愿权为世界各国议会的基本职权,就设立委员会而言,印度人民院的专门委员会有:涉及财政问题的常设委员会有3个,分别是公共账目委员会、预算委员会和国营企业委员会;其他常设委员会则有个人法案与决议委员会、请假委员会、特权委员会和图书馆委员会、妇女权益委员会、表列种姓和表列部落福利委员会等17个,其中的图书馆委员会、妇女权益委员会和表列种姓和表列部落福利委员会等3个专门委员会是人民院和联邦院共设的联合委员会(Joint Committee);联系政府各部的常设委员会则有农业委员会和国防委员会等16个。① 联邦院也设立了如事务咨询委员会等12个常设委员会和其他一些联系政府各部的委员会。② 这些常设委员会在立法时,对某些法律提供咨询性意见,议会休会期间则起到日常监督政府的职能。

(2)立法权

a. 联邦国会针对非财政事项的立法权及立法程序

非财政法案可以在联邦国会两院任意一院首先提出,该院通过后转给另一院,另一院若通过则该法律案送交总统批准。若另一院拒绝通过或者修正后转回提出立法动议的一院,但初始动议院对修正内容不予通过或另一院在6个月内不处理该法律案,则总统可以召开两院联席会议表决该法案。在印度历史上,仅有三部法案是在联邦国会两院的联席会议上表决通过的,其一是1961年《嫁妆禁止法》(Dowry Prohibition Act),其二是1978年《银行业服务委员会废止法》(Banking Service Commission Repeal Bill),第三是2002年《防止恐怖活动法》(Prevention of Terrorist

---

① 参见印度人民院网站 http://164.100.47.134/committee/Committee_Home_Page.aspx, March 19,2012。

② 参见印度联邦院网站 http://164.100.47.5/webcom/MainPage.aspx, March 19,2012。

Activities Act)。

每院通过法律的程序为三读通过，一读为提出法律案阶段，政府或者国会议员个人可以介绍法律案的整体内容；二读为逐条讨论和修改阶段；三读为表决通过阶段，在三读阶段只能就是否通过该法律案提出意见而不得对具体条文提反对意见。

议会通过的所有法律必须提交总统批准，因为根据印度宪法规定，总统不仅是行政首脑，也是立法机关（印度宪法第 79 条），总统可以批准也可以拒绝，也可以附修改意见送还议会重新考虑。若法律案被总统批准则该法律案成为法律；若总统否决了该法律案，则该法律案成为废案；若被总统送回议会重新考虑的法律案被议会再次通过，则总统必须签署同意（印度宪法第 111 条）（过半数即可，与美国联邦议会重新通过被美国总统否决的法律案需三分之二通过不同）。根据印度宪法第 74 条第 1 款的规定，总统根据部长会议的建议行事，而部长会议必须得到人民院的信任，所以经过人民院通过的法律案实际上往往就是部长会议同意的法律案，部长会议和总理基本不会建议总统否决法律案，所以包括英国和印度在内的议会内阁制的国家总统否决法律案的权力基本上是个空架子，印度历史上没有出现过总统否决议会通过的法律案的情况。但总统将法律案交回议会，要求其重新考虑的情况倒是出现过。1986 年的《邮政法》在两院通过之后，送交总统签署，因其中的有关条款授权联邦政府和邦政府基于公共利益的需要可以检查任何人的邮件，该条款因受印度人民广泛非议，总统基于民众意见的考虑，将该法律案返回，但印度总统没有按照宪法第 111 条的规定将法律案退回议会，而是将其提交给印度联邦政府的法律部部长，让其重新考虑。该做法实际上没有宪法依据，政府基于该条款的严重性，没有将该法（修正）案重新付诸表决。2006 年议会两院通过了《国会（防止丧失议员资格）修正案》〔Parliament（Prevention of Disqualification）Admendments）〕，总统将该法律案退回议会，但议会原封不动地重新通过了该法律案，送交总统时，总统依宪法签署了该法律案。①

---

① M. P. Jain, *Indian Constitutional Law*, Lexis Nexis Butterworths Wadhwa, Sixth Edition, Nagpur, 2010, pp. 69-70.

b. 财政法案的通过程序

印度宪法中涉及财政的法案有三种,其一是纯粹的财政法案(Money Bill)(印度宪法第110条第1款有详细界定);其二是涉及第110条第1款中1项或多项内容但也涉及其他事项的财政法案(Financial Bill);其三是涉及开支的其他法案(Bill Involving Expenditure)。印度宪法第110条规定,凡是只涉及下列事项的法律案为纯财政法案(Money Bill):1)任何税收之课征、废止、豁免、变更或调整;2)印度政府进行信贷或提供财政担保的有关规定,或者涉及印度政府已经承担或即将承担的财政义务的法律的修正案等;3)印度统一基金或印度非常基金之保管及该项基金之收支;4)由印度统一基金拨付的款项;5)任何由印度统一基金支付的开支之宣布,或任何此类支出数额之增加等;6)印度统一基金账目和印度公款账目款项之收入,或此类款项之保管和拨发,联邦或邦账目之查核;7)其他与前述6项事项有关之偶发事项。但仅规定罚款和课征罚金,或规定缴纳执照费、服务费,或因其规定任何地方机关或团体为地方用途征收、废止、豁免、变更或调整任何税收,不认为是纯财政法案。

上述三种法案都只能经总统提议在人民院首先提出立法动议,联邦院不得首先提出。对于纯财政法案(Money Bill),人民院通过之后,提交给联邦院表决,联邦院要么通过该财政法案,如果拒绝或者附加修改意见退回人民院或者接到该财政法律案之日起14日内不予处理,则视为该财政法案被通过,即可提交给总统批准,所以在纯财政法案中,联邦院仅有14天的拖延权,在其他法律案中两院的权力则完全相同。总统对于纯财政法案只有同意或者否决的权利,无权将该法案退回议会重新考虑,实际上总理根本不可能建议总统否决纯财政法案,因为这意味着政府不被议会信任而须集体辞职。

对于涉及财政问题的财政法案(Financial Bill)及涉及开支的其他法案(Bill Involving Expenditure)只有经总统向人民院首先提出动议,其余程序与普通法律案通过程序相同,即人民院通过后,送交联邦院表决,若两院有分歧,可以召开两院联席会议表决(纯财政法案则不得召开两院联席会议通过)。

c. 预算与拨款法案的通过程序

议会监督政府的最好方法莫过于监督它的钱袋,在总统制国家,总统有剑(武装力量)、国会有钱而法院有正义,在议会内阁制国家,其原理也基本相似。印度联邦政府所有的开支均从印度统一基金(Indian Consolidated Fund)中开支(统一基金即为我国的国库),"统一基金观念产生于 1787 年的英国"①,印度联邦政府的开支分为"由印度统一基金中支付的开支"和"国会年度批准开支"(charges granted by Parliament on an annual basis),前者的开支实际上为经常性开支,印度宪法对其项目有明确规定(宪法第 112 条第 3 款),包括总统、副总统和其他重要官员的薪水以及法院的行政开支等,上述经常性开支可以在议会讨论,但不得进行投票表决。

国会年度批准开支项目则需议会讨论表决,这也是民主的本质之一——政府用钱必须向人民负责。每年总统向国会两院提交年度预算报告(印度宪法第 112 条第 1 款),经国会两院讨论后,人民院对年度开支进行表决,人民院可以否决、同意或者减少,但不得增加预算开支(印度宪法第 113 条第 2 款)。

人民院通过预算之后,政府提出拨款法案(Appropriation Bill),并经联邦国会两院通过,因拨款法案属于印度宪法第 110 条第 1 款规定的纯财政法案(Money Bill),因此联邦院最多只有 14 天的拖延权。经总统签署该法案,该拨款法案即成为与普通法律效力相同的法律。预算和拨款法案若未被人民院通过,则政府可能面临下台的危险。

三、 邦议会内阁制

印度宪法第六编《邦》(第 152 条到 237 条共计 86 条),第一章总则、第二章行政机关、第三章邦立法机关、第四章邦长立法权、第五章邦高等法院和第六章下级法院,详细规定了邦议会内阁制政府和高等法院的组成。

邦议会内阁制的基本原理与联邦相同,邦长为行政首脑,设立邦部长会议协助和建议邦长履行职责,邦部长会集体对邦立法会(Legislative

---

① M. P. Jain, *Indian Constitutional Law*, Lexis Nexis Butterworths Wadhwa, Sixth Edition, Nagpur, 2010, p. 75.

Aseembly)负责。与联邦的议会内阁制不同主要有两点：其一，作为邦首脑的邦长和作为联邦首脑的总统的产生程序和职权不同；其二，邦两院制与联邦两院制运行不同。

（一）邦行政机关

1. 邦长的任职条件和产生

与国家首脑总统由选举团间接选举产生不同，作为邦首脑的邦长由总统任命。凡年满 35 周岁、不担任任何有薪工作且不担任联邦国会和邦议会议员的印度公民均可以被任命为邦长（第 157 条）。若联邦国会或者邦议会议员被任命为邦长则其议员资格必须终止。邦长的任期为 5 年，但可以被总统免职（较少被使用）或辞职而提前终止职务。邦长可以连选连任。

2. 邦长的职权

邦长除缺少总统一样的外交和军事职权之外，其他职权与总统相似，享有名义上的广泛的立法、行政和司法权。1)人事权：其一，任命邦部长、邦总检察长和邦公务员委员会成员（邦部长和邦总检察长的任期由邦长决定，但邦公务员委员会成员的免职必须由总统咨询最高法院之后作出）；其二，任命高等法院法官的时候接受总统咨询的权力；其三，任命一名英裔印度人为邦立法会议员（宪法第 333 条，1969 年 23 修正案修正）；其四，任命在文学、科学艺术和社会服务方面有特殊知识的人担任邦立法院（上院）议员。2)立法权：首先，邦长是立法机构的一部分（第 164 条）；其次，与总统的职权相似，邦长可以向邦议会发表演讲、传达信息、召集邦议会、宣布休会和解散议会；第三，有权将财政问题提交给邦议会和建议提出"财政法案"；第四，通过或者否决法律案或将法律案提交给总统考虑；第五，制定邦长条例的权力。3)司法权：首先，邦长有赦免、缓刑（reprieve）、免刑（respites）或减刑的权力（第 161 条）；其次，在总统任命邦高等法院法官的时候接受咨询的权力。4)紧急状态的权力：邦长可以向总统报告邦无法依照宪法治理（第 356 条），建议实行"总统治理"。

3. 邦部长会议

虽然邦长是邦行政首脑，但除了邦长可以根据自由裁量权作出的事务之外，其余职权都是在邦部长会议的建议下作出的，其地位与总统的

"统而不治"的地位基本相似。

首席部长由邦长任命,其他部长在首席部长的建议下由邦长任命。邦部长会议向邦下院(邦立法会)负集体责任,部长个人则向邦长负个人责任(因是邦长任命)。邦部长必须是邦议会任何一院的议员,否则只能担任临时部长 6 个月。

(二) 邦立法机构

与联邦不同,大部分邦为一院制,有两院制的邦是安德拉邦、比哈尔邦、马哈拉斯特拉邦、卡纳塔克邦、北方邦、泰米尔纳德邦(2010 年 5 月 18 日建立)和原查谟·克什米尔邦等 7 个邦,其余 21 个邦为一院制,建立有立法机构的两个中央直辖区首都德里和本地治里也是一院制。2019 年查谟·克什米尔已经被改组成两个中央直辖区,即查谟·克什米尔中央直辖区和拉达克中央直辖区,前者设有一院制的立法机构,后者不设立法机构。

在制宪会议当时,联邦设二院制基本形成共识,但制宪会议代表对邦设二院制还是一院制有不同意见,最后宪法起草委员会主席安贝德卡提出折中方案,即邦下院可以决定是否设上院,但是最终由联邦国会同意。所以生效后的印度宪法规定:邦下院可以以三分之二以上多数通过决议成立第二院或者取消第二院且无需修改宪法(印度宪法第 169 条),但又规定"直到联邦议会通过法律另有规定,邦立法院(上院)根据第 3 款规定建立。"(第 171 条第 2 款),所以实际上最终决定权在联邦国会。

1. 邦立法院

邦立法院(Legislative Council),印地语为 Vidhan Parishad,Vidhan 为法律的意思(Law), Parishad 为会议(Assembly)的意思,直译为法律院,为邦上院。

(1) 邦立法院的组成。印度宪法第 171 条规定了邦立法院(Legislative Council)即邦上院的组成,邦立法院(上院)人数不超过本邦下院的三分之一(原宪法规定是四分之一,1956 年第 7 宪法修正案将其改成三分之一),但不少于 40 人(印度宪法第 171 条第 1 款)。一般而言,六分之五的议员通过间接选举产生,六分之一由邦长任命,其中 1)三分之一由地方团体如市政委员会、地区委员会或联邦议会法律规定的邦内的其他团体选举产生(第 3 款第 1 项);2)十二分之一由本邦三年制以上学制的大学毕业生组成的选举团选举产生(第 3 款第 2 项);3)十二分之一由在本邦从教三年以上的中学以上的教师组成的选举团选举产生(第 2 款第 2 项);4)三分之一由邦立法会(下院)从非立法会成员中选举产生(第 3 款第 4 项);5)其余成员从文学、科学、艺术、团结运动(co-operative movement)和社会服务领域具有丰富知识和经验的人中任命,且法院不得审查邦长任命的合适性。邦上院永久存续,三分之一的议员每 2 年需重新选举(第 172 条第 2 款),邦立法院设主席 1 名,副主席 1 名。

(2) 邦立法院的职权。邦上院基本没有什么立法权,实际上最多只是一个咨询或缓冲机构。对于纯财政法案(Money Bill),它和联邦院一样仅有 14 天的搁置权(第 198 条)。就非财政法案而言,邦上院仅有 3 个月的首次"拖延权"——邦上院可以搁置邦立法会的法律案 3 个月的时间(第 197 条第 1 款第 2 项)和第二次"拖延权"一个月——若邦立法会重新通过法律案,则邦上院可以再拖延一个月(第 197 条第 2 款第 2 项),可见邦上院的职权远远小于中央联邦院的职权。

2. 邦立法会

邦立法会(Legislaive Assembly)的印地语为 Vidhan Sabha,Vidhan 为法律(law)的意思,Sabha 为集会(assembly)。

(1) 邦立法会的组成。印度宪法第 170 条规定了邦立法会(Legislative Assembly)即邦下院的组成,邦立法会由邦内选民从各个选区普选产生,人数不少于 60 人,不得超过 500 人。米佐拉姆邦和果阿邦的立法会仅有 40 名议员。凡年满 25 周岁的本邦印度公民都有资格被选为邦立法会成员。邦长可以任命一名英裔印度人为邦立法会成员,按照 2009 年第 95 修正案的规定,任命英裔印度人的保留期限是宪法生效起 70 年,即到 2020 年,但是 2019 年第 104 次修正案取消了对英裔印度人在联邦人民院和邦立法会中名额的保留。

立法会的任期为 5 年(原宪法规定是 5 年,在英迪拉·甘地主导下,1976 年第 42 修正案将其改成 6 年,1978 年第 44 修正案又将其恢复成 5 年),但邦长可以宣布提前解散,总统可以宣布进入全国紧急状态(Proclamation of Emergency)而延长其任期,每次延长期限不得超过 1 年,在全国紧急状态宣告终止后 6 个月内必须解散(第 172 条第 1 款)。

邦立法会设议长（Speaker）1人、副议长（Deputy Speaker）1人。

（2）邦立法会的职权

邦立法会的职权和联邦人民院的职权相差无几，唯一的差别在于实行两院制的邦，当邦两院对非财政法律案有分歧时，邦不存在两院联席会议表决法律案，但在联邦，当两院对非财政法案有分歧时，可以组成联席会议表决通过。

（三）邦议会内阁制和联邦议会内阁制的区别

除了前已述及的邦两院制和联邦两院制运行不同之外，邦议会内阁制和联邦议会内阁制的最大不同在于首脑地位不同。

1. 邦长的产生和地位与总统不同

联邦总统选举产生，任期为5年，除非经议会弹劾，没有其他合法途径解除其职务。邦长则由总统任命产生，其任期由总统决定。制宪会议最初的想法是邦长由选民直选产生，因为：1）任命产生的邦长因其不是本邦选民产生而不为本邦社会利益发展考虑；2）若首席部长和被任命的邦长不属于同一政党，则会产生权力冲突；3）选举产生邦长的制度与议会内阁制不符合没有说服力，因为在中央，总统也是选举产生的（虽然是间接选举产生）；4）中央任命的邦长可能会使邦行政偏离邦内阁的政策；5）任命产生邦首脑做法与美国和澳大利亚等国严格意义的联邦制度相冲突。但后来考虑到：1）任命可使每个邦免于遭受另一次针对个人的大选之扰；2）选举产生会使邦首席部长和邦长之间产生冲突；3）选举的费用和机制与邦长仅仅作为宪法象征意义的首脑之间不成比例；4）由普选产生的邦长很可能想成为有实权的首席部长，这是首席部长所不能容忍的，因此首席部长往往会让邦长受制于他；5）任命邦长可以使联邦控制邦；6）选举产生邦长的做法可能助长分离主义。

邦长虽由总统任命，但总统可否任意解除邦长职务成为宪法的重要争议性问题。1989年以人民党（Janata Dal）为首的全国阵线（National Front）政府以廉政为名解除所有印度国大党（英）政府任命的邦长；1991年上台的国大党拉奥政府则解除了至少14名前任的钱德拉·谢赫政府和再前任的全国阵线政府任命的邦长；2004年国大党的莫汉·辛格政府解除了所有前任的以印度人民党（BJP）为首的全国民主联盟（National

Democratic Alliance)政府任命的邦长。虽然总统任意解除邦长职务的做法广受批评,但是印度宪法本身没有限制总统解除邦长职务的权力。

但印度最高法院似乎抛开了宪法文本的框架,在 B. P. 新哈诉印度联邦(B. P. Singh v. Union of India)[1]案中作出了大胆的判决。案件起因为2004 年 7 月 2 日中央政府解除了北方邦、哈里亚纳邦、古吉拉特邦和果阿邦的邦长的职务,与案件毫无关系的原告 B. P. 新哈向印度最高法院提起公益诉讼(public interest litigation),认为邦长是邦首脑,具有崇高的宪法地位,邦长不是联邦政府的公务员,不能随意被解除职务。代表印度联邦政府的总检察长则认为,根据印度宪法第 156 条第 1 款"邦长的任期根据总统的决定"的规定,总统的权力是无限制的,凡总统认为邦长不受总统信任,总统就可以解除其职务。但最高法院支持了原告的观点,认为联邦政府不得因邦长的政治见解或党派与联邦政府不同就可以任意解除其职务。同时最高法院认为如果联邦政府的解除邦长职务的行为是武断的(arbitrary)、恶意的(mala fide)、任性的(capricious)和古怪的(whimsical),受害人就可以向法院请求要求总统向其说明被解除的合理原因。

最高法院根据公益诉讼审查总统解除邦长的行为,虽然并不能恢复邦长的职位,因为该判决是在上述 4 个邦的邦长被解除职务 4 年后作出的,但其创造的先例则一定程度上修正了宪法。

2. 邦长的自由裁量权与总统不同

邦长与总统的另一个重要的不同是总统几乎没有任何自由裁量权,因为印度宪法第 74 条第 1 款明确规定"总统必须根据部长会议的建议履行职责",但对于邦长的权力,印度宪法第 163 条第 1 款规定"设以首席部长为首的邦部长会议在邦长履行职务中协助和向邦长提出建议,但邦长行使自由裁量权时除外。"可见印度宪法明确邦长有自由裁量权,但是哪些权力是邦长的自由裁量权,宪法没有明文规定。印度学者将其概括为四点:(一)任命首席部长;(二)解散邦政府;(三)解散邦立法会;(四)建议总统根据第 356 条对邦实施总统治理。[2]

---

[1]　(2010)6 SCC 331.

[2]　J. N. Pandey, *the Constitutiaonal Law of India*, Central Law Agency, 48th Edition, 2011, p. 557.

邦长任命邦议会下院选举胜出的多数党领袖是议会内阁制的核心内容之一,印度宪法虽无明文,但是毫无争议。但当没有任何政党获得过半数席位的时候,邦长应当任命谁为首席部长则宪法既无明文,宪法惯例也不明确。有时候邦长任命获得席位最多的政党领袖为首席部长,如 1967年在拉贾斯坦邦、1951 年在马德拉斯邦和 1982 年在哈里亚纳邦;有些邦则任命政党联合领袖为首席部长如 1967 年在旁遮普邦、1968 年在比哈尔邦、1970 年在西孟加拉邦以及 1978 年在马哈拉斯特拉邦。[①] 在没有任何一个政党获得过半数席位的情况下,邦长如何行使自由裁量权任命首席部长仍需要印度宪法理论和实践的研究,以形成良好的宪法惯例。

就邦长解散邦政府的行为,若经邦立法会信任投票,邦政府得不到过半数的信任,邦长解散邦政府是毫无争议的,但若未经信任表决,邦长以"认为"邦政府已经不受邦议会信任而解散邦政府则成为有争议的问题。印度宪法史上也曾多次出现该类事件,如 1970 年邦长解散查兰·辛格(Charan Singh)的北方邦政府并建议对其实施总统治理、1997 年联邦的联合阵线政府以北方邦没有一个党获得过半数席位为由一直实施总统治理,这些邦议会都没有举行过信任投票,而是被"认为"邦政府不受议会信任。1997 年的总统宣告(presidential proclamation)在阿拉哈巴德高等法院被起诉,高等法院判决邦政府组建成功后必须终止总统治理。

邦长有召集、宣布休会和解散邦下院的权力(印度宪法第 174 条),依照英国议会内阁制的惯例,如果政府不受议会信任,议会可以请求英王解散议会,提前举行大选,但在印度邦议会内阁制中,该惯例并未完全被接受。一种观点认为邦长应该接受不受议会信任的首席部长的意见而解散邦议会重新选举;另一种意见认为应该让邦长任命其他可能受邦议会信任的人重新组织政府,以免频繁举行邦选举,以节约成本。著名宪法学家也认为解散邦议会应该是最后一种手段(last resort)。[②]

另外,与总统不同,部分邦的邦长还被宪法赋予一些法定的自由裁

---

① J. N. Pandey, *The Constitutiaonal Law Of India*, Central Law Agency, 48th Edition, 2011, p. 557.

② M. P. Jain, *Indian Constitutional Law*, Lexis Nexis Butterworths Wadhwa, Sixth Edition, Nagpur, 2010, p. 378.

量权。阿萨姆邦邦长可以自由决定从矿产许可费中拨款给地区自治委员会(District Council)的数额；马拉斯特拉邦和古吉拉特邦邦长对邦内一些地区如文达巴哈(Vidarbha)和萨拉斯特拉(Saurashtra)地区有特殊的义务，无须在部长建议下履行职责(第 371 条第 2 款)；总统任命某邦邦长为毗邻的中央直辖区的行政专员，其作为行政专员时所行使的权力独立于所在邦的部长会议，此时完全根据总统的意志行事。印度宪法第二十一章《临时、过渡和特别条款》还针对其他一些邦赋予邦长以自由裁量权。

四、 印度议会内阁制的特点

若从 1919 年《印度政府法》的雏形开始，印度议会内阁制已经有近 100 年的实践，若从之前的参事会制度算起那时间就更长了，印度将英国的议会内阁制一定程度上本土化，印度议会内阁制度的主要特点是：

(一) 宪法惯例的成文化

英国的责任内阁制度从 1688 年开始，直到 1937 年制定《国王大臣法》，这一惯例才成文化，印度宪法则将大部分的英国宪法惯例成文化。如部长会议集体向议会下院负责；部长必须是议会议员；总统统而不治等。但实际上宪法惯例是法治传统形成的结果，没有深厚的法治传统，宪法惯例很难存在，在印度这样一个没有良好法治传统的国家，将宪法惯例成文化是一个明智的选择。但印度宪法仍未将很多宪法惯例成文化，如前述的邦长的自由裁量权等。印度应该在将来修宪时将这些在印度实践中已经较为成熟的宪法惯例继续成文化。

(二) 议会内阁制受法院制衡

在司法审查方面，印度没有遵循英国的"议会至上"——议会法律不受法院审查的宪法惯例，而改采美国的违宪审查制度，并且比美国的司法审查的力度更大。美国司法审查必须坚持"具体争议"与"政治问题不审查""行政执法权豁免"和"总统豁免"等标准，其中的"具体争议"要求司法审查既不能太早，也不能太晚，且原告必须具体，具备合适的诉讼资格等。① 但印度的司法审查制度基本上都跨过了这几个界限，首先，印度最高法院有"咨询管辖权"，总统可以对任何重要法律问题咨询最高法院（印度宪法第 143 条），而无需遵循具体争议标准；其次，原告可以完全"不适格"，印度最高法院发展了一套相当完备的公益诉讼（Public Interest Litigation）判例，对原告资格几乎没有任何限制，只要是针对公益的问题，最高法院根据其重要程度都可以受理；第三，对很多被认为是政治问题的案件，最高法院照样受理和作出判决，如 1994 年博迈诉印度联邦案件（Bommai v. Union of India）中最高法院判决总统根据宪法第 356 条宣布对邦实施总统治理的行为也受司法审查，而"总统治理"一直被认为是政治行为，法院不得置喙。确立总统不得随意解除邦长的 B. P. 新哈诉印度联邦（B. P. Singh v. Union of India）案件中，总统解除邦长职务的行为也很难说不是政治行为，但仍被法院实施司法审查。另外，在 B. P. 新哈案件中，从宪法条文看，总统行为没有违宪，而法院司法审查直接深入到总统的"自由裁量权"中。

（三）在联邦制政体下运行议会内阁制

英国是单一制国家，地方实行议行合一的委员会制度，但印度国土面积是英国的十几倍，且宗教、语言、种姓和文化都极为复杂，印度因此选择了联邦制度。议会内阁制分别在联邦和邦运行，基本模式相同，但也有些差别，如除 7 个邦实行两院制外，其余都实行一院制，邦长比总统的权力大等。独立后的几十年里，作为民主两大基石的印度议会内阁制和联邦制总体上是成功的，既没有走向巴尔干化，也没有如很多发展中国家一样走向独裁。

（四）议会制运行的实际效果令人担忧

虽然印度议会内阁制从宪法生效至今总体运行平等，但其低质量的民主运行状况则令人担忧。

印度政治犯罪化问题极为严重，2004 年选出的印度议会中，近四分之一的当选议员居然都有犯罪记录，包括涉嫌强奸、杀人和纵火，有的候

---

① 张千帆：《美国联邦宪法》，北京：法律出版社 2011 年版，第 51—57 页。

选人当选时还在监狱里服刑。① 并且"在印度的司法体制下,许多人把政治上的权力看成可以逍遥法外的通行证"②。

一旦选上议员就有可能被任命为部长,部长大权在握,就有可能腐败,85%的发展资金流入了官员的腰包,③印度的腐败文化之深已经不可想象,"有些人甚至认为这(腐败)是他们工作的合理的一部分。"④虽然印度的选举是自由和公正的,但 5 年一次的一张选票根本无法监督远在德里的官员的权力。

80 年代特别是 90 年代以来种姓政治成为印度政治的一个重要特征,低种姓的崛起虽反映了印度民主的深化,但利用种姓和宗教情感获取政治选票的做法却更加分裂了印度。

犯罪化的、腐败的和分裂的议会内阁制虽然有民主制度的外壳,却缺少民主制度的本质——公平。

第二节 议会内阁制框架下公务员制度

议会内阁制的民主制度,规范的是由选举产生的政治家或政务官,公务员则是执行政治家政策的工作人员,只有两者的良好配合才能建立高效廉政的政府。议会内阁制度是政府的框架性制度,但是政府的运行主要依靠的是非政治家的公务员,就人数而言,联邦议员中的人民院议员是545 名(第 15 届大选)、联邦院议员 243 名,⑤而部长会议中被称为政治家的部长共计 111 名(包含内阁部长、部长和独立责任部长),而到 2010 年

---

① 张维为:《中国震撼——一个"文明国家"的崛起》,上海:世纪出版集团,上海人民出版社 2011 年版,第 189 页。
② [印度]南丹·尼勒卡尼著:《与世界同步——印度的困顿与崛起》,王效礼,王祥刚译,北京:中信出版社 2011 年版,第 130 页。
③ [英]爱德华·卢斯著:《不顾诸神——现代印度的奇怪崛起》,张淑芳译,北京:中信出版社 2007 年版,第 56 页。
④ [英]爱德华·卢斯著:《不顾诸神——现代印度的奇怪崛起》,张淑芳译,北京:中信出版社 2007 年版,第 53 页。
⑤ Mammen Mathem Chief Editor, *Manoram Yearbook* 2012, Malayala Manorama Press, Kottayam, p. 531.

为止,印度公务员有 640 万。[①] 所以从宪法意义上来说,政治家比公务员重要,但就实际政府运转来说公务员要比政治家重要。

依照法学理论,宪法只规定立法、行政、司法三者之间的横向分权、中央和地方之间的纵向分权以及国家和人民之间的分权,行政机关内部的问题则是行政法规范的内容,但印度宪法却专编规定了本属于行政法的内容,印度学者也说"其他宪法性文件没有规定而印度宪法规定的事项是公务员制度",[②]可见,印度制宪者们对公务员制度的重视,当然印度的公务员不仅指行政机关的工作人员,也包括其他部门的一些政府工作人员。除了英国的议会内阁制民主制度之外,英国殖民政府留给印度的最大的制度遗产就是公务员制度。

一、 印度公务员制度的历史

英美两国是最早实行公务员制度的国家之一,19 世纪中叶时,英国首倡改革之议,欲革除从前自由任免公务员的办法,而代之以考试制度。到了 1885 年,遂有公务员任用委员会(Civil Service Commission)的设立,以考试考选公务员之职。此外,更令财政衙门(Treasury Department)负责保障考试制度的实行之责,公务员的分类、各级公务员的资格,以及升降、迁调、俸给等事,俱由财政衙门主持。美国于 1833 年,亦有公务员委员会的设立。[③]

东印度公司曾经施行了一些与公务员制度相类似的制度,东印度公司采用合同制公务员(Covenanted Civil Service, CCS), 1773 年英国议会通过《管理法》(the Regulating Act)设立印度总督一职及四名参事(Councilor),成为东印度公司董事会之下实际管理印度的机构,该法是

---

① http://en. wikipedia. org/wiki/Indian_Civil_Service.
② Durga Das Basu, *Introduction to the Constitution of India* , Lexis Nexis Butterworths Wadhwa Nagpur, 20th edition, 2008, p. 379.
③ 王世杰,钱端升:《比较宪法》,北京:商务印书馆 2010 年版,第 325 页。

英国国会第一次开始控制印度事务,①其中虽无所谓公务员制度,但开始了英国"依法管理"印度的先河。第二任总督康沃利斯(1786—1793)将东印度公司职员分为两类即商业类职员和政治类职员,将商业活动和政治活动分开,促进了东印度公司治理的廉政性,从1853年开始公司公开招考东印度公司职员。

1858年英王代替东印度公司统治印度,英国议会于是制定了一系列法律和措施。1861年《印度文职公务员法》(the Indian Civil Service Act)通过,开始正式建立印度公务员制度,1864年产生了第一个印度人文官,当时文官共计976人。② 1910年英国允许印度人到英国参加公务员考试,1922年印度设考试中心。

1950年生效的印度宪法第十四编《联邦与邦公务员》分两章,第一章《公务员》和第二章《公务员委员会》,从第308条到323条共计17条的内容,规定了印度的公务员制度。

二、 印度公务员的含义和范围

印度宪法没有规定公务员的定义和范围,从印度宪法第310条和第311条的内容看,印度宪法中的公务员或文官(civil servant)是与军队职位(defense post)相对应的,统称为"联邦和邦服务人员"(persons serving the Union or States)。在北方邦诉A. N. 辛格(U. P. v. A. N. Singh)③案中,最高法院将公务员(Civil Post)界定为"凡是政府和人民之间存在主雇关系(master and servant)"和"政府有权力指挥其履行职责和支付其薪水的"即存在公务员关系。但最高法院在苏克德夫·辛格诉巴嘎特·拉姆(Sukhdev Singh v. Bhagat Ram)④案中认为在国有企业如法定公司(Statutory Corporation)和政府公司(goverment companies)中任职的人不

---

① V. D. Kulshreshtha, Revised by B. M. Gandhi, *Landmarks in Indian Legal and Constitutional History*, Eastern Book Company, Eighth Edition 2005, Lucknow, p. 318.
② 林承节:《殖民统治时期的印度史》,北京:北京大学出版社2004年版,第118页。
③ AIR 1965 SC 360.
④ AIR 1975 SC 1331.

是公务员。印度公共部门的员工有 2100 万,[1]其中 1500 万,包括国有企业和军人在内的人不是公务员(文官)。

所以印度宪法中规定的公务员是广义的公务员,与我国的《公务员法》近似,但比我国《公务员法》的范围小。原来我国的《公务员暂行条例》中的公务员的含义仅指在行政机关任职的公务人员,范围非常狭窄,因该条例第 3 条规定"本条例适用于各级国家行政机关中除工勤人员以外的工作人员。"而我国 2005 年的《公务员法》第二条规定"本法所称公务员,是指依法履行公职、纳入国家行政编制、由国家财政负担工资福利的工作人员。"范围极为扩大,因为"履行公职"的含义是非常宽泛的,所有立法、行政、司法机关、军事机关、党群团体、事业单位甚至国有企业的工作人员都有可能纳入公务员的范围。但印度公务员范围不包括军人,即使是国防部门任文职,但其工资是从国防预算中开支的,也不被认为是文官或印度公务员,因此不适用印度宪法第 310 条和第 311 条的规定。[2]

印度公务员主要有三类,其一是全印公务员(All India Service, AIS),其二是联邦公务员(Union Pulic Service),其三是邦公务员(State Public Service)。全印公务员由联邦政府聘任,可以在地方政府机关、邦政府和联邦政府三个层次任职,也是最重要的公务员。其中最主要的有如下四类:印度行政公务员(Indian Administrative Service, IAS)、印度警察公务员(Indian Police Service, IPS)、印度森林公务员(Indian Forest Service)和全印司法公务员(All India Judicial Service)。根据印度宪法第 312 条的规定,经联邦院出席会议的议员三分之二以上通过,即可设立各种在印度全境适用的全印公务员。另全印司法公务员不包含地区法官(基层法官)以下的法官。(印度宪法第 312 条第 3 款)

全印公务员中地位最重要的又是印度行政公务员(IAS)。印度行政公务员由联邦公务员委员会(Union Public Service Commission, UPSC)招考,印度联邦政府在其建议下任命被录用的公务员,可以在印度三级政

---

① [英]爱德华·卢斯著:《不顾诸神——现代印度的奇怪崛起》,张淑芳译,北京:中信出版社 2007 年版,第 56 页。

② M. P. Jain, *Indian Constitutional Law*, Lexis Nexis Butterworths Wadhwa, Sixth Edition, Nagpur 2010, p. 1565.

府中任职,一般先在基层政府(Local Government)任职,如担任地区(印度邦之下的行政区划是地区,district)实际的行政首长——地区治安法官(Distric Magistrate)等职务,然后可逐级在邦政府任职,最后可升至最高级别的公务员——内阁秘书(Cabinet Secretray)。考试分为初试、主试和面试(preliminary, mains and interview)。普通应试者可以考 4 次,其他落后阶层(Other Back Class, OBC)可以考 7 次,表列种姓和表列部落应试者参加考试次数没有限制。应试者的年龄为 21—30 周岁,表列种姓和表列部落(SC/ST)应试者年龄是 21—35 周岁。考试极难,录取比例为万分之二点五。① 联合秘书(Joint Secretary)以上印度行政公务员职务由内阁任命委员会(Appointments Committee of the Cabinet)任命,其他行政公务员由公务员委员会(Civil Services Board)任命。

第二类印度公务员为联邦公务员(Union Public Service),这些公务员只在联邦担任职务,设联邦公务员委员会(the Union Public Service Commission, UPSC)负责联邦公务员录用和管理,其中又包括文职公务员、工程公务员、联合国防公务员、国防科学院公务员、海军科学院和联合医学公务员等,联邦公务员考试也很难,被录取率只有 0.3%。②

第三大类为邦公务员,由邦公务员委员会负责招考和管理,其地位远不如前两类公务员,担任职位也不太重要,考试通过率也高。

印度宪法对公务员制度规定了公务员的权利及管理公务员的机构,同时规定了印度公务员委员会以及邦公务员委员会的设置。公务员的分类及招考则另有法律或总统、邦长制定的规则(Rule)来规范,规范这些重要公务员制度的法律有 1951 年《全印公务员法》(All India Services Act of 1951)和 1954 年《印度行政公务员(录用规则)》〔the Indian Administrative Service (Recruitment) Rules of 1954)〕等。

三、 印度公务员管理机关

为了保障公务员录用的高标准以及保障录用的公平性,同时为了保

---

① http://en. wikipedia. org/wiki/Indian_Administrative_Service, March 10,2012.
② http://en. wikipedia. org/wiki/Civil_Services_Examination,March 10,2012.

障公务员的正直不受政治家不正当的影响,印度宪法第十四编《联邦和邦公务员》第二章《公务员委员会》授权设立了地位崇高且独立的公务员管理机构——联邦公务员委员会和邦公务员委员会。

实际上议会内阁制的良好运行一方面是依靠通过公正的选举产生的优秀的政治家,另一方面依靠公正的公务员录用制度。保证前者的组织是印度选举委员会(首席选举专员由总统任命,其被免职的条件和程序则与最高法院法官相同,即须经两院三分之二以上表决多数通过且有不法行为或者不能履行职责的情况才能免职,地位崇高、独立性极强),保证公务员录用公正的就是独立公正的公务员委员会。

印度联邦和邦议会选举都由统一的选举委员会组织,但公务员在印度则分为三种,即前述的全印公务员、联邦公务员和邦公务员,故分别设立联邦公务员委员会和邦公务员委员会。

(一) 公务员委员会的组成

联邦公务员委员会和邦公务员委员会的主席及成员分别由总统和邦长任命,其中半数以上成员必须曾在联邦政府或邦政府中任职 10 年以上(印度宪法第 316 条),任期为 6 年(与总统及总理等政务官的 5 年任期错开,以保证其独立性),不得连任。

公务员委员会的独立性有相当的保障,除达到法定退休年龄(联邦公务员委员会委员和邦公务员委员会委员退休年龄分别为 65 周岁和 62 周岁)、书面向总统提出辞职、被法院宣告破产、从事本职之外的有薪职务以及总统或邦长认为其因健康原因无法履行职务可以被免职之外,其他所有情况下,只有总统提请最高法院调查,经最高法院调查,认为其行为不检(on ground of misbehaviour),总统才可以免除联邦和邦公务员委员会委员的职务。邦长的权力有限,只能在总统向最高法院提交调查申请至总统作出免职决定前暂停邦公务员委员会委员的职务,另印度宪法第 317 条第 4 款明确规定凡是公务员委员会主席或委员与政府在政府合同上发生利害关系则被认为是行为不检。

保证公务员委员会独立性的其他规定: 1)免职条件相当严格;2)被任命为公务员委员会主席或成员后其待遇不得降低(第 318 条);3)公务员委员会的费用由印度统一基金或者邦统一基金支付;4)公务员委员会

主席和委员离职后的任职限制：联邦公务员委员会的主席离职后不得在联邦政府也不得在邦政府任职；邦公务员委员会主席离职后可以担任联邦公务员委员会主席或其成员或者其他邦公务员委员会的主席,除此之外,不得在任何联邦或邦政府中任职；联邦公务员委员会成员（除主席之外）离职后可以担任联邦公务员委员会主席或邦公务员委员会主席,除此外不得在任何联邦或邦政府中任职；邦公务员委员会成员（除主席之外）离职后可以担任联邦公务员委员会主席或成员或者任何邦公务员委员会主席。该规定的立法宗旨是不使公务员委员会与可能受其管理的公务员发生利益关系,所以公务员委员会成员或主席离职后只能担任更高级别的其他公务员委员会的职位,而不得担任更低的公务员委员会的职务且不得担任其他政府机关的职务。

（二）公务员委员会的职权

印度宪法第 320 条规定了公务员委员会的职权。第 1 项职权是组织公务员考试,该条第 1 款规定"联邦和邦公务员委员会的职责是分别组织联邦和邦公务员的考试录用"。第 2 款规定"经两个以上邦的请求,联邦公务员委员会可以协助组织这些邦的公务员录用工作。"

公务员委员会的第 2 项职权是接受总统和邦长咨询并出具体咨询意见,第 320 条第 3 款规定总统和邦长必须向其咨询的事项,包括：1)有关文职部门和文职职务人员聘用的事项；2)公务员的任命、晋升、调迁的原则以及对准备进行任命、晋升、调迁的候选人的判别标准；3)有关印度联邦政府和邦政府公务员的纪律规定,包括起诉、申诉等事项；4)曾在和正在印度政府和邦政府或英领印度政府和印度土邦服务的公务员,如因在任职期间执行公务受到起诉,被起诉者申请由印度统一基金或邦统一基金支付诉讼费用的有关问题；4)在印度政府和邦政府或英领印度和印度土邦服务的公务员因任职期间受伤而申请抚恤金的要求以及抚恤金数量问题。对上述事项总统和邦长有义务提出咨询,公务员委员会有责任提出建议。对其他事项,总统和邦长有权制定管理规则（rule）或规程①（regulation）,无需向公务

---

① 规则（rule）限于实体法,规程（regualtion）则应用于程序法,参见龚祥瑞：《比较宪法与行政法》,北京：法律出版社 2012 年版,第 422 页。

员委员会咨询(第3款但书)。同时该条第4款规定:涉及宪法第335条表列部落和表列种姓人员和印度宪法第16条第4款其他落后阶层人员的公务员录用管理问题,总统和邦长无需咨询公务员委员会。

公务员委员会的第3项职权是提交年度报告,印度宪法第323条规定,公务员委员会每年分别向总统和邦长提交年度报告,总统和邦长必须分别将该报告提交给联邦国会和邦议会,总统和邦长若有不同意见,必须附上其不同意见以及不同意见的理由。

四、 公务员的权利和义务

印度宪法第310条规定,除非宪法明文规定,公务员任期由总统和邦长自由决定,从该条看,公务员职位毫无保障,该规定的目的是为了使政治家能够指挥公务员。但印度宪法又赋予公务员特定的权利,以保障其公务员地位。

(一) 宪法规定特殊公务员职位有特殊保障,不得被任意解除职务

这些公务员包括最高法院法官、审计长、高等法院法官和首席选举专员,实际上也包括公务员委员会的委员。这些人既不是政治家(政治家指选举产生的联邦议员、邦议员,也可以包括地方自治机构中的市政委员和潘查亚特成员),但也不是普通的为政治服务的秘书,因此其任免和去职条件与一般公务员完全不同。

(二) 公务员享有的自然公正的程序性权利

自然公正概念源于英国,其基本内容有二,凡权利受到损害均有陈述理由的权利;其二,任何人不得担任自己案件的法官。为了使政治家能够指挥公务员,不可能对公务员的实体权利作很多的规定,否则容易限制政治家政策的实施,唯一能保障公务员权利的手段就是赋予其程序性权利。印度宪法第311条第2款规定"上述人员未经调查不得被免职、撤职和降职。在调查过程中应将指控理由告知本人并给他以适当的申辩机会。但是,如果在调查之后准备给该公务员以处分,那么此种处分可以以调查中得到的证据为据,不必再给本人对所拟处分陈述意见的机会。"如果违反该条规定,司法机关或准司法机关可以以违反正当程序为由撤销该行政

处分。其中撤职(dismiss)和免职(removal)性质不同,撤职后不得重新被任命为公务员,免职则无此限制。印度宪法第 311 条第 2 款规定的处分阶段无需给予陈述机会的但书规定是 1976 年第 42 修正案增加的,原来的宪法规定给予公务员的陈述机会分两个步骤,即调查阶段需给予陈述机会,在调查结束给予行政处分的阶段也需告知给予行政处分的内容并给予陈述机会,但 1976 年第 42 修正案规定在处分作出阶段无需给予公务员陈述的权利,原因是已经根据正当程序作出处分,在处分阶段给予陈述似乎是多余的。即使在调查阶段,在下述情况下也无需给予陈述的机会(第 311 条第 2 款但书):其一,因与履行公务行为有关的犯罪行为而被撤职、免职或降职;其二,调查存在实际困难,如警察总监(Head Constable)与恐怖分子合谋谋杀其他高级警官,最高法院认为对警察总监的行政处分进行调查并给予陈述机会难度太大,不可行;① 其三,因公共安全原因不便调查的(第 311 条第 2 款但书)。

（三）任命公务员机关的任何下级机关不得解除该公务员的职务

印度宪法第 311 条第 1 款规定:联邦和各邦文职部门人员、全国性公务部门人员或联邦和各邦下属部门的文职人员,不得由原任命机关的下级机关予以免职和撤换。该款规定的理由是使公务员不受下级机关的任意影响,且能保证上级机关指挥下级机关。

（四）公务员受公正司法救济的权利

若公务员的权利受到行政机关的侵犯,仅在行政机关内部解决,则会违反自然公正原则——任何人不能担任自己案件的法官,所以公务员权利受到所在行政机关的侵犯自然应得到司法机关的救济,其实这是世界通例,与我国行政诉讼法规定内部行政行为不受行政诉讼管辖颇为不同。

但有关公务员处分的行政诉讼与其他诉讼相比的确有些不同,由普通司法机关解决公务员内部纠纷的体制在 1976 年有了很大的变动。1976 年宪法第 42 修正案将公务员内部纠纷授权给专门的行政审判法庭审理,不再由普通法院审理。第 42 修正案专门增加了宪法第 14A 编《法庭》(Tribunal),仅包括两条内容,第 323A 条规定了审理公务员与其所在

---

① Kuldeep Singh v. State of Punjab, (1996)10 S. C. C. 659; A. I. R. 1997 S. C. 79.

机关纠纷的行政法庭(Administrative Tribunal)的设立,第233B条规定了处理其他行政案件的法庭的设立。联邦国会通过了1985年《行政审判庭法》(Administrative Tribunal Act 1985),同年设立行政审判庭,在重要城市设立分支机构。从此之后,地区法院或者高等法院不再审理公务员纠纷的行政案件,最高法院仍有权审查行政审判庭的裁判结果。但最高法院在昌德拉·库玛诉印度联邦(Chandra Kumar v. Union of India)[①]案件中判决该宪法修正案第323A条第2款d项和第323B条第3款d项违宪无效,因为这两项条文排除了除印度最高法院之外的普通法院对有关公务员纠纷以及其他行政纠纷案件的管辖权,印度最高法院一直认为司法审查是印度宪法的基本结构之一,不得通过修宪被修改,因此即使有上述行政审判庭的设立,高等法院仍然有权审查行政审判庭的裁判。

印度宪法没有规定公务员的任何义务,但最高法院在T. R. 兰格拉金诉泰米尔纳德邦政府(T. R. Rangarajan v. Govt. of Tamil Nadu)[②]案中判决公务员没有罢工的权利。2002年泰米尔纳德邦史无前例地解除了参加罢工的20万公务员的职务,这些公务员受2002年《泰米尔纳德邦基本服务保持法》(Tamil Nadu Essential Maintenance Act)和2003年泰米尔纳德邦长令(Tamil Nadu Ordinance)的管辖,原告在马德拉斯高等法院起诉,后该案上诉到最高法院,最高法院判决公务员没有罢工的权利。

五、 印度公务员制度的特点

(一) 公务员范围广

印度宪法将除政治家、军人和国有企业职工之外的所有服务于政府的人员列入公务员法范围,实施统一和分类的管理,而不是将公务员(或文官)限制于行政机关中从事公务的人员。

英国是单一制国家,地方则实行自治,故英国的文官"只存在于中央一级",但印度公务员则既包括联邦公务员也包括邦公务员,但印度和英

---

① (1997)3 S. C. C. 261; AIR 1997 SC 1125.
② AIR 2003 SC 3032.

国一样,公务员也不包含国有企业职工。①

(二)印度公务员实施分类管理

印度宪法根据印度的准联邦制的联邦制特色,将公务员分为三类,分别是全印公务员、联邦公务员和邦公务员,其中的全印公务员又分为印度行政公务员、印度警察公务员和印度森林公务员等最主要的三类,联邦公务员则分为数十类之多,邦公务员则根据本邦的情况分类设置。每种公务员都有相应的委员会负责招考,且总统和邦长对此制定了比较详细的规则(Rule)。可以说印度公务员既实行全国统一的公务员体制,又在联邦和邦之间作一定的划分,这与美国将行政执法体制和公务员体制完全分为两套体制有很大的差异。

(三)公务员管理机关权威独立

印度宪法设立了独立权威的公务员管理机关——联邦公务员委员会和邦公务员委员会,委员会地位崇高,均由总统和邦长分别任命,任职后薪水不得被降低,除非向最高法院事先提交咨询,否则总统也不得随意解除公务员委员会的职务,邦长解除公务员委员会的职权则更加有限。同时规定 6 年的任期限制,其任期与政治家的 5 年任期错开,以免受政治家的干涉。任期届满不得连任,以免与公务员部门发生过多的不正当联系。

(四)印度宪法重视公务员的正当程序权利

印度宪法没有规定公务员的实体权利,也没有规定任何公务员任用条件,而只规定了公务员享有的程序性权利。为了保障公务员队伍的高效且受政治家的领导,不可能过多规定公务员的实体权利,所以规定其程序性权利是一个明智的选择。

(五)设立专门的公务员法庭来解决争议

印度宪法第 323A 授权联邦国会设立公务员法庭(Service Tribunal)以解决公务员纠纷,排除除最高法院之外的法院对公务员纠纷的司法管辖。1985 年联邦国会通过《行政法庭法》(Administrative Tribunal Act)审理所有联邦公务员的纠纷。虽然最高法院判决排除普通司法机关对公务员纠纷案件的管辖的宪法修正案违宪,但一审公务员纠纷案件仍在公务

---

① 龚祥瑞:《比较宪法与行政法》,北京:法律出版社 2012 年版,第 382 页。

员法庭审理,只不过高等法院有权对行政审判庭的裁判实施二审司法审查而已。

(六) 公务员制度的实际运行不尽人意

印度公务员的地位高,薪水丰厚,公务员的平均年工资有 7000 美元,[①](折合约 30 万卢比,而印度三分之一人口每天的消费开支不足 32 卢比),笔者一位印度朋友已经拿到了英文硕士学位,但仍考到印度法律学会法学院(ILS)读法学本科,原因就是为了报考公务员。在印度一听到某人是公务员则会撇嘴,一是表示羡慕其高福利,二是轻视其低效率。[②] 另外,印度一直是世界上最腐败的国家之一,除了部长等政治家腐败外,公务员的腐败也占了重要的份额。

公务员的录用也不能完全做到公正,如有些官员先不经过公务员委员会的招考,而聘任某人为临时工,过段时间后再向公务员委员会提出任用建议,该临时工与其他一起参加考试的人在经验上自然有更多优势。另外有些新规则制定具有溯及既往的效力,该效力对某些将被录用的人员有照顾。同时,公务员委员会不能每年向政府提交报告,而政府也不能及时向国会提交报告,致使国会对公务员任用情况的监督形同虚设。

第三节　议会内阁制的晚近变迁
——兼评反叛党法第 52 次和第 91 次修正案

印度承袭英国的议会内阁制度运行 60 多年,基本框架没有变化,基本的宪法秩序总体平稳,但晚近特别是 80 年代末 90 年代以来,政党力量的变化使印度议会内阁制出现了一些新动向。

一、 印度大选及政党政治的历史

议会内阁制是和政党政治伴生的,没有结社自由前提下的政党政治,

---

① 吴永年:《论印度特色的公务员制度》,载《深圳大学学报》(人文社会科学版)2008 年 9 月。
② 陶冶:《一年休息 200 天——印度公务员的办事风格》,载《小康》2006 年第 4 期。

就不可能有议会内阁制的责任政府。印度对外号称全球"最大的民主国",2009 年印度选民有 7.14 亿人,超过美国和欧盟选民的总额,[①]共举行过 17 次人民院大选,组建了 17 届责任政府。

印度议会内阁制和政党政治的历史与印度国大党有极为密切的关系,可以说印度议会内阁制和政党政治的历史就是印度国大党浮沉的历史。国内有学者将印度政党格局分为三个时期:第一时期为国大党主导执政时期(1947—1977 年)。第二时期为多党联合与一党主导执政交替进行时期(1977—1996 年)。这时期,从中央执政党看,人民党及其裂变党四起四落,国大党三起三落。第三时期为多党联合执政时期(1996 年至今)。[②] 笔者则仅将印度政党政治简单地划分为两个时期:国大党一党独大的时代(1952—1977 年)和"多党制时代"(1977 年至今)。

(一)国大党一党独大的时代

印度宪法生效后的第一次人民院大选在 1951 年 10 月 25 日至 1952 年 2 月 21 日举行,有 53 个政党参加,国大党获得人民院总议席 489 席中的 364 席,占席位总数的 74.4%,选民参选率为 44.87%,国大党获得其中的 45% 选票。[③] 第一次人民院大选只有印度共产党(获得 16 个席位)和社会主义党(获得 12 席)以及独立候选人(获得 37 席)获得 10 个席位以上,其他小党只获得个位数席位甚至零个席位,基本不成气候;邦立法会(下院)选举中,国大党也是大获全胜,形成国大党一统天下的局面。

1957 年第二次人民院大选,鉴于第一次大选的经验,中央选举委员会规定,只有在上次人民院选举中获得 3% 有效选票的政党才可称为全国性政党,只有在上次邦立法会(下院)选举中获得 3% 有效选票的政党才可称为邦一级政党,中央选举委员会为其保留选举标志。[④] 此次人民院选举参选的政党有 15 个,[⑤]国大党获得 490 个席位中的 371 个席位,占席位总数的 75.6%,获得全部 57,579,589 张选票中的 47.78%。第二次人民院

① http://en.wikipedia.org/wiki/Elections_in_India,March 11,2013.
② 李云霞:《中印现代化比较研究》,北京:社会科学文献出版社 2010 年版,第 250 页。
③ http://en.wikipedia.org/wiki/Indian_general_election,_1951,8 May 2012.
④ 林承节:《印度史》,北京:人民出版社 2004 年版,第 416 页。
⑤ http://en.wikipedia.org/wiki/Indian_general_election,_1957,May 11,2012.

大选中,除印度共产党获得 27 席,帕拉加社会主义党(Praja Socialist Party)获得 19 个席位外,其他小党仅获得个位数席位。邦选举中只有喀拉拉邦国大党不敌印度共产党,该邦由印度共产党执政。

　　1962 年第三次人民院大选,参选政党有 21 个,[①]国大党获得人民院总席位 494 个中的 361 个,占席位总数的 73.1%,印度共产党获得 29 个席位,自由党(或独立党)(Swatantra Party, SP)获得 18 个席位,巴哈拉提亚人民党(Bharatiya Jana Sangh, BJS)获得 14 个席位,其他 17 个小党只获得个位数的席位。邦选举中,除了克什米尔邦之外,其他邦均为国大党执政。

　　1967 年第四次人民院大选是后尼赫鲁时代或英迪拉·甘地时代的第一次大选。尼赫鲁的国家政策在 1962 年中印冲突之后饱受批评,健康状况急剧恶化,1964 年去世,夏斯特里继任总理,但在 1966 年心脏病突发去世,尼赫鲁女儿英迪拉·甘地在党内派系斗争中渔翁得利,被任命为总理。1967 年第四次人民院大选国大党获得 284 个席位(维基百科的数据是 283 席[②]),占席位总数的 54.6%,是历次最低。社会党分裂成统一社会党和人民社会党,前者得 23 个席位,占 4.4%,后者得 13 个席位,占 2.5%;人民同盟得 35 席,占 6.7%;自由党得 42 个席位,占 8.4%,成为第一大反对党。在中央,其他政党虽然不能问鼎组阁权力,但是力量在逐步上升。邦立法会选举,国大党一统天下的局面第一次被彻底打破,全国 17 个邦有 8 个邦由非国大党的政党组建政府:分别是喀拉拉邦〔(印度共产党(马)联合它党执政〕、马德拉斯邦(该邦地方性政党德拉维达进步联盟执政)、西孟加拉邦〔印度共产党(马)联合执政〕、旁遮普邦(该邦地方性政党阿卡利党联合其他党执政)和其他四个组建联合政府的邦,即北方邦、比哈尔邦、哈里亚纳邦、中央邦。政党多元化、地方化,从而掌权者的多样化是导致这个重大变动的深层原因。[③] 1969 年 11 月 12 日,国大党元老联合党内英迪拉·甘地的政敌德赛,将英迪拉·甘地开除出国大党。国大党分裂成国大党(英)和国大党(组织派),国大党势力继续下降。另外,

①　http://en. wikipedia. org/wiki/Indian_general_election,_1962, May 11,2012.

②　http://en. wikipedia. org/wiki/Indian_general_election,_1967, May 11,2012.

③　林承节:《印度史》,北京:人民出版社 2004 年版,第 466 页。

从第四次大选开始,印度取消多选区制度,而全部实行单选区制——一个选区产生一名议员,并延续至今。

1971年3月1日第五次人民院大选,参加政党有8个全国性政党和22个邦政党和大量地方小党。① 英迪拉·甘地以"消灭贫困"的竞选口号对抗反对党"消除英迪拉"的竞选口号,结果国大党大获全胜,国大党获518席中的352席,占席位总数67.9%,反对英迪拉·甘地的国大党(组织派)只得16席。1971年的大选也标志着老一代的国大党人的退场,虽然他们在争取自由的斗争中坐过牢,受过迫害,但时代已经不属于他们了。② 另外第二年的邦选举中,21个邦中只有3个邦是非国大党的政党组建政府。另外,从第五次大选开始,英迪拉·甘地将中央选举和地方选举的时间错开。

前三次人民院大选中,国大党获得的席位总数都在70%以上,国大党建立的政府从宪法角度讲是超稳定的政府;第四次大选中国大党在中央的地位急剧下降,邦选举中则丧失垄断地位;后尼赫鲁时代的第五次人民院选举国大党地位又有所上升。总体上看,前五次大选,国大党都处于主导地位,议会内阁制运行非常稳定。

(二) 国大党浮沉、联合政府及悬浮议会的出现

1977年第六次人民院大选是在英迪拉·甘地结束紧急状态的特殊情况下举行的,结果英迪拉·甘地的国大党惨败,只获得542席中的153席,人民党却得到299席,国大党作为独立印度的缔造者第一次被人民选下台。国大党选举的失败也是国大党培育印度人民民主意识的结果,在紧急状态期间,英迪拉逮捕了几乎所有的反对党领导人,被逮捕人数达一万多人,宪法基本权利被停止实施,但人民对这种"独裁秩序"并不认可。

但众多小党联合起来的人民党很快分裂,无法得到议会多数支持,人民党的精神领袖J.P.纳拉扬于1979年10月8日去世,人民党党内斗争白热化。1979年7月15日德赛(原为国大党内英迪拉·甘地的政敌)辞去总理职务,英迪拉决定支持查兰·辛格组建政府。但国大党很快取消

---

① 林承节:《印度史》,北京:人民出版社2004年版,第475页。
② 王红生,[印度]B.辛格:《尼赫鲁家族与印度政治》,北京:北京大学出版社2011年版,第156页。

支持,8 月 24 日,执政 24 天的查兰·辛格政府垮台。

1980 年 1 月举行印度第七次人民院大选,国大党(英)获得 542 个总席位中的 374 个席位,占席位总数的 69％,原来执政的人民党只获得 34 个席位。1980 年 1 月 14 日英迪拉·甘地再次就任总理,但因处理阿姆利则金庙事件不当引发教派冲突,1984 年 10 月 31 日,英迪拉·甘地被自己的锡克教卫兵枪杀,当日其子拉吉夫·甘地被总统任命为总理,

1984 年 12 月 24—28 日印度举行第八次大选,受人民同情等因素的影响,国大党获得 508 席中的 401 席,占席位总数的 78.9％,是历史之最。12 月 31 日,尼赫鲁的外孙、英迪拉·甘地的儿子拉吉夫·甘地宣誓就任总理。

1977 年国大党失去中央执政的权力,表明其他政党不仅是地方势力,他们同样可能问鼎中央权力,即使印度国大党在 1980 年和 1984 年大选中胜出,但其他政党力量的崛起已经是无法改变的趋势。

1989 年人民院举行第九次大选,国大党获得 197 席,虽获席位最多,但未过半数,印度历史上第一次出现悬浮议会——没有任何政党获得过半数的席位。从 1989 年至 2014 年,历次大选中没有任何政党获得过半数席位,因此 1989 年第九次大选成为印度政党政治的风水岭。国大党又不愿与其他政党组建联合政府,国大党在历史上第二次成为在野党。获得 143 个席位的人民党组建联合政府,V. P. 辛格任总理。另外 1988 年第 61 宪法修正案将选民的年龄从 21 岁降为 18 岁,选民数量有所增加。

1991 年 5 月,在人民党政府提前垮台的情况下举行第十次人民院大选。5 月 21 日晚,拉吉夫·甘地在第十次大选投票中,在泰米尔纳德邦竞选宣传中被孟加拉猛虎组织的人肉炸弹炸死,选举结果国大党获得总席位 545 席中的 244 席,但未过半数,印度人民党获得 120 席,人民党(Janata Dal, JD)获得 69 席,国大党在左翼政党的支持下组建政府,国大党的拉奥(P. V. Narasimha Rao)任总理,但该联合政府比较稳定,直到任期结束,同时拉奥政府开启了全面的印度经济自由化改革。

1996 年的第十一次大选中,第一次出现三足鼎立的现象,人民党(Janata Dal, JD)、印度人民党(BJP)和国大党(INC)几乎势均力敌,其中人民党获 192 席,印度人民党获 187 席,印度国大党获得 140 席,三个大

党都没有过半数,最后印度人民党组建联合政府,瓦杰帕伊任总理。

1998 年 3 月,在印度人民党政府提前垮台的情况下举行第十二次大选,印度人民党获得 254 席,印度国大党获得 144 个席位,印度人民党第一次成为获得最多席位的政党,但仍未过半数席位,最后印度人民党在泰卢固之乡等地方政党的支持下组建联合政府,但执政仅 1 年就于 1999 年 4 月 17 日垮台。

1999 年 9 月第 13 次大选,印度人民党第二次成为第一大党,获得人民院 545 个总席位中的 270 个,印度国大党只获得 156 个席位,最后印度人民党联合其他政党组建联合阵线(United Front)政府,至任期结束。

2004 年第十四次人民院大选,国大党获得总席位 545 个席位中的 218 个席位,比上次增加 83 个席位,印度人民党获得 181 个席位,比上次减少 89 个席位。但国大党的席位仍未过半数,最后联合其他小党组建联合政府,莫汉·辛格博士出任总理(莫汉·辛格不是印度国大党主席,印度国大党领袖为英迪拉·甘地的儿媳妇、原意大利籍人索尼娅·甘地,考虑到印度人民不愿让"外国人"主政印度,遂有此安排)。

2009 年第十五次大选,国大党获得 543 个席位中的 262 个,印度人民党获得 159 席,印度共产党(马克思主义)成为第三大党获得 79 席,国大党在其他小党的支持下组建联合政府,执政到 2014 年。

从 1989 年至 2012 年,除了 1991 年至 1999 年以及 2004 年至今 3 届联合政府比较稳定至任期届满外,其余各届政府任期都很短。1989 年到 1999 年政府更迭极端频繁:89 年 12 月 2 日—90 年 11 月 10 日全国阵线组织政府,V. P. 辛格任总理;90 年 11 月 10 日—91 年 6 月 21 日人民党(社)组织政府,谢卡尔任总理;91 年 6 月 21 日—96 年 5 月 16 日国大党组织政府,拉奥任总理;96 年 5 月 16 日—6 月 1 日印度人民党组织政府,瓦杰帕伊任总理;96 年 6 月 1 日—97 年 4 月 21 日联合阵线组织政府,高达任总理;97 年 4 月 21 日—98 年 3 月 19 日联合阵线组织政府,古杰拉尔任总理;98 年 3 月 19 日—99 年 10 月 13 日全国民主同盟组织政府,瓦杰帕伊任总理。

1977 年至今与我国改革开放开始的时间基本相同,印度则从一党独大走向多党轮流执政以及联合执政的时代,1989 年第一次悬浮议会的出现更说明各种政治力量的整合。有学者认为"悬浮议会及联合政府的出现,表明印度出现了国大党、印度人民党(BJP)、左翼和地方势力三足鼎立之势,反映了国大党的衰落,教派主义的抬头和地方势力的增强。"[1]我国印度史学家林承节认为"这一时期(1980 年大选之后)城市小工商业主和农村富裕农民越来越要求自己的发言权。这种情况被民众党和印度人民党利用,这也就是这两个党力量有所增长的原因。"[2]

一党独大时代的结束,在政府表现为悬浮议会和不稳定政府的出现,需要宪法及宪法惯例应对其中的政治危机。在基层则表现为选举中出现的危机,如选举冲突,1988 年的第 61 修正案将有选举权的年龄从 21 岁降到 18 岁,第二年的 1989 年大选大约有 100 多人死于选举冲突,1990 年的大选也超过 100 人死于部分邦的邦选举冲突中。1991 年的第 10 次大选中死于选举冲突的人达到 289 人。[3]

二、 政府信任危机、悬浮议会与总统权力

尼赫鲁时代的三次大选,国大党在人民院中占绝对多数席位,另外凭借尼赫鲁等国父级的人物的领导,议会内阁制政府非常稳定,基本没有出现政府信任危机,在 1989 年之前的大选中也没有出现过所谓的悬浮议会。

(一) 政府信任危机与宪法问题

第一次出现政府信任危机的是 1969 年,因国大党分裂,政府失去议会过半数信任,1970 年 12 月 27 日,总统在内阁的建议下提前解散议会(至议会任期届满剩余 14 个月),但反对党认为不受议会信任的政府无权建议解散议会。另外,最高法院在 U. N. R. 拉奥诉英迪拉·甘地(U. N. R. Rao v. Indira Gandhi)[4]案中,驳回了在人民院解散的情况下不得设部长会议,而应由总统直接治理的观点。

---

[1] 洪共福:《印度独立后的政治变迁》,合肥:黄山书社 2011 年版,第 133 页。

[2] 林承节:《印度独立后的政治经济社会发展史》,北京:昆仑出版社 2003 年版,第 537 页。

[3] Durga Das Basu, *Introduction to the Constitution of India*, Lexis Nexis Butterworths Wadhwa Nagpur, 20th edition, 2008, p. 437.

[4] AIR 1971 SC 2002,1005; (1971)2 SCC 63.

如果依照英国的宪法惯例，反对党的意见自然不能成立，但印度并没有当然地接受英国的惯例，反对党认为总理建议总统履行职责的前提是受议会信任，如果政府本身已经失去"宪法根据"，则无权建议总统解散议会。之后的印度宪法实践则是将该反对党的意见和英国宪法惯例之间作出折中——总统一般首先试图在不解散议会的前提下组建能够被人民院信任的其他政府，如其不然，则解散人民院提前举行大选。

1977 年大选，国大党败选，人民党联合其他政党组成联合阵线（United Front，UF）组建政府，莫拉杰·德赛（Morarjee Desai）任总理，1979 年联合阵线分裂，总理德赛辞职，总统任命钱德拉·辛格（Chandra Singh）为总理。他是印度历史上第一位也是至今唯一一位从未面对过议会的总理，因为当时他建议总统宣布议会休会。有人在德里高等法院申请调查令状（Wirt of Quo Warranto），起诉新上任的钱德拉·辛格总理，认为该任命违法，要求被告说明其担任总理的法定根据。[①] 但被法院驳回，法院驳回了原告的"只有被议会多数信任的议员才能被任命为总理"的观点，法院认为原告的观点等于是由议会选举产生总理，但宪法明确规定是总统任命总理（印度宪法第 75 条第 1 款）。同时法院认为信任投票是部长会议产生之后的事情，在总统任命总理和部长之前不可能举行信任投票。同时也认定总统接受新任命的总理的建议宣布议会休会的行为符合宪法。

钱德拉·辛格总理也很快申请辞职，同时他建议总统解散议会举行大选，总统根据总理建议解散了人民院，但总统要求总理继续任职，直到有关事务处理妥当为止。另一原告曼丹·穆拉利（Madan Murari）又向加尔各答高等法院申请调查令状（Writ of Quo Warranto）起诉钱德拉·辛格，认为他继任总理违宪。[②] 加尔各答高等法院同样驳回了原告的申请，认为法院无权审查总统任命何人为总理，总统的考虑是政治考虑。钱德拉·辛格被任命为总理直到 1979 年 8 月 20 日辞职为止，实际上被法院认定符合宪法有效。但法院认为此时的总理只是看守政府（caretaker

---

① Dinesh Chandra v. Chaudhuri Charan Singh：AIR 1980 Del. 114.
② Madan Murari v. Chaudhury Chandra Singh：AIR 1980 Cal 95.

goverment)只能处理日常事务,不得处理重大政策问题。

1985 年英迪拉·甘地总理因处理阿姆利则金庙事件被自己的锡克教警卫枪杀,总统宰尔·辛格(Zail Singh)在飞机上任命英迪拉·甘地的儿子拉吉夫·甘地为总理。[①],此时,总统完全是根据自己的考虑履行职责,完全没有按照印度宪法第 75 条第 3 款的"总统必须按照以总理为首的部长会议的协助和建议履行职责"的规定。

1989 年,印度人民党撤销对 V. P. 辛格政府的外围支持(外围支持指在议会中支持政府但不担任该政府的部长职务),该政府立即不受议会信任支持,但总统没有立即解散辛格政府,而是让他试图证明该政府仍能获得人民院支持,但没有成功,政府才辞职,可见印度没有完全遵循英国的议会内阁制的惯例直接解散人民院,而是采行折中做法。

1990 年维普·辛格(V. P. Singh)政府不受议会信任,但他并没有建议总统解散政府,而是自己辞职。当时民众热烈讨论的问题是总统是否一定要接受不受人民院信任的总理的建议而解散议会。[②] 该问题从 1969 英迪拉·甘地建议总统解散人民院延续至今。

1991 年大选,国大党获得 528 个席位中的 251 个,与过半数席位的数字缺少 14 个席位,国大党虽是获得席位最多的政党,但无其他政党支持,因此按照平时的惯例无法组建政府,但总统仍让国大党领袖纳拉西姆哈·拉奥担任总理,之后拉奥总理不但获得议会多数支持,并且任职至该届政府届满。

1996 年大选后,执政的国大党只获得了 520 个席位中的 135 个,印度人民党获得 162 个席位,联合阵线(人民党和一些左翼政党及地方政党的联合)获得 178 个席位,总统邀请印度人民党的瓦杰帕伊任总理,但要求其在 15 天内获得人民院信任,瓦杰帕伊最后没有成功,13 天后即辞职。于是总统邀请人民党的卡纳塔克邦首席部长戴维·高达(Deve Gowda)任总理,高达当时既不是两院议员(按照宪法规定必须在 6 个月内被选为联

① 王红生,[印度]B. 辛格:《尼赫鲁家族与印度政治》,北京:北京大学出版社 2011 年版,第 209 页。
② M. P. Jain, *Indian Constitutional Law*, Lexis Nexis Butterworths Wadhwa, Sixth Edition, Nagpur, 2010, p. 65.

邦院或人民院议员,否则只能担任不超过 6 个月的临时部长)也不属于任何政党,但却能得到人民院的信任。然而高达政府因联合政党内的纠纷很快垮台,国大党支持古吉拉尔(Gujaral)任总理,但很快国大党取消对政府的支持,联合阵线政府不受人民院信任,内阁则建议总统解散人民院,但总统纳拉亚那(Narayanan)没有立即接受该建议,而是寻求直接组建其他受人民院信任的政府,发现直到无法组建受人民院信任的政府时,才于 1997 年 12 月 4 日下令解散人民院。该解散人民院的命令在安德拉邦高等法院被起诉,但被驳回。

1997 年大选又没有任何政党获得过半数席位,1998 年 3 月,印度人民党(BJP)组建联合政府,1999 年 4 月的人民院信任投票中,联合政府不受人民院信任,总统没有直接解散人民院,而是在试图组建受人民院信任的其他替代政府失败后,解散人民院,提前举行大选。

在一党独大的时代,政府信任危机只是例外,但在多党制时代,政府信任危机则是常事,从 1969 年第一次政府信任危机开始至 2014 年,印度已经经历了 40 多年。如何处理政府信任危机,印度宪法没有明文规定,而是留给了宪法惯例和宪法实践。依照英国宪法惯例,政府要么辞职,要么建议英王解散议会,但印度的宪法实践则是让政府重新试图证明在议会能够受到多数信任,如若不行,则寻求其他能够受议会信任的政党或政党联合组建政府,如果仍然不可行,则最后诉诸于解散议会提前举行大选。在这些非常时期,总统从橡皮图章变成有实权的职位。印度采行折中做法的重要根据是印度是个发展中大国,无法承受频繁的大选。

(二) 悬浮议会与总统权力

悬浮议会(Hung Parliameng)不是一个法学术语,至少不是一个常用的法律术语,《剑桥法律词典》《布莱克法律词典》和《朗文法律词典》等权威英文法律字典,都没有收录该词,国内的法学词典如《中国大百科全书·法学》《法学词典》和《简明法律词典》也没有收录该词。但世界公认的迄今最权威的政治学术工具书《布莱克维尔政治学百科全书》收录了该词,译成"悬置议会",其定义为:悬浮议会(Hung Parliament)是一个口语化的术语,用以形容任何政党都未能在英国下议院获得多数席位,因而必定出现少数派政府或联合政府的特定情势。它脱胎于"悬置陪审团"一词……《经济学家》杂志在 1974 年 8 月 3 日那期的一篇文章中第一次在英国使用了这一术语。……这一术语还暗示，在多元选举制度的条件下，悬置议会是一种为时短暂、背离常轨的例外，在比例代表制的条件下，又很自然地成为正常现象。这些年来，政治学家始终相当注意研究那些由悬浮议会所可能造成的宪法难题和政治问题。[1]

印度大选史上第一次出现悬浮议会是在 1989 年的第 9 次大选中，之后的第 10 次、11 次、12 次、13 次、14 次和第 15 次人民院大选产生的都是悬浮议会。

悬浮议会只是政府信任危机中的一部分，一般政府信任危机是在政府运作过程中发生的，而悬浮议会是在议会产生后立即出现的。总统任命议会中的多数党领袖担任总理虽然宪法没有明文，但这不仅是英国的宪法惯例也是印度的宪法惯例，并且可以从印度宪法的"部长会议向人民院集体负责"（印度宪法第 75 条第 3 款）的条文中推断出来——如果任命少数党领袖或者多数党中的其他人为总理则无法使政府受下院信任支持，但在没有任何政党获得人民院过半数席位的时候，总统任命谁为总理宪法无明文，也没有统一的宪法惯例。但从政府向议会集体负责的议会内阁制的核心精神，总统必须任命能够获得其他政党支持因而能在人民院中获得过半数的政党或政党联合的领袖担任总理。

最大的问题则是如果没有任何政党能够联合其他政党获得人民院的过半数议员信任的时候，总统应该任命谁为总理。其解决问题的可能方案是：直接将议会内阁制改成总统制由总统自己治理国家或者直接解散刚当选的议会又开始大选。将议会内阁制在特殊情况下改成总统制在印度的确有人如此主张，但直接解散刚当选的议会又开始大选在现实中的确是不可行的，一者劳民伤财，二者也不能保证新选出的议会就不是悬浮议会。大选之后，若无任何政党或政党联合获得人民院过半数信任，印度曾经的宪法实践是总统留给组阁政府一定的时间获得议会信任，如 1996 年大选后，没有任何政党或政党联合获得议会过半数信任，总统于是命令

---

[1] ［英］戴维·米勒，韦农·波格丹诺编：《布莱克维尔政治学百科全书》，中国问题研究所等组织翻译，北京：中国政法大学出版社 1992 年版，第 341 页。

瓦杰帕伊政府必须在 15 天之内获得议会信任,幸运的结果是瓦杰帕伊通过努力获得议会过半数信任。如果失败,则可以命令有可能获得议会过半数信任的其他人组建政府,如果仍然没有政党联合获得过半数议会信任,剩下的唯一办法是解散新选出的议会,重新举行大选,但印度至今未曾出现过。

经过上述努力如果仍无法组建受议会信任的政府,从现实角度而言直接改成"临时总统制"也未尝不可,但在理论上存在一些问题。反过来,若耗费上亿卢比的大选产生的政府还没有执政就垮台(印度选举委员会大概估计 2004 年大选的费用为 1 亿卢比,①但这肯定不包括各政党的竞选费用),又重新选举在实践中往往是不可能的。

基于政府不稳定和其他原因,也有些人提出修改宪法,将印度的议会内阁制改为总统制度。但是建立稳定政府的同时,印度人民担心他(她)们是否可以选出一个"干净的总统"②,并且总统制更容易产生独裁。同时最高法院在 1973 年的凯瑟万达案件中,判决议会内阁制度为宪法基本结构,不得被修改,因此即使通过修宪将议会内阁制变为总统制也存在相当的困难。

三、 议会内阁制与反叛党第 52 次和第 91 次修正案

印度议会内阁制晚近变化的另一个重要方面是党员叛党频繁造成政府不稳定,其实叛党和国大党一党独大的衰弱以及多党制的兴起是联系在一起的。在一党独大的时代,即使少数人叛党或脱党对政局影响也不大,并且在民主国家,因政见不合而组建自己的政党是行使结社自由和表达政治思想的表现,所以根本没有叛党一说。例如,美国的政党极为"涣散",毫无"党纪可言","总统名义上是执政党的领袖,但事实上即使在他执政时也不能命令其在议会中占多数的本党议员,更不用说什么施以党纪约束了。""在国会里,议员们违反本党的意向而与反对党一致投票的事

---

① http://www.indian-elections.com/facts-figures.html,March 11,2013.
② Durga Das Basu, *Introduction to the Constitution of India*, Lexis Nexis Butterworths Wadhwa Nagpur, 20th edition, 2008, p.438.

比比皆是"[1],当然这与美国实行总统制而非议会内阁制也有关系。但在晚近印度宪法发展中,为了私利而脱离本党加入其他政党因而影响政府稳定成为一个严重的政治问题。另外,印度议员的叛党行为绝大多数情况下不是因为政见不同,而是为了获得个人私利,特别是希望通过叛党导致现任政府垮台,然后在新组建的政府中自己作为功臣谋得部长职位。印度宪法学家直言"叛党已经成为印度议会制度的灾星"[2]。

议会不得已通过了 1985 年第 52 次修正案和 2003 年第 91 次修正案,统称为"反叛党法"。当然,即使名之为"叛党"(defection)实际上也没有我国政治生活那样严重贬义的含义,有些著作翻译成"脱党",本书则仍按英文原意称为"叛党"。

(一) 反叛党法第一修正案——1985 年第 52 修正案的主要内容

宪法反叛党法第一修正案——1985 年宪法第 52 修正案,修改宪法第 101 条第 3 款 a 项、第 102 条第 2 款、第 190 条第 3 款 a 项和第 191 条第 2 款,并增加宪法附表 10《因叛党而丧失议员资格的条款》(根据第 102 条第 2 款和第 191 条第 3 款)。

宪法附表 10 的核心内容主要有:第一,规定下述情况为叛党行为并丧失议员资格:1)自愿放弃本党党员资格;2)议会投票时不受本党指挥,并且在投票后 15 天内没有被本党宽恕(condoned);3)成为议员之后 6 个月内加入任何其他政党。第二,除外情况,以下两种情况不视为叛党而丧失议员资格:1)经三分之二本党议会议员的同意而与其他政党合并;2)被选为本党主席后而脱离该党或者加入其他党。第三,规定对是否因为叛党而丧失议员资格有争议,议会主席和议长有最终裁决权,且不受司法审查(附表 10 第 7 段),但该规定被最高法院判决违宪无效。

《反叛党法》第一修正案(第 52 次宪法修正案)在 1992 年的奇贺塔·侯乐红诉章其胡(Kihota Hollohon v. Zachilhu)[3]案中受到违宪审查,最高

---

① 罗荣渠:《现代化新论——世界与中国的现代化进程》(增订本),北京:商务印书馆 2004 年版,第 88—89 页。

② M. P. Jain, *Indian Constitutional Law*, Lexis Nexis Butterworths Wadhwa, Sixth Edition, Nagpur, 2010, p. 46.

③ (1992)1 SC 309.

法院以 3∶2 的比例认定议长裁决议会党员是否叛党的行为如同行政法庭的裁决，可以被司法审查。宪法第 10 附表规定议长的决定是最终决定不受司法审查的规定违反宪法第 136 条、266 条和第 227 条。但该判决认为"反叛党法修正案"本身的其他规定并没有限制议员的言论自由，是合宪的，因为附表 10 的其他内容与附表 10 第 7 段的排除司法审查的内容是分离的。在该案中，最高法院判决附表 10 的核心内容——规定叛党而丧失议员资格的第 2 段（叛党条件）并不违反宪法第 105 条和 194 条，并称第 2 段内容"该条款是有益的（salutary），目的是通过限制无原则（unprincipled）和不道德的（unethical）的政治背叛行为"。

同时最高法院判决认为议长或议会主席裁决是否叛党的职权并不违反宪法基本结构，称"仅仅因为有人声称或者发现议长和议会主席没有按照议长和议会主席这一崇高职位的伟大传统行事，就否定该崇高职位是不恰当的"。

但少数意见却认为，宪法第 10 附表本身违宪，因为，根据第 368 条第 2 款的规定，第 52 修正案必须被半数以上邦议会批准，因为叛党法修正案同时适用于邦议会，因此影响了联邦和邦之间的关系，但该修正案没有经过此程序；另外，少数意见认为议长和议会主席裁决议员是否叛党而丧失议员的权力（根据附表 10 第 6 条）本身也违背宪法基本机构——民主精神，因为议会的基本制度是多数决，而议长和议会主席个人就决定某议员是否丧失议员资格是违背民主精神的。

（二）反叛党法第二修正案——2003 年第 91 次修正案的内容

反叛党法第二修正案——2003 年第 91 修正案增加第 75 条和第 164 条 1A 款和 1B 款，规定凡根据第 10 附表因叛党而丧失议员资格者不得根据第 75 条第 1 款和 164 条被任命为部长。另删除第 10 附表第三段的"若三分之一党员叛党则视为组建新党而不被视为叛党而丧失议员资格"的除外规定，叛党法第一修正案规定凡有三分之一以上的议会党员叛党则被认为是因政见不同的"党的分裂"，不是叛党，但 2003 年之后，即使三分之一的议会党员叛党仍被认定为叛党，在规定期限内不得担任部长。

过去 20 年中联邦和邦中的事件却反映"反叛党法"没有根除叛党的

罪恶。[①] 叛党主要不是因为政见不和,而是"希望通过叛党建立新政府而被任命为部长",其最典型的例子就是 1997 年北方邦的印度人民党通过国大党和大众社会党叛党分子的支持建立的政府,几乎所有叛党者都被任命为部长,部长人数达空前规模的 94 名。[②] 大众社会党(BSP)请求议长裁决该党叛党的 12 名议会党员丧失议员资格,但属于印度人民党的议长判定大众社会党(BSP)已经有 23 名党员叛党,已经超过所有该党议会党员的三分之一,属于党的分裂而不是叛党行为,所以该 12 名党员并不丧失议员资格。

该争议后来被印度最高法院受理,法官托马斯(Thomas)认为议长的认定是错误的,该事件中并无宪法附表 10 第 3 段的党的分裂行为的发生。斯里尼瓦山(Srinivasan)法官则认为议长的认定正确,没有违背自然公正原则;首席大法官庞麒(Punchhi)没有发表意见而是要求将该争议提交给宪法法庭重新考虑,但最终没有形成多数意见,未对该案件作出判决。

1999 年印度法律委员会第 170 次报告"选举法的改革"部分建议删除宪法附表 10 第 3 段(三分之一议会党员叛党属于党的分裂不属于叛党),"宪法运行审查全国委员会"(National Commission to Review the Working of the Constitution, NCRWC)也作出相同的建议,另外还建议增加对叛党者惩罚的规定,规定因叛党而丧失议员资格者在议会剩余期限内不得担任部长和其他任何有薪水的政治职务。该建议后来被接受,于是有 2003 年第 91 修正案,该修正案删除宪法附表 10 第 3 段,另宪法正文增加第 164 条 1B 款,规定叛党者在议会剩余任期内不得担任部长职务;同时增加第 361B 条,规定叛党者在本届议会剩余期限内不得担任有薪水的政治职务。

(三) 反叛党法修正案的难题——法院和议会之间权力的争夺

反叛党法修正实行以来的一系列事件说明"为防止党主席滥用权力,需要修正反叛党法"[③],实际上说明党主席、议长和法院司法审查权之间存

---

① Dr. J. N. Pandey, *the Constitutional Law of India*, Central Law Agency, Allahabad, 48th, 2011, p. 481.

② M. P. Jain, *Indian Constitutional Law*, Lexis Nexis Butterworths Wadhwa, Sixth Edition, Nagpur, 2010, p. 46.

③ Dr. J. N. Pandey, *the Constitutional Law of India*, Central Law Agency, Allahabad, 48th Edition, 2011, p. 483.

在非常紧张的关系。

"反叛党法"解决的问题和因该法而出现的问题一样多,特别是造成法院和议长之间的冲突,如在曼尼普尔邦,立法会议长认定一些议员叛党丧失议员资格,最高法院则判决议长的决定无效,但议长拒不执行最高法院的裁判,认为议长在履行议长职责时有司法豁免权。但印度最高法院并不承认其司法豁免权,称宪法第 141 条规定印度最高法院宣布的法律对所有法院都有拘束力,且根据第 144 条规定,任何机关都有义务协助最高法院履行职务,议长也不例外。印度最高法院于是启动藐视法庭的司法程序,送传票给该议长要求其出庭,但该议长拒不到庭,1993 年 2 月 5 日最高法院指示中央政府敦促其出庭,并指示如需要,可以使用强制措施。最后该议长出庭,最高法院最终没有判决他构成藐视法庭罪。

"反叛党法"修正案将决定议员是否构成叛党而丧失议员资格的权力赋予议长或议会主席(上院称主席和副主席,下院称议长和副议长),但议长或主席却由议会选举产生,实际控制权在议会多数党手中。虽然宪法规定,一旦某议员被选为议长则脱离党派,但因其职位依赖于多数党,实际上在裁决议员是否叛党而丧失议员资格中不可能保持中立。

另外,议长的行为是否可以被司法审查仍存在疑问,因为印度宪法和其他宪法一样规定了议员在议会活动中有司法豁免权的内容。

印度学者建议将议长和议会主席的判定议员是否叛党丧失议员资格的权力移交给选举委员会。①

---

① M. P. Jain, *Indian Constitutional Law*, Lexis Nexis Butterworths Wadhwa, Sixth Edition, Nagpur, 2010, p. 54.

第四章

有印度特色的印度联邦制及其晚近变迁

确定宪法基本权利,设计立法行政和司法之间的分权是一切法治国家宪法运行的前提。除非在实行直接民主的小国,凡实行间接民主的大国必然涉及中央和地方之间的分权,中央和地方之间的分权既是国家和人民之间分权的延伸,也是权力制衡权力的一种形式。

印度是世界上重要的发展中大国,中央和地方分权问题必然是宪法中的核心问题之一,如果说印度宪法基本权利及其保护学习自美国,议会内阁制学习自英国,那么印度联邦制则可以说是"原创的"。印度宪法采纳了有印度特色的准联邦制度,其成功运行也是正在追求民主的国家和人民可资借鉴的范例。

第一节　有印度特色的印度联邦制

古代印度的中央集权程度远不如帝制时代的中国,在建立统一的孔雀帝国之前,印度邦国林立,更多是实行军事民主制。孔雀帝国是第一个中央集权的统治系统,[①]阿育王将全国分为四大行政区,各设副皇一人节制,……中央另设监察史,四处巡逻,如发现有不称职或违反道德生活的

---

① 林承节:《印度史》,北京:人民出版社 2004 年版,第 43 页。

官员,即予惩戒。① 孔雀帝国通过神话君权、保持强大的军队和利用密探等统治手段达到中央集权的目的。孔雀帝国灭亡后是"经常被描绘为印度历史上的一个黑暗时期"的 500 年。之后建立的笈多王朝虽然也是统一的多民族国家,但与孔雀帝国的重大区别是中央集权的弱化,之后昙花一现的戒日帝国"更是个众多封建小国的集合体"②。莫卧尔王朝中央集权度更高,如"省下设县。县行政官归省督领导,但任免权属于国王"③,但这主要是针对"明君"而言,昏君其实很难控制地方诸侯,奥朗则布之后的莫卧尔王朝则只是形式意义上的中央集权政府。与此相比,中国自秦朝统一中国之后,除少部分时间因内战而无法中央集权外,大部分时间实行的是中央集权制度。

1857 年印度人民起义之后,结束了东印度公司对印度的统治,改由英王直接统治印度。1858 年英国通过《印度政府法》,该法对印度实行的统治是完全中央集权殖民政府模式:各省通过中央政府的代理人——省督(Governor)或副省督(Lieutenant-Governor)实行管理,总督则向印度国务秘书负责。之后的 1861 年《印度参事会法》(Indian Council Act)、1892年的《印度参事会法》、1909 年《印度参事会法》、1915 年《印度政府法》和1919 年《印度政府法》都实行单一制或者说中央集权政府模式。

1935 年《印度政府法》一改 1919 年《印度政府法》的单一制政体,而采取联邦政体。联邦和邦的立法事项都由该法明确列举,与现行印度宪法相同,所不同的地方主要在于剩余权的归属。

一、 印度地方行政区划的历史

(一) 现行行政区划

与我国的单一制形成对比,我国宪法直接规定了从中央到基层地方的行政区划,我国宪法第三十条规定"中华人民共和国的行政区域划分如

---

① 吴俊才:《印度史》,台北:三民书局 1981 年版,第 71 页。
② 林承节:《印度史》,北京:人民出版社 2004 年版,第 95 页。
③ 林承节:《印度古代史纲》,北京:光明日报出版社 2000 年版,第 321 页。

下：(一)全国分为省、自治区、直辖市；(二)省、自治区分为市、自治州、县、自治县、市；(三)县、自治县分为乡、民族乡、镇。直辖市和较大的市分为区、县。自治州分为县、自治县、市。自治区、自治州、自治县都是民族自治地方。"第三十一条规定"国家在必要时得设立特别行政区。在特别行政区内实行的制度按照具体情况由全国人民代表大会以法律规定。"联邦制宪法则仅规定联邦的构成单位——邦，印度宪法第一条规定"印度，即婆罗多(Bharat)，为联邦制。各邦及其他领土在宪法附表1列明。印度领土由下列单位构成：(一)各邦领土；(二)附表1所列的中央直辖区；(三)其他获得的领土。"另外，从中华人民共和国建立开始，我国的省级行政单位极少变更，而印度基于复杂的历史、政治、语言和宗教的原因，邦行政单位从印度独立至今一直在变动。英殖民时期为实施分而治之的策略，并没有按照语言和文化划分行政单位，独立后，印度地方基于语言文化共同体和政治自治等诉求一直在谋求建立新邦。

(二) 各邦成立的历史

英殖民时期，印度地方政府主要分为中央管辖的省(Province)和名义上由世袭王公治理的王公邦(Princely States)，两者地位一直不同。从1858年《印度政府法》英王代替东印度公司统治印度开始，到1935年《印度政府法》之前，英国政府只负责王公邦的外交，内政由王公邦自行处理，但英国政府实际上也会以管理不善为名干涉其内政。1935年《印度政府法》规定王公邦自由决定是否加入联邦，若加入联邦，王公邦需签署《加入文书》(Instrument of Accession)，则联邦与该邦的关系除受《印度政府法》管辖之外，还受《加入文书》的约束，但实际上直到独立，没有任何王公邦加入联邦政府。到1947年印度有17个省，①王公邦数量有500多个，可谓邦国林立。

宪法生效当时，印度的地方单位分为四种，分别被称为A邦(9个)、B邦(8个)、C邦(10个)和D邦(1个)，A邦是指独立之前的省，B邦是当时的王公邦，C邦指中央直辖区，D邦是一个岛。宪法生效时A邦有阿萨姆邦、比哈尔邦、孟买邦、中央邦、马德拉斯邦、奥里萨邦、旁遮普邦、北方邦

---

① http://en. wikipedia. org/wiki/Presidencies_and_provinces_of_British_India # Provinces_of_India_. 281858. E2. 80. 931947. 29, March 20,2012.

和西孟加拉邦 9 个邦,B 邦是海德拉巴邦(Hyderabad)、查谟·克什米尔邦(Jammu and Kashmir)、中印度邦(Madhya Bharat)、迈索尔邦(Mysore)、帕蒂亚拉与东旁遮普联盟(Patiala and East Punjab States Union, PEPSU)、拉贾斯坦邦(Rajasthan)、萨拉斯特拉邦(Saurashtra)和特拉凡科·科钦邦(Travancore-Cochin),共 8 个。当时的 C 邦有阿杰梅尔(Ajmer)、波普尔(Bhopal)、比拉斯布赫(Bilaspur)、库格(Coorg)、德里(Delhi)、喜马偕尔(Himachal Pradesh)、卡奇(Kutch)、曼尼普(Manipur)、特里普拉(Tripura)和温迪亚邦(Vindhya Pradesh.),共 10 个。唯一的 D邦是安达曼·尼科巴群岛(Andaman and Nicobar Islands)。在 1956 年邦重组之前,1953 年根据《安德拉邦法》成立一个新的语言邦——从马德拉斯邦分出成立一个讲泰卢固语的安德拉邦。

1956 年 8 月 31 日通过了《邦重组法》和宪法第 7 修正案,同时生效的《邦重组法》和宪法第 7 修正案取消了 ABCD 邦的区分,将 B 邦或并入它邦或成立如 A 邦一样的邦,C 邦和 D 邦则成为中央直辖区由中央派行政专员直接管理。经重组后印度邦行政区划为:安德拉邦、阿萨姆邦、比哈尔邦、孟买邦、查谟·克什米尔邦、喀拉拉邦、中央邦、马德拉斯邦(1969 年更名为现在的名称泰米尔纳德邦)、迈索尔邦(1973 年更名为现在的卡纳塔克邦)、奥里萨邦、旁遮普邦、拉贾斯坦邦、北方邦和西孟加拉共 14 个邦。重组后的中央直辖区共有安达曼·尼科巴群岛(Andaman and Nicobar Islands)、德里直辖区、喜马偕尔直辖区(Himachal Pradesh)、拉克代夫·米尼科伊·阿米迪夫群岛(Laccadive, Minicoy and Amindivi Islands,后改为拉克沙群岛)、曼尼普直辖区(Manipur)和特里普拉(Tripura)共 6 个直辖区。从此印度的邦一级的行政区划从 4 种变成 2 种即邦和中央直辖区。

印度联邦政府在成立新邦和改变邦界限等方面有完全的自主权(这点与单一制国家相似而不像联邦制),同时印度如今有 1652 种方言,有 33种 10 万人以上人口讲的语言,官方(或宪法)承认的语言有 22 种(英语除外)。① 地方希望成立语言邦的要求至今仍非常强烈,所以从宪法生效至

———————

① Mammen Mathem Chief Editor, *Manoram Yearbook* 2012, Malayala Manorama Press, Kottayam, p. 575.

今,邦数量一直在增加,边界也经常变化。60 年代成立 4 个邦和一个中央直辖区:在南方,根据《孟买重组法》,孟买邦在 1960 年分成了使用不同语言的古吉拉特邦和马哈拉施特拉邦;在东北,1962 年《那加兰邦法》将阿萨姆邦的表列部落地区分出,在 1963 年 12 月 1 日成立那加兰邦;在西北,根据 1966 年《旁遮普重组法》,从旁遮普分出讲印地语的哈里亚纳邦,同时设立昌迪加尔中央直辖区作为旁遮普和后来成立的喜马偕尔邦共同的省会。

70 年代成立的邦有 5 个:1)曼尼普尔邦(印度宪法中的 C 邦,1956 年改成中央直辖区,1972 年 1 月 21 日上升为邦);2)特里普拉邦(原 C 邦,根据 1971 年《东北地区重组法》从中央直辖区上升为邦);3)喜马偕尔邦(1970 年从中央直辖区上升为邦);4)梅加拉亚邦(根据 1969 年第 22 修正案成为自治邦或邦下之邦 Sub-State,1971 年的《东北地区重组法》将其上升为独立的邦);5)锡金邦(1975 年 4 月锡金王国并入印度成为新邦)。

80 年代成立的邦有 3 个:中印争议地区的阿鲁纳恰尔邦(根据 1986 年《阿鲁纳恰尔邦法》从直辖区上升为邦,官方语言为英语)、米佐拉姆邦(根据 1986 年《米佐拉姆法》在 1987 年 2 月 20 日从直辖区上升为第 23 个邦)和果阿邦(1987 年从中央直辖区上升为邦)。

90 年代没有成立新邦。

21 世纪之后成立的邦有 4 个:恰蒂斯加尔邦(Chhattisgarh,2000 年 11 月 1 日从中央邦分出)、乌塔兰契尔邦(Uttaranchal,从北方邦山区划出成为第 27 个邦)、贾坎德邦(Jharkhand,2000 年从比哈尔邦划出,官方语言为印地语,2007 年改名为乌塔拉坎德邦 Uttarakhand)和特伦加纳邦(2014 年 6 月 2 日从安得拉邦分出)。

邦重组时存在的 14 个邦,加上 60 年代新增的 3 个邦共计 17 个邦;70 年代增加到 22 个邦;80 年代增加到 25 个邦;加上 21 世纪增加的 4 个邦,到 2014 年为止,印度共计有 29 个邦。但 2019 年 8 月《查谟·克什米尔重组法》取消其邦的地位,而将其分成两个中央直辖区——查谟·克什米尔及拉达克,因此如今印度共有 28 个邦。

(三) 中央直辖区及其成立历史

除了 28 个邦之外,印度还有 7 个中央直辖区,分别是:1)德里

(Delhi)、2)安达曼·尼克巴群岛(Andaman & Nicobar Islands)、3)拉克沙群岛（Lakshadweep）、4）本地治里（Pondicherry）、5）昌迪加尔(Chandigarh)、6)查谟·克什米尔(Jammu and Kashmir)、7)拉达克(Ladakh)、8)达德拉·纳加哈维里·达曼和第乌(Dadra & Nagar Haveli and Daman and Diu)。

中央直辖区成立的历史情况如下：

1）宪法生效时，德里为宪法附表中的 C 邦，1956 年《邦重组法》将其改为德里中央直辖区〔1991 年第 69 宪法修正案将其改成国家首都直辖区(National Capital Territory)〕。

2）宪法生效时附表 1 中的 D 部分只有一个安达曼·尼科巴群岛，1956 年《邦重组法》将其改成中央直辖区。

3）1956 年邦重组时从原迈索尔邦(今泰米尔纳德邦)分出成立中央直辖区拉克沙迪福·米尼科·安米迪福群岛(Laccadive, Minicoy and Amindivi Island)，1973 年改名为现在的拉克沙群岛(Lakshadweep)。

4）1961 年的宪法第 10 修正案将葡萄牙人曾经占领的达德拉·纳加哈维里(Dadra & Nagar Haveli)列为中央直辖区。

5）1962 年第 12 宪法修正案将达曼和第乌(Daman & Diu)和果阿(但果阿后来上升为邦)从 1961 年 10 月 20 日起列为中央直辖区。

6）1962 年宪法第 14 修正案将法国人占领的本地治里列为中央直辖区。

7）1966 年《旁遮普重组法》从旁遮普分出讲印地语的哈里亚纳邦，同时设立昌迪加尔中央直辖区作为旁遮普和后来成立的喜马偕尔邦共同的邦会。

8）2019 年 10 月 31 日查谟·克什米尔邦被分成 2 个中央直辖区，分别应是查谟·克什米尔中央直辖区和拉达克中央直辖区。

9）2019 年国会立法 2020 年 1 月 26 日生效将前述 4）和 5）的两个中央直辖区合并为一个中央直辖区即达德拉·纳加哈维里·达曼和第乌。

2009 年安德拉邦的主要政党都同意从安德拉邦分出并新成立一个讲泰卢固语的特仑加纳邦(Telangana)，2014 年成为现实。2011 年北方邦的首席部长——"贱民领袖"玛雅瓦蒂(Mayawati)建议将北方邦分裂成四个邦，但上述建议未被联邦政府采纳。

二、 联邦和邦之间的立法权划分

联邦制涉及中央与地方之间的立法权、行政权和司法权的划分,但最关键的是立法权的划分,因为行政和司法都是广义的执行法律,一旦立法权的界限划定,中央和地方之间执法权和司法权的关系则转变成人事任命和运作协调问题。

与联邦制度鼻祖的美国不同,美国宪法仅仅列举了联邦享有的权力,而没有列明州享有的权力,更没有列明联邦与州共享的权力。印度宪法则非常详细地列举了联邦、邦以及联邦和邦共享的立法权。与美国宪法还有一个很大的不同是剩余权的归属问题,美国联邦宪法规定"本宪法未授予合众国、也未禁止各州行使的权力,保留给各州行使,或保留给人民行使之。"(1804年第10修正案),印度宪法则规定凡没有列明的权力统统归联邦享有。美国宪法的中央权力从立宪之初一直在膨胀,其扩大的方法主要依赖最高法院对宪法的某些条款的"扩大解释",特别是"商业条款"和"必要条款",即凡是涉及州际商业贸易的内容联邦都有权管辖,而"商业贸易"(commerce)的含义已经非常宽泛。"必要条款"则规定"只要是被认为联邦为了行使宪法规定的权力时必须延伸的权力都属于联邦"。

印度宪法因为制定于二战后,所以设计的时候就已经是"强中央、弱地方"模式,但印度在90年代之前实行计划经济,中央通过计划经济侵入邦本来享有的权力极多。山特纳姆(Santhanam)说第一个五年计划的75%的项目,第二个五年计划的65%属于邦管辖事项,虽然这些计划经过邦的同意但都由联邦政府实施,在经济方面联邦制度变成了单一制政体。[①] 另外,联邦频繁利用宪法第356条解散邦政府实行中央对邦的直接治理——总统治理(President Rule),也是中央权力膨胀的极端表现。

印度宪法和美国宪法代指中央政府的用词也不同,美国宪法用的是联邦(federation),意指先有州,后由独立主权的各州联合而成为合众国。印度宪法用的则是联盟(union),意指并非先有邦然后由各邦联合成印度

---

① 参见 Santhanam, *Union-State Relations in India*, pp, 45 - 47, 转引自 Granville Austin, *Working a Democratic Constitution: a History of the Indian Experience*, Oxford University Press, 1999, p. 619.

共和国,即印度共和国是从英国人统治下独立出来的,其国际法主体本身就已经存在的。同时,印度学者指称中央政府的时候,联邦(federation)、联盟(union)和中央(center)是混用的,民众和媒体一般的用语全是中央,而极少称联盟或联邦。因此本书在指称印度中央政府的时候,也并不严格区分该三个词语的含义。

印度联邦制不仅与150多年前的美国联邦制不同,与同时代《德意志联邦共和国基本法》设计的联邦制度也有很大的区别,德国的联邦制分权的特色是"在政治体制上,《基本法》第83与第84章规定立法和执法的纵向分工:联邦主管立法,各州和地方则主管执法"[①],另德国基本法规定,凡未列明的权力也统统归地方享有。

(一) 立法权具体划分

印度宪法第11编《联邦与邦关系》第1章《立法关系》第245条至254条规定联邦与邦分权的基本原则,包括:联邦与邦立法权明确列举原则;剩余权归联邦原则;联邦立法高于邦立法原则;联邦国会在特定条件下可对本属邦的立法事项立法的原则等。与第11编第1章相对应,印度宪法附表7则详细地列举了联邦立法事项(Union List)、邦立法事项(State List)和共享立法事项(Concurrent List)。其中联邦立法事项共97项(原宪法规定共计97项,后来第33项被删除,另增加了第2A、92A、92B和第92C四项,2016年第10次修正案删除第92和第92C两项,因此实际联邦立法事项共计99项)、邦立法事项66项(但第11项教育、第19项森林、第20项动物和鸟类保护、第29项度量衡等四项在1976年被第42修正案删除,第36项征收和征用被1956年第7修正案删除,第52项货物入市税和广播电视广告税之外的广告税被2016年101次修正案删除,故实际共有59项)和共享立法事项47项(经宪法修正后实际为52项)。

1. 联邦立法事项

从联邦立法事项分表的97项内容看,其联邦的权力主要包括外交、防务、交通通信、金融、外贸、矿藏等重要资源的管理、重要的事业单位的

---

① 张千帆:《西方宪制体制》(下册·欧洲部分),北京:中国政法大学出版社2001年版,第193页。

管理、重要税收等事项。邦立法事项分表 66 项内容主要包括除不使用武装力量的公共秩序维持、卫生、邦管理的事业单位、邦内交通、农业、农业税等税收;联邦和各邦共享立法事项分表的 47 项内容主要包括部分刑法立法事项等,缺乏明显的特征。

具体而言,联邦立法事项包含以下几类,(一)国防与外交。联邦立法事项分表的第 1 至 7 项列举了国防、武器、三军武装力量、军营、原子能及相关矿产资源和军事工业;第 10 至 21 项列举了有关外交的联邦立法事项,包括了外交、联合国组织、国际会议、国际条约、战争与和平和国际法问题等。(二)与国防、外交和安全有关的预防性拘留(联邦立法事项分表第 9 项)。(三)交通。联邦立法事项分表的第 22 至 31 项列举的事项,包括铁路、全国性公路、全国性水路、海事、灯塔、重要港口、航空和邮局广播等。(四)联邦财产(联邦立法事项分表第 32 项)。(五)金融。联邦立法事项分表第 40 至 70 项列举了联邦所享有的广泛的金融管制权力,包括币制、公债、外债、储备银行、商业银行、票据和审计。(六)经济管理权力。联邦立法事项分表第 41 至 59 项列举了该立法事项,包括进出口管理、邦际贸易、贸易公司的管理(但不含合作社)、跨邦的普通公司的管制、保险、证券与期货、专利等知识产权事项、度量衡、基于公共利益而对工业的管制、石油、重要矿产资源、邦际河流管理、邦际渔业、盐业、鸦片和联邦雇员的劳资关系。(七)文化教育事项。联邦立法事项分表第 60 至 69 项列举了该类事项,包括电影业、重要的纪念馆、重要的大学和科研院所、地理气象和统计等。(八)联邦公务员。联邦立法事项分表的第 61、70 和 71 项列举了该立法事项,包括联邦雇员劳动纠纷及退休金等事项。(九)选举及联邦议会的管理。联邦立法事项分表第 72 至 75 项列举了该类立法事项,包括联邦国会和邦议会、总统副总统的选举及选举委员会的设置等、联邦国会议员、邦长和联邦部长的待遇等。(十)司法权。联邦立法事项分表第 77 至 79 项、93 项和 95 项列举了最高法院设立、收费和管辖权、高等法院的设立和管辖权(高等法院收费为邦立法事项)、有关联邦立法事项的犯罪立法、其他法院的管辖权等。(十一)联邦税收和联邦收费。联邦立法事项分表第 82 至 92C 项和 96 项列举了联邦有权立法征收的税和费,包括:第 82 项所得税(农业所得税不含在内)、83 关税、84 消费税(酒和鸦片及黄麻消费税不含在内)、85 公司(所得)税、86 个人和公司资本税、87 不动产税(农业土地税不包含在内)、88 除农业土地外的财产继承税、89 铁路海上和航空客货终点税、90 印花税税率、92A 邦际货物销售税(报纸除外)、92B 邦际货物委付税、92C 服务税①和 96 联邦立法事项有关的收费。(十二)其他事项。包括中央情报和调查局(第 8 项)、印度王公的保卫(第 34 项)、警察在本邦外执法问题(第 80 项)、跨邦移民和跨邦检疫(81 项)、有关联邦立法事项的调查统计(第 68、69 项和 94 项)。(十三)剩余权。未在邦立法事项和共享立法事项列明的权力都归联邦立法管辖。

2. 邦立法事项

邦立法事项分表(List II-State List)共 59 项(原宪法为 66 项,后来删除其中的 7 项)。可分为如下几类:(一)法律秩序及司法。邦立法事项分表第 1—4 项及第 64—65 项可归入该事项,包括公共秩序的维持(但不含使用海陆空武装力量的情况)、警察、高等法院司法行政人员的管理、租赁税收法院的司法程序以及除最高法院之外的法院收费问题、监狱管理、涉及邦立法事项的刑事立法、有关邦立法事项的除最高法院之外的法院的司法权问题。(二)邦以下地方政府、邦内选举和邦政府机构。邦立法事项分表第 5、37、38、39、40、41 和第 42 项规定该事项,包括市政机关、潘查亚特、邦立法机构的选举(在联邦立法的框架下)、邦议员薪水和权力、邦部长薪水、邦公务员管理、邦政府支付的退休金。(三)健康和残疾人事业等。邦立法事项分表第 6、9 和 10 项列举了该类事项,包括医院等公共卫生事业、残疾人和失业者的救济以及殡葬业。(四)图书馆和文物古迹(第 12 项)。(五)交通(第 13 项):除联邦管辖之外的交通、非机动车辆管理等。(六)土地和农业。邦立法事项分表第 14—21 项列举了该事项,该立法权是邦政府最重要的职能之一,包括农业(含农业教育研究和病虫害防治)、畜业、灌溉、土地(包括地主和农户之间的关系、农用地的改良等)和渔业。(七)工商业(第 23—28 项、第 30—32 项):邦内的工商业除了联邦已经立法管辖之外均属于该类事项,包括矿业(第 23 项,但受联邦控制)、

① 第 92C 项服务税被 2016 年第 101 次宪法修正案删除,代之以统一的名为商品服务税的增值税(GST,Goods and Services Tax)。

邦内工业(第24项)、煤气和煤气工厂(第25项)、邦内商业(第26、27项)、市场管理(第28项)、借贷(第30项)、旅店(第31项)、公司和非公司制企业的管理(第32项)。(八)邦财产(第35项)。(九)酒类管理(第8项)。(十)娱乐业。包括影院、体育等和赌博业(第34项)。(十一)金融税收:包括邦公债(第43项)、无主物(第44项)、土地税(第45项)、农业收入税(第46项)、农业土地继承税(第47项)、农业土地税(第48项)、房地产税(第49项)、矿产税(第50项)、酒、鸦片和大麻消费税(第51项)、入境税(第52项)、电力税(第53项)、除报纸外的商品销售税(第54项)、广告税(除报纸和电台电视广告)[①]和水陆客货税(第56项)、车辆税(第57项)、动物和船舶税(第58项)、过路费(第59项)、职业税(第60项)、人头税(第61项)、奢侈品税(第62项)、印花税(第63项)和邦立法事项涉及的收费(第66项)。(十二)其他事项。邦立法事项首先是属于地方事务,职责是向人民提供基本的公共产品如公共秩序、一般工商业的管理等,若超出一邦范围,则可能属于联邦立法事项。另外,虽然邦立法事项最初也有66项之多,但是很多事项与联邦立法事项重叠,联邦可以基于"全国利益"为由而纳入联邦立法事项范围。

3. 联邦和邦共享立法事项

除了联邦立法事项和邦立法事项之外,印度宪法还详细列举了联邦和邦共享的立法事项47项(但1976年第42修正案增加了第11A、17A、17B、20A、33A共5项,所以实际为52项)。可以分为如下几类:(一)基础性法律(第1—14项)。重要的程序法和实体法纳入共享立法项目的目的是力求基础性法律的全国统一,但在统一的基础上各邦又可以在不违反统一的前提下作适当的变更。这些法律包括刑法(第1项)、刑事程序法(第2项)、预防性拘留(第3项)、被拘留的人在邦际之间的转移(第4项)、婚姻家庭(包括结婚离婚、婴儿及未成年人、收养、继承等)(第5项)、财产转移(农业土地除外)和登记(第6项)、合同(农业土地合同除外)(第7项)、侵权(第8项)、破产(第9项)、信托(第10项和11项)、司法行政和

---

① 第52项货物入境税和第55项广告税被2016年第101次宪法修正案删除,代之以统一的名为商品服务税的增值税。

除最高法院和高等法院之外的法院的设立(第 11A 项)、证据法(第 12
项)、民事程序(第 13 项)、除藐视最高法院之外的藐视法庭(第 14 项)。
(二)社会福利和社会管理。包括流浪者和游牧部落的福利(第 15 项)、精
神病人管理(第 16 项)、动物保护(第 17 项)、食品管理(第 18 项)、毒药管
理(第 19 项)、社会保障(第 23 和 24 项)、巴基斯坦难民的救济(第 27 项)、
慈善事业(28 项)、邦际疫情管理(第 29 项)、出生死亡等重要统计(第 30
项)。(三)森林、动物和鸟类的保护。第 17A 项森林、17B 项动物和鸟类
保护事项原来属于邦,因其重要性 1976 年第 42 修正案将其移到共享立
法事项中。(四)工会和劳资纠纷(第 22 项)。(五)教育。第 25 项的教育
原属于邦立法事项,1976 年第 42 修正案将其改变成共享立法事项。(六)
经济和社会计划。包括经济计划(第 20 项)、人口控制(第 20A 项——
1976 年第 42 修正案所增加)、垄断(第 21 项)、贸易(第 33 项)、度量衡(标
准设定除外)(第 33A 项)、价格控制(第 34 项)、工厂(第 36 项)、锅炉(第
37 项)和电力(第 38 项)等。(七)交通。包括除中央已经管辖的港口(第
31 项)、内河机动船运输(第 32 项)、机动车辆(第 35 项)。(八)税费。欠
税(第 43 项)、印花税(第 44 项)和共享立法事项涉及的收费(第 47 项)。
(九)其他事项。包括法律和医疗等职业的管理(第 26 项)、出版(第 39
项)、考古(第 40 项)、印巴分治遗留财产的处理(第 41 项)、财产征收征用
(第 42 项)、联邦立法事项和共享立法事项的调查统计(第 45 项)、除最高
法院之外的法院对共享事项的管辖权(第 46 项)。

(二) 立法权重叠和冲突的解释原则

　　上述立法事项共计 210 项,如此多的立法事项,其中一些不免有重叠
和冲突,因此如何划定这些立法事项的界限成为联邦制度下的重要问题,
印度最高法院承担了解释宪法和划分立法权限的主要职能。

　　1. 最高法院的解释原则

　　其解释的原则主要有:1)广义解释原则。虽然印度宪法附表 7 对立
法权分权的列举非常详细,但赋予联邦和邦立法权的并不是宪法附表 7,
而是宪法第 246 条的原则性规定——"联邦国会有权对联邦立法事项进
行排他性的立法、邦立法机构有权对邦立法事项排他性的立法以及邦立
法受共享立法事项的限制",且 210 项立法权之间的冲突和重叠是不可避

免的,只有尽量使立法合宪才能避免不必要的冲突,广义解释可以减少冲突。同时附表 7 的用语如"农业""林业"含义本身也是模糊的。这点与美国宪法第一条第八款"必要性项款"——"并且为了行使上述各项权力,以及行使本宪法赋予合众国政府或其各部门或其官员的种种权力,制定一切必要的和适当的法律"相似。因此,"在解释附表 7 的各立法事项时,尽可能使之包含行使该项职能所包含的必须的、附带的事项。"①2)和谐解释原则。虽然宪法第 246 项规定了一般的立法划分原则:联邦立法事项优越于共享立法事项,共享立法事项优越于邦立法事项,但"采用该规则之前,法院应试图作出合理和实务的解释,以消除立法事项之间的冲突和重叠。"②法院在一般情况下都默认联邦和邦立法的"附带性越权行为",即为了完成某立法事项,很可能涉及其他立法事项,因此邦立法可能侵入联邦立法或者联邦立法侵入邦立法,但在尽量作广义解释的情况下,这种"附带性越权行为"一般都被认为是合宪的。

2. 最高法院对某些具体立法事项重叠的处理

很多立法事项在联邦立法事项和邦立法事项中都存在,特别是经济方面的立法权。对于工业方面的立法分权,最高法院的意见是:尽管国会根据联邦立法事项分表第 52 项规定的"工业"有权立法,但其原材料仍可以由邦立法管制(根据邦立法事项第 27 项);即使是联邦国会立法管制的工业(根据联邦立法事项第 52 项),邦仍可对生产领域进行管制;对销售而言,邦可以立法管制(根据邦立法事项第 27 项),若属于联邦管制工业,则属于共享事项的第 33 项,联邦和邦都有权立法管制。③

就处理教育立法分权问题,联邦立法事项中的第 63、64、65 项和第 66 项属于联邦立法管理教育的事项,第 63、64 项和 65 项规定的是联邦所设立的大学的管理问题,因此不会和邦立法事项冲突,但第 66 项授权的是所有大学的管理,而共享立法事项第 25 项规定的也是教育事项"教育(包

① M. P. Jain, *Indian Constitutional Law*, Lexis Nexis Butterworths Wadhwa, Sixth Edition, Nagpur, 2010, p. 575.

② M. P. Jain, *Indian Constitutional Law*, Lexis Nexis Butterworths Wadhwa, Sixth Edition, Nagpur, 2010, p. 577.

③ M. P. Jain, *Indian Constitutional Law*, Lexis Nexis Butterworths Wadhwa, Sixth Edition, Nagpur, 2010, p. 583.

括技术与教育、医学教育以及大学)和劳动技能培训",因此教育问题既是联邦立法事项,也是邦立法事项,容易出现冲突。最高法院也判决了很多案件以解决该立法冲突。如在蒲来迪(Preeti)案中,中央邦规定的一般学生的入学分数线是 45%,而对保留部落和保留种姓的分数线是 25%,最高法院判决该规定无效,认为大学质量的监控是联邦的立法事项。

对酒及酒类工业而言,联邦立法事项第 7 项和第 52 项、邦立法事项第 8 项和共享立法事项第 33 项都涉及到。最高法院的意见是凡是食用酒的管理属于邦立法事项,工业酒精则是联邦立法事项。

对秩序的维持方面的分权,联邦管辖的事项是利用海陆空武装力量的公共秩序维持,邦则是除此之外的以警察维持社会秩序,另联邦领导武装时需要民众的支持,最高法院认为联邦对民众的支持进行立法也是其权力范围之内。

(三) 联邦立法权对邦立法权的合法侵入

按照印度宪法的设计,在特定情形下,联邦立法机关可以合法侵入邦独享的立法事项。

1. 经联邦院决议联邦国会可以针对邦立法事项立法

印度宪法第 249 项第 1 款规定"无论本章的其他项条文如何规定,如果联邦院以出席会议的议员的三分之二以上通过,因全国利益的需要,联邦国会可以针对邦独享的立法事项进行立法。"第 2 款规定"第 1 款的决议的有效期为一年,但是如果联邦院按照第 1 款的程序通过决议延长上述决议,则再延长一年。""学者认为印度宪法第 249 条是"印度宪法的独一无二的特点,是其他联邦制宪法所没有的。"[1]

但第 249 条被用得非常少,其限制条件主要有四: 1)必须有三分之二以上的出席联邦院议员赞同;2)联邦院的决议中必须明确邦立法事项中的哪一项或哪几项由联邦国会基于"全国利益"来立法;3)联邦院每次的决议的效力期间只有 1 年(但可以被多次延长);4)根据联邦院决议作出的联邦国会法律的效力从联邦院决议宣布失效时起满 6 个月失效(第 249 条第 3 款)。

---

① M. P. Jain, *Indian Constitutional Law*, Lexis Nexis Butterworths Wadhwa, Sixth Edition, Nagpur, 2010, p. 611.

2. 两个以上邦同意可以委托联邦国会对邦立法事项立法。

在至少两个以上邦共同决议要求联邦国会立法的时候,第252条第1款此时产生作用。美国宪法无此授权项款,澳大利亚宪法却有此条款,但澳大利亚宪法中的该条款从未被使用过;加拿大也没有这样的条款,法院也判决省将本属于自己的立法权授权给联邦是违宪的,但倒过来则可以,另外加拿大法院判决联邦将立法权授权给省以下的公共机构也是合法的。[1] 第252条被使用过几次,依据该条制定的法律有1976年《城市最高限额和管制土地法》、1953年《不动产税法》、1966年《种子法》、1974年《水保护和环境控制法》和1985年的《首都地区计划委员会法》。

3. 联邦可以合法侵入邦立法事项的其他情形

除了第249项和第252项之外,联邦国会立法权可以侵入邦立法权的情形还有:第一,第250条规定在印度进入紧急状态的时候,联邦国会可以针对任何邦立法事项立法;第二,第253条规定联邦国会有权为实施国际条约而不受立法权分权的限制进行立法;第三,联邦立法事项中的众多"全国利益"条款——基于全国利益的理由而将该事项纳入联邦立法事项,联邦立法事项的第7项国防和军工、第23项重要公路、第27项重要港口、第52项重要工业、第53项油田汽油和其他重要可燃油气、第54项重要矿产、第56项跨邦重要河流、第62项重要博物馆等机构、第63项重要大学、第67项重要文物地点就属于该事项的范围。

(四) 联邦总统对邦议会立法的控制

除了联邦立法机关在特定情形下可以直接代替邦立法之外,作为联邦政府首脑的总统在特定下还可以监督邦立法。

邦立法必须经过总统批准才能生效:1.第31A条第1款规定有关限制私人财产权的法律虽侵犯宪法第14条(平等权)和第19条(6项自由)但仍有效,若是邦立法只有经过总统批准才生效;2.第31C条规定为实施国家政策指导原则的邦法律的效力可以高于第14条和第19条规定的基本权利,但必须事先经总统同意;3.凡可能影响高等法院地位的邦法律需

---

[1] M. P. Jain, *Indian Constitutional Law*, Lexis Nexis Butterworths Wadhwa, Sixth Edition, Nagpur, 2010, p. 614.

要提交总统考虑同意；4. 对中央机构管辖的水和电征税的法律需要经过总统同意；5. 第 301 条基于公共利益对商品货物流通实施管制的法律必须经过总统同意，以防妨碍全国自由市场；6. 针对共享立法事项，联邦法律效力高于邦立法，但经总统同意，邦立法高于中央立法；7. 在第 360 条第 1 款规定的财政紧急状态之下，总统可以要求邦的所有的财政法案都需事先经过总统的同意才能生效；8. 第 200 条规定，邦长可以自行决定邦法律案是否提交总统事先同意。

每年都有相当数量的邦法律案提交给中央考虑和同意，根据沙卡丽委员会(Sarkaria Commission)的统计，从 1977 年到 1985 年间，有 1130 件邦法律案提交给中央考虑同意，[①]其中很多是根据宪法第 254 条第 2 款的规定，在邦针对共享立法事项立法时，为了使邦法效力高于联邦法或不致于因与联邦法冲突而无效。联邦行使其"立法同意权"也颇为谨慎，仅在很少的情况下不予批准邦立法。

美国和澳大利亚没有上述这种中央批准地方立法的制度，但加拿大的省的副总督(Lt. Governor)可以将省法案提交给总督考虑批准(与印度宪法的第 200 条邦长可以将法律案提交总统批准相同)，另加拿大宪法规定可以使已经生效的省法律暂停生效一年。

三、联邦和邦之间的行政权和司法权划分

(一) 联邦与邦执法权划分

美国联邦制体系下建立了两套执法系统，即联邦执法机关和州执法机关，与美国不同，印度则建立了统一的执法系统、统一的公务员制度。印度设全国统一的公务员(All-India Service)，公务员既可以在联邦任职，也可以在邦任职，但即使是在邦任职的公务员，只有联邦政府可以解除其职务，但邦政府可以给予纪律处分。

联邦和邦之间行政权的划分"总的原则是谁立法则由谁执法，对于共

---

① M. P. Jain, *Indian Constitutional Law*, Lexis Nexis Butterworths Wadhwa, Sixth Edition, Nagpur, 2010, p. 618.

享立法事项,则主要由邦来执法,除非宪法和联邦国会立法另有规定。"①对于共享立法事项,联邦可以立法规定执法权归联邦,如 1894 年《土地收购法》(The land Acquisition Act)和 1947 年《劳动争议法》(the Industirial Dispute Act)。

联邦可以对邦下达行政指令,在和平时期的情形有:保证中央法律的执行(第 256 条);使邦执行法律不与联邦相冲突(第 257 条第 1 款);保证有全国性意义和军事重要性的交通的建设和保持(第 257 条第 2 款);保护邦内的铁路的安全(第 257 条第 3 款);保证邦内表列部落和表列地区的福利政策的实施(第 399 条第 2 款);保证少数民族在小学阶段的母语的学习;保证印地语的推广;保证邦政府依照宪法运行。联邦在紧急状态时期则可以向邦下达任何行政指令或者总统直接接管邦行政机构(第 356 条第 2 款)。

在财政紧急状态期间,联邦有权要求邦遵守有关财经规定(第 360 条第 3 款)、可以要求邦公务人员减少薪水。

根据第 258 条和第 258A 条(第 258A 条为 1956 年第 7 修正案所增加)的分别规定,联邦经邦同意或者邦经联邦同意,可以将自己的执法权委托给对方。

(二) 联邦与邦司法权划分

美国建立了两套基本独立的司法系统,联邦设立联邦地区法院、巡回上诉法院和联邦最高法院,各州则分别设立二级的或三级的司法体制。州宪法和法律争议在州法院审理,不得上诉到联邦法院,联邦宪法和联邦法律争议在联邦法院审理。与美国司法体制不同,印度则只设立了一套司法体制,下级法院(地区法院)、高等法院和最高法院,不管是邦法律还是联邦法律都是在这一套司法体制内解决。

当然,印度最高法院和高等法院的法官由总统任命,薪水由宪法或联邦法律规定,印度最高法院的所有事项都归联邦立法管辖。但邦的司法行政人员则由邦政府和邦高等法院共同管辖(印度宪法第 229 条),邦高

---

① Durga Das Basu, *Introduction to the Constitution of India*, Lexis Nexis Butterworths Wadhwa Nagpur, 20th edition, 2008, p. 332.

等法院经费由邦国库支付。邦地方法院法官则由邦长任命,经费和司法行政人员也由邦管辖。可见,最高法院是真正的中央法院,邦高等法院则属于中央和邦共管法院,下级法院(地区法院)则完全是邦法院。

四、 联邦和中央直辖区的关系

如果说联邦和 28 个邦之间的关系是联邦或准联邦的话,那么中央和 8 个中央直辖区之间的关系则基本上是单一制或中央集权制模式。除本地治理、首都德里直辖区和 2019 年新成立的查谟·克什米尔中央直辖区外,其余 5 个中央直辖区既无立法会也无部长会议,而由中央派行政专员治理。可以说,联邦和中央直辖区的关系比较接近我国省级政府与其派出机关——地区行政公署的关系。

(一) 联邦和中央直辖区的一般关系

联邦议会可以针对中央直辖区对宪法附表 7 的联邦立法事项、邦立法事项和共同立法事项进行立法,因此不存在联邦与中央直辖区的立法权划分问题,同时,联邦国会可以授权联邦行政机关针对直辖区立法。

为减轻联邦国会的立法负担,除安达曼·尼克巴群岛和拉克沙群岛外,联邦许多法律规定,可以将适用于其他邦的法律直接适用于中央直辖区。另外,联邦国会立法程序较为繁琐,因此宪法规定总统可以为安达曼·尼克巴群岛(Andaman & Nicobar Islands)、拉克沙群岛(Lakshadweep)、达德拉·纳加哈维里·达曼·第乌(Dadra & Nagar Haveli and Daman & Diu)以及本地治里(Pondicherry)(但只有在本地治里议会休会或解散的时候,总统可以为其制定条例)4 个中央直辖区制定条例(regulation),但总统无权针对昌迪加尔及新成立的查谟·克什米尔和拉达克三个中央直辖区制定条例。总统条例包含宪法附表 7 中的联邦立法事项、邦立法事项和共享立法事项。总统条例的效力与国会针对中央直辖区的立法的效力相同,总统条例甚至可以修改联邦国会的法律。总统和联邦行政机关也可以向直辖区行政专员下达行政指示,中央直辖区行政专员必须服从。

（二）中央直辖区的高等法院设置问题

宪法第 241 条第 1 款规定，联邦国会可以通过法律规定将其他邦的高等法院的管辖权延伸到中央直辖区。除首都德里直辖区有自己的高等法院外，旁遮普·哈里亚纳高等法院管辖昌迪加尔直辖区，马德拉斯高等法院管辖本地治理直辖区，喀拉拉邦高等法院管辖拉克沙群岛直辖区，加尔各答高等法院管辖安达曼群岛直辖区，孟买高等法院管辖达德拉·纳加哈维里·达曼·第乌直辖区，查谟·克什米尔高等法院仍旧管辖新成立的查谟·克什米尔和拉达克两个中央直辖区。

（三）国家首都德里和本地治里的特殊地位

2019 年前，原 7 个中央直辖区中，有两个直辖区地位又有一定的特殊性，即本地治里直辖区和首都德里直辖区，其他 5 个直辖区没有立法机构，也没有部长会议，但本地治里和首都德里直辖区则设立民选的立法会且组成部长会议。这两个直辖区的立法会可以对宪法附表 7 的邦立法事项、邦和联邦共享立法事项进行立法，但与普通邦不同的是，联邦国会仍可针对这两个邦的任何事项进行立法，且其效力高于直辖区立法会法律的效力（但直辖区的立法会通过的法律如果经过印度总统的批准，其法律效力则高于联邦国会的相关立法）。

为提高民主，联邦国会根据宪法第 239A 条制定了 1963 年《中央直辖区法》，但是根据 2006 年《本地治里更名法》的规定，第 239A 条仅适用于本地治里，因此该《中央直辖区法》也仅仅适用于本地治里直辖区。根据该法，本地治里的议会由选民直接选举产生或者部分选举部分任命产生。该议会可以对邦立法事项以及联邦和邦共享立法事项进行立法，且该立法若经过总统的批准，其效力高于联邦国会针对本地治里直辖区的法律。行政专员（Administrator）由总统任命，是直辖区首脑。直辖区组成部长会议处理行政事务，首席部长也由总统任命。行政专员的地位类似邦长，但享有更广泛的权力。在行政专员与首席部长之间产生意见分歧时，由总统最终决定。2019 年 10 月 31 日生效的《查谟·克什米尔重组法》将查谟·克什米尔邦分成两个直辖区，即查谟·克什米尔中央直辖区和拉达克直辖区，前者有立法会，后者无立法会。另《查谟·克什米尔重组法》规定宪法第 239A 条也同样适用于查谟·克什米尔中央直辖区，因此该中央直辖区与本地治理中央直辖区地位基本相同。

首都德里的地位重要,因此一直实行中央直接管辖。但为提高德里的民主治理程度,1991年通过了第69宪法修正案。称德里为国家首都德里直辖区(National Capital Territory of Delhi)。德里立法会由选民直接选举产生,可以对邦立法事项(但第1项公共秩序、第2项警察事务和第18项土地事项除外,此三项仍归联邦国会立法)以及联邦和邦共享立法事项立法,联邦国会也有权对德里直辖区进行立法,且国会立法优先,但若直辖区立法经过总统批准,则直辖区立法会的法律优先。但联邦国会仍然有权对经总统批准的首都德里直辖区议会的立法进行修改或废止。直辖区组成部长会议,首席部长由总统任命,其他部长由首席部长推荐后总统任命,首席部长协助副邦长〔德里首脑不称行政专员(Administrtor)而称副邦长(Lieutenant Governor),和本地治里的行政专员一样有发布邦长令的权力〕履行职责。部长会议任期与总统任期相同且对直辖区立法会集体负责。首席部长和副邦长之间产生意见分歧时由总统最终决定,但副邦长认为情况紧急可以采取临时措施。总统可以以宪法秩序无法维持或者更好地管理首都德里地区而接管上述机构的权力,实施总统治理。针对或者由首都德里提出的诉讼,则以联邦为被告或原告。但最高法院认为国家德里直辖区也可以作为诉讼主体,如德里国家首都地区诉全印中央会计署(Govt. of NCT Delhi v. All India Central Civil Accountants)。①

五、　联邦与查谟·克什米尔的特殊关系

印度与美国不同,美国各州都有自己的州宪法,但在印度,除原查谟·克什米尔邦外各邦都没有邦宪法,只受印度宪法管辖。

原查谟·克什米尔邦由三部分组成,即查谟、克什米尔峡谷和拉达克(Ladakh)三个地方。印度和巴基斯坦独立的时候,查谟·克什米尔王公采取观望政策,既没有加入印度也没有加入巴基斯坦。1947年10月6日当阿扎德克什米尔部队(Azad Keshmir Forces)在巴基斯坦的支持下进攻

---

① 1SCC344；AIR2001 SC 3090.

该地区的时候,查谟·克什米尔王公哈里·辛格(Hari Singh)被迫寻求印度的援助,印度联邦政府于是在 1947 年 10 月 26 日与辛格签署《加入书》(Instrument of Accession),查谟·克什米尔加入了印度联邦,但印度政府同意由该邦人民通过该邦的制宪会议决定该邦的法律地位。

1949 年 6 月哈里·辛格出于为其子誉瓦拉齐·卡兰·辛格(Yuvaraj Karan Singh)利益的考虑,被迫退位,誉瓦拉齐·卡兰·辛格被制宪会议选举为该邦的统治者。1951 年 10 月 31 日查谟·克什米尔首次制宪会议召开,1956 年 11 月 19 日通过宪法草案,1957 年 1 月 26 日《查谟·克什米尔宪法》生效。

查谟·克什米尔邦是印度第 15 个邦,但查谟·克什米尔邦在制宪当初存在的特殊地位保留至 2019 年。印度宪法规定只有印度宪法第 1 条(印度各邦和领土)和第 370 条(关于查谟·克什米尔的临时条款)适用于查谟·克什米尔邦,其他条款的适用由总统咨询该邦政府之后决定其是否适用于该邦。根据上述条款,1950 年,总统咨询查谟·克什米尔邦政府后制定了《查谟·克什米尔宪法适用命令》(Constitution〔Application to Jammu & kashimir〕Order),规定该邦的防务、外交和交通事项由联邦国会立法。1952 年 6 月查谟·克什米尔邦政府和印度政府达成关于联邦和邦管辖事项的《德里协议》,据此,总统又制定了 1954 年《查谟·克什米尔宪法适用令》,且于 5 月 14 日生效。该命令实施《德里协议》且代替 1950 年《查谟·克什米尔宪法适用命令》,将联邦权力扩展到所有印度宪法规定的联邦应享有的权力范围,该命令于 1963 年、1964 年、1965 年、1966 年、1972 年、1974 年和 1986 年作了修改。1965 年之前,邦首脑称为萨达里利亚萨特(Sadar-I-Riyasat),1965 年起称邦长,且由总统任命。邦立法机构由邦长和两院构成。邦立法会(下院)由 111 名(原为 100 名,1988 年《查谟·克什米尔宪法》将其增至 111 名)直接选举产生的议员和 2 名邦长任命的妇女组成,111 名民选议员中的 24 名议员职位留给巴基斯坦控制地区(至今仍空缺),所以实际需要竞选产生的下院议员是 87 名。[1] 邦

---

① Mammen Mathem Chief Editor, *Manoram Yearbook 2012*, Malayala Manorama Press, Kottayam, p. 533.

上院由 36 名议员组成,其中由立法会(下院)从查谟省选出 11 名,从克什米尔省选出 11 名,其余 14 名由市政委员会或其他团体选出。

(一) 联邦与查谟·克什米尔邦之间的立法关系

1. 最初的时候,除防务、外交和交通立法权归联邦之外,其余事项都归查谟·克什米尔邦管辖。1954 年后联邦国会可以对所有印度宪法所列举的联邦立法事项进行立法,对部分联邦和邦共享事项进行立法,但与其他邦不同的时候,印度宪法未列明的立法权归查谟·克什米尔邦。

2. 预防性拘留的立法归邦而不是联邦。

3. 根据 1986 年《查谟·克什米尔邦宪法适用令》,宪法第 249 条适用于查谟·克什米尔邦,即联邦国会在联邦院通过决议的前提下可针对该邦对本属于邦的立法事项进行立法。

4. 联邦可以经咨询邦立法机构后任意变更普通邦的边界和名称,但未经查谟·克什米尔邦立法机构的同意,联邦国会不得制定改变该邦名称和领土范围的法律(《查谟·克什米尔宪法》第 3 条),不得签订任何对该邦的领土有影响的国际条约。

5. 1965 年的查谟·克什米尔第 6 宪法修正案修改了邦长由邦立法会选举产生的做法,而改成总统任命,且其名称为邦长(governor)而不是之前的萨达里利亚萨特(Sadar-I-Riyasat),首相也改成首席部长。

(二) 联邦和查谟·克什米尔邦之间的行政关系

1. 未经邦政府同意,联邦行政机关不得作出对邦领土完整等有任何影响的决定。

2. 联邦不得依据印度宪法第 365 条以邦未遵守联邦行政命令而暂停邦宪法在该邦的实施。

3. 印度宪法第 356—357 条的宪法暂停实施及总统治理条款适用于该邦,但非指联邦宪法而是指邦宪法的无法运行。

4. 联邦不得根据财政问题而宣布该邦进入紧急状态。

5. 审计署、选举委员会和最高法院对该邦有管辖权。

(三) 印度宪法基本权利在查谟·克什米尔邦的特殊适用

印度宪法中的"国家政策指导原则"的内容不适用于查谟·克什米尔

邦。宪法第 19 条第 6 项自由在该邦受到限制,受限制的期限是 25 年;财产权作为基本权利在该邦仍然有效(印度宪法已经取消该基本权利)。规定查谟·克什米尔邦的特殊宪法地位的第 370 项是临时项款,该条第 3 款规定,总统可以随时终止该项款。

(四) 2019 年查谟·克什米尔地位的变化

2019 年 8 月 6 日,印度总统发布第 273 号总统令,规定从 8 月 6 日开始,印度宪法第 370 条所有条款停止生效,印度宪法条文将毫无例外地适用于查谟·克什米尔地区。同时《查谟与克什米尔重组法》草案于 2019 年 8 月 5 日在联邦院通过,6 日在人民院通过,9 日总统批准该法案,10 月 31 日生效。该法将查谟·克什米尔邦划分成两个中央直辖区,即查谟·克什米尔中央直辖区和拉达克中央直辖区。

查谟·克什米尔地区宪法地位的变化引发社会动荡,政府逮捕几千人,临时中断通讯网络。同时,中央政府是否有权通过总统令废止印度宪法第 370 条也引发诸多争议,查谟·克什米尔高等法院和印度最高法院也都曾经判决印度宪法第 370 条不得被修改,如今相关宪法诉讼和争议仍在持续。

六、 印度联邦制的特点

如果按照联邦制鼻祖美国宪法的分权标准而言,印度可能不是联邦制国家。但按照中国比较宪法学之父王世杰、钱端升所说,联邦制的关键标准是宪法而不是联邦的普通法划分联邦和地方单位的权力归属——"凡属联邦国家,其中央政府与各邦政府的事权,全由宪法规定,所以各邦政府的事权,有宪法为保障;其在单一国家,无论分权至如何程度,其地方团体的事权总系经由中央政府以普通法律或命令规定,所以地方团体的事权,初无宪法的保障。"[1]现在的印度宪法学家也持此种观点,认为"联邦制度的基本原则是中央和邦之间的立法权、行政权和财政权的划分不是

---

① 王世杰,钱端升:《比较宪法》,北京:商务印书馆 2010 年版,第 367 页。

通过中央一般的法律而是宪法本身来划定的。印度宪法就是如此。"①可见印度属于联邦制无疑。但印度的联邦制有明显的单一制特性。也有印度法学家认为"一个国家是联邦制还是单一制是一个程度问题,答案取决于它有多少联邦制特征。印度宪法基本上是联邦制的,当然也具有明显的单一制特征。"②法院的有些判决也称印度宪法为准联邦制。③

如果说印度宪法主要是通过借鉴其他国家宪法制定的——违宪审查对基本权利的保护制度学自美国,议会内阁制度学自英国,国家政策指导原则的内容学自爱尔兰,印度联邦制度则更多是基于印度的"本土资源"——基于印度的历史、文化和政治需要的设计。印度有学者对印度联邦制作出高度评价,称"也许印度宪法的最大成就是赋予联邦制政府以单一制国家那样的权力。"④

美国、加拿大和澳大利亚三个老牌联邦制发展早期的观念是"竞争性"联邦制。⑤ 但随着时间的推移,竞争性联邦逐渐让位于合作型联邦,其中三个因素促进了这种变化:战争、交通通信技术和社会福利。20 世纪的联邦制被理解为是中央和地方政府之间互动且中央权力膨胀的过程。⑥

印度宪法的联邦制度的最大特点是它是介于联邦制和单一制之间的中间形态,制宪之父称其为"合作型"联邦制,一般学者有称其为准联邦制。其具体特点主要有:

(一) 强联邦的特点

不管是事权还是财权,印度联邦政府的权力远大于邦政府,具体表现为:

① M. P. Jain, *Indian Constitutional Law*, Lexis Nexis Butterworths Wadhwa, Sixth Edition, Nagpur, 2010, p. 797.

② Durga Das Basu, *Introduction to the Constitution of India*, Lexis Nexis Butterworths Wadhwa Nagpur, 20th edition, 2008, p. 52.

③ Automobile Transport v. State of Rajasthan, AIR 1962 S. C. 1406(1415 - 1416).

④ Durga Das Basu, *Introduction to the Constitution of India*, Lexis Nexis Butterworths Wadhwa Nagpur, 20th edition, 2008, p. 45.

⑤ M. P. Jain, *Indian Constitutional Law*, Lexis Nexis Butterworths Wadhwa, Sixth Edition, Nagpur, 2010, p. 772.

⑥ M. P. Jain, *Indian Constitutional Law*, Lexis Nexis Butterworths Wadhwa, Sixth Edition, Nagpur, 2010, p. 773.

1) 联邦可以通过法定途径统治邦：邦长由总统任命，其任期由总统决定；邦的法律案经邦长可以提交总统考虑，总统可以否决邦法律（美国和澳大利亚宪法没有此内容，但是加拿大宪法有相似内容）。2) 中央可以通过借贷控制邦：邦在未清偿政府债务时若需借贷需联邦政府批准；联邦政府也可以向邦政府贷款，并且是邦政府的最大的债权人且邦政府不得在境外借款。3) 联邦国会被授权可对邦立法事项进行立法。4) 邦的财政收入少，邦依赖联邦的财政支持。

（二）特定情形下联邦制可以转变成单一制

印度联邦制度的另一个特点是紧急状态条款，即联邦政府认为邦无法维持宪法秩序，则可以由联邦接管邦政府，由联邦直接治理邦，即实行总统治理。从独立至今，印度联邦政府以邦政府无法依照宪法运行为由宣布进入紧急状态而实施总统治理有 100 多次，此时邦的地位类似中央直辖区，基本上等同于单一制国家。

（三）三层分权机制

传统联邦分权是在联邦和邦（或州）之间的分权，邦和邦下的行政单位之间的分权并非是传统联邦制的内容。但印度至少在理论上重视邦和邦之下的单位之间的分权，认为它是现代民主的重要内容。印度联邦国会在 1992 年通过了宪法第 73 次修正案和第 74 次修正案，详细规定了市政府和乡村潘查亚特（乡村评议会）的组织建设，实际上造成了联邦、邦和地方自治单位之间的三层分权。德国宪法也有类似的规定，"通过把权力分散到中央、各州和地方政府，联邦主义促使各级——尤其是中央——政府本身达到权力平衡，从而确保基本人权和社会法治不受专制之侵犯。"①

当然地方自治单位——自治市政府和农村潘查亚特的实际权力并不大，因为宪法第 73 次和第 74 次修正案的主要内容是授权性规范，即授权邦政府将权力下放给地方自治政府，但邦至今没有将多少权力下放给地方自治单位。

（四）建立了一系列协调机构协调联邦和邦之间的关系

除了上述比较刚性的联邦和邦之间的分权制度设计之外，印度在宪

---

① 张千帆：《西方宪制体制》（下册·欧洲部分），北京：中国政法大学出版社 2001 年版，第 192 页。

法实践中还设立了很多协调机构以协调联邦和邦之间的关系。

1. 首席部长会议(Chief Ministers's Conference)

由中央内政部长为主席、其他中央相关部长和所有邦首席部长和中央直辖区的行政专员组成的一个论坛性机构，可以对任何事项进行讨论，如 2011 年 2 月专门讨论国家安全问题。[①]

2. 邦际协调委员会

印度宪法第 263 条规定可以设立协调邦际关系的机构，但直到 1987年印度人民党在竞选纲领中仍在呼吁设立该机构。沙卡丽委员会建议设立政府间委员会(Inter-Govermental Council)，由总理和各邦首席部长以及综合性职能的中央部长组成，且设立常委会。建议政府间委员会每年至少召开一次会议，常委会每年至少召开四次会议。[②]

（五）民主化和地方自治是大趋势

在尼赫鲁时代，联邦和邦之间基本没有什么冲突，因为领导印度独立的国大党一党独大，联邦和邦基本都是国大党掌权，联邦和邦之间主要是通过党内协商解决的，彼此也比较尊重宪法的规定。但到英迪拉·甘地时代，联邦和邦之间的冲突越来越严重，一方面是地方经济发展特别是土地改革和绿色革命以后，农村中产阶级的势力大增，他们要求有自己的政治代表。另一方面，国大党作为独立运动领袖的光环越来越不存在，国大党内部腐败盛行、任人唯亲，英迪拉·甘地本人也没有其父亲那样的民主作风和领袖魅力。同时，历史上本来就存在的一些地方离心势力更加壮大，在南方是代表达罗毗荼文化的泰卢固之乡党，宣称建该党的目的是"维护 6000 多万讲泰卢固语人的自尊和荣誉"[③]；在西北，代表锡克教人的阿卡利党在旁遮普要求更多的自主权；在东北，阿萨姆人反对 1971 年印巴战争后大量孟加拉移民涌入该地区，英迪拉·甘地则指责他们搞分裂运动，派兵镇压。英迪拉·甘地滥用"总统治理"条款和 1975 年宣布印度进入紧急状态也是联邦和邦之间关系极端恶化的表现。70 年代之后，两

---

① http://pib. nic. in/newsite/erelease. aspx? relid = 69478，December 21,2011.

② Granville Austin, *Working a Democratic Constitution*, *a History of the Indian Experience*, Oxford University Press, 1999, p. 627.

③ 洪共福：《印度独立后的政治变迁》，合肥：黄山书社 2011 年版，第 196 页。

个相互冲突的趋势至为明显：其一是政府管理、经济控制和国大党内部政治方面的中央集权化趋势，其二是反对党和邦政府更强的权力分享和参与意识。[1]

后甘地时代的拉吉夫和其他人执政，处理联邦和邦之间的关系更加现实，如拉吉夫与阿萨姆地区的阿萨姆联盟领导人谈判，联邦制运行总体平稳。

90 年代经济改革以来，印度地方势力更加增强，"进入 90 年代，任何政党要在中央执政，必须依靠地方政党的支持"[2]，2008 年大选产生的人民院，在其中占席位的政党有 37 个，席位最多的是印度国大党，占 208 个席位，印度人民党（BJP）占 115 个席位，包括社会党（SP）等 8 个政党所占席位从 22 个到 11 个不等，席位为个位数的政党有 27 个，[3]其中很多是地方性政党，可见中央权力地方化现象也很明显。

但印度宪法中的联邦制运行基本上是平稳的，没有遭遇大的危机。从宪法修改上来说，宪法第 80 修正案大大增加了邦参与联邦开征的税种的范围（具体见本章第二节），这是地方势力要求扩大财政分权的很好体现。其次，1992 年的第 73 和第 74 修正案分别规定了农村地方自治政府——潘查亚特和城市地方自治政府，这是地方民主化的一个重要表现，但同时也是联邦希望通过地方民主来制衡邦政府的势力。最后，从司法判决来说，博迈诉印度联邦（Bommai v. Union of India）判决"总统治理"行为受司法审查，联邦不得随意对邦实施总统治理，这也在一定程度上保护了印度联邦制。

第二节　财政联邦制度述评

联邦制度最重要的内容是中央和地方之间的政治分权和经济分权，

---

① Granville Austin, *Working a Democratic Constitution：A History of the Indian Experience*, Oxford University Press，1999，p. 628.

② 洪共福：《印度独立后的政治变迁》，合肥：黄山书社 2011 年版，第 200 页。

③ Mammen Mathem Chief Editor, *Manoram Yearbook 2012*, Malayala Manorama Press, Kottayam, pp. 531 - 532.

就政治分权而言,印度各邦议会由本邦选民产生,在议会胜出的政党或政党联合组建政府,以邦首席部长为首的部长会议是邦的行政权力中心,联邦机构不得任意干预民选的邦政府,对上述政治分权问题,印度宪法作了明确的规定,因此印度政治联邦制已经比较成熟。

　　就财政联邦制度而言,学者认为其重要程度不亚于政治联邦制度。"联邦制度下的政府间财政关系是至关重要的事情,甚至可以说是最重要的事项。财政关系触及到了联邦制的核心,影响着联邦政体的整体及其运行。"①印度宪法对此作了比较详细的规定,印度宪法第十二编《财政、财产、合同与诉讼》和第十三编《贸易商业和印度境内的交往》集中规定了财政性内容,另外宪法附表 7 对征税权的划分作了极为详尽的规定。就其条文(第 264 条至第 307 条,共有 47 条之多)和内容而言,称印度宪法为"财政宪法"也不为过。

一、 制宪会议对财政分配问题的争论

　　财政分权在里彭(或译为雷滂)总督(Viceroy of Rippon)(1880—1884在任)时期就已经开始实施,他将财政收入分为中央收入、邦收入和中央与邦共享收入三类,对邮电、鸦片和盐所征税归中央,其余归邦或者中央和邦共享,②宪法中的财政问题条款基本上沿袭了 1935 年《印度政府法》的内容。制宪当时成立一个关于财政问题的专家委员会,其成员包括潘特(Pant)、克何(Kher)、R. S. 苏克拉(R. S. Shukla)、N. R. 萨卡(N. R. Sarkar)、斯塔拉玛亚(Sitaramayya)和比斯王娜特·达斯(Biswanath Das)5 人,其中前三人是省首席部长。③ 宪法起草委员会广泛地听取了该专家委员会和各省代表的意见。

　　制宪会议当时,对税收分权的争论甚为激烈。中央和邦之间最大的

---

① M. P. Jain, *Indian Constitutional Law*, Lexis Nexis Butterworths Wadhwa, Sixth Edition, Nagpur, 2010, p. 626.

② Prof. N. Jayapalan, Prof. S. Joseph, Prof. P. Kannan, *Hisotory of India (1773 - 1985)*, Mohan Pathipagam, Triplicane, Madras, 1987, p. 122.

③ Granville Austin, *The Indian Constitution: Cornerstone of a Nation*, Oxford University Press, New Delhi, 1966, p. 226.

争议是销售税问题,[①]各省希望依照制宪之前的比例征收商品销售税,但中央担心各省征收销售税会造成重复征税和影响商品的自由流通,妥协的结果是现在的第286条,该条保留了各邦征收销售税的权力,但是规定各邦不得对下述商品征收销售税:1)销售发生于邦外的商品;2)进出口货物;3)联邦国会宣布的特别重要的商品。但该条仍被批评,认为仍影响了货物的自由流通。

邦在希望更多地分享联邦开征的税种的收入方面意见一致,当时的各邦希望增加所得税的分享比例,同时希望将消费税、进出口税和公司税也列入可以分享的税种中。[②]

在个人所得税和公司所得税的共享的比例上,各邦意见不一致。工业强邦孟买邦希望三分之一归该邦所有,比哈尔邦则提出以人口为基础进行分配的同时兼顾税收的来源,人口众多的北方邦也要求按人口数来分配,但东旁遮普邦则要求按照需求进行分配。此后对分配比例问题的争论逐渐降温,最后留给了财政委员会来提出建议,如宪法生效后的规定。

对借贷问题,"立宪会议轻易地通过了宪法草案中的有关借贷条款"。[③]

对拨款问题争论也不大,当时的邦并没有认识到联邦会借助拨款以控制邦事务。

二、 征税立法权的划分

印度宪法正文原则性地规定中央和邦之间征税立法权的划分原则、各税种的征缴主体以及联邦和邦之间的税收收益的分配等三个方面的分权。第268条规定了联邦开征但由邦政府或中央直辖区征缴且在中央和

---

① Granville Austin, *The Indian Constitution*: *Cornerstone of a Nation*, Oxford University Press, New Delhi, 1966, p. 227.

② Granville Austin, *The Indian Constitution*: *Cornerstone of a Nation*, Oxford University Press, New Delhi, 1966, p. 230.

③ Granville Austin, *The Indian Constitution*: *Cornerstone of a Nation*, Oxford University Press, New Delhi, 1966, p. 233.

邦之间分配的税收,如印花税、医疗及化妆品消费税;原第268A条规定服务税由联邦政府开征但由联邦政府和邦政府共同征缴和分配;第269条规定印度中央政府开征和征缴但收入归邦的商品销售税;第270条规定所有中央开征但在中央和邦之间分配的税种(2000年印度宪法第80修正案的最重要的内容)、第271条规定中央各种税的附加归联邦;第273条规定联邦对阿萨姆邦、比哈尔邦、奥迪萨(2011年将奥里萨邦改成奥迪萨邦)的黄麻等产品的出口给予补贴;第276条规定邦可以对各种职业征税,但每年不得超过2500卢比。

具体划分联邦和邦征税权的是宪法第246条关于联邦和邦立法权分权的条文以及该条产生的宪法附表7,即联邦和邦征税的划分是包含在联邦和邦立法权分权的宪法附表中的。

中央和地方分权的基本原则是,地方性的税收由邦征收,而超越一邦范围、或者需要中央统一征收且邦与邦之间变化不大以及中央征收更方便的则由中央征收。

(一) 联邦和邦之间征税立法权的具体划分

联邦立法事项分表(List I-Union List)的第1—97项规定了中央立法权,其中的第82—92B项则专门规定了中央独享征税立法权。中央独享开征的税种包括：82除农业税收之外的所得税;83进出口关税;84除了食用酒类、鸦片和和印度大麻之外(含酒精和麻醉作用的药品和化妆产品也属中央开征的税)的烟和其他在印度生产的产品消费税;85公司(所得)税(法律依据为1961年《所得税法》);86农业土地之外的公司和个人的资本税;87除农业土地之外的地产税;88除农业土地之外的财产继承税;89对海空和铁路货物或乘客征的目的的税(terminal taxes)和对铁路运费征的税;90除印花税之外的证券交易税和期货交易税;91汇票、支票、本票、提单、信用证、保单、股份、公司债券、委托书和收据的印花税;92对报纸的销售以及报纸上的广告征收的税;92A除报纸之外的其他商品的跨邦销售所征的税;92B跨邦货物委付税(1982年42修正案所增加);原92C服务税(2003年88修正案所增加,至2003年已经有100多种应税的服务项目);96包括最高法院收费(联邦立法事项分表第77项规定)在内的任何联邦立法事项涉及的收费(最高法院之外的法院收费是邦立法事项);97 没有包含在邦立法事项和共享立法事项下的任何税收。上述中央通过立法开征的税约有 16 种。

根据印度审计署的统计,在 2007—2008 年财政年度,印度联邦各主要税种的比例是:个人所得税占 17.3%,公司(所得)税占 32.76%,其他直接税占 2.83%,消费税占 20.84%,关税占 17.46%,其他间接税占 8.68%。[①]

邦立法事项分表(List II-State List)的第 1—66 项规定了邦独享的立法事项,其中第 45—66 项则单独针对税收立法权。邦独享征税权的立法事项是:45 土地税;46 农业收入税;47 农业土地继承税;48 农业土地税;49 土地税和房产税(此为财产税而非因土地和建筑物所得之所得税,土地不仅包含地表也包含土地内藏之物,因此对矿山、采石场、茶园等征的税也属于该项目。不仅包含农业用地也包含非农业用地。印度最高法院认为如果对个人拥有的所有财产征税的时候,才属于联邦立法事项的第 86 项的资本税的内容);50 矿产税;51 饮用酒类、鸦片、印度大麻和其他成瘾药物(但不含医学化妆用的酒精类产品)的消费税;原 52 货物入市税(Octroi duty);53 电力税;54 除报纸之外的产品销售税;原 55 除报纸广告之外的广告税;56 对陆路和内河运输货物和乘客所征的税;57 车辆税;58 动物和船舶税;59 过路费(toll);60 对从事任何职业所征的税(但不得超过 2500 卢比);61 人口税;62 对娱乐业所征的税;63 印花税;66 邦立法事项下的涉及的任何政府收费。其中第 52 项和第 55 项在 2016 年被第 101 次宪法修正案删除。

邦所征税收中的第一大税是邦销售税,但印度宪法对邦征收除报纸以外的销售税也有一些限制:1)邦不得对邦际销售商品征收销售税,只有中央才可以对邦际之间的商品销售征税,另 1956 年《销售税法》界定了"发生于外邦的销售"的含义;2)邦不得对进出口贸易商品征税,第 286 条第 1 款第 2 项规定禁止邦对进出口商品征税,另 1955 年《中央销售税法》对此有更细化的规定;3)第 286 条第 3 款规定:禁止邦对由联邦国会宣布的有特别重要的商品征收销售税。

---

① http://en.wikipedia.org/wiki/Income_tax_in_India,March 12,2012.

印度财政部公布 2007—2008 年度所有邦和中央直辖区财政收入,包括税收(直接税和间接税)、非税收入、中央拨款(grants from the center)和转移支付(transfer from funds),总额为 6.2 万亿卢比。最大的税种——销售税为 1.8 万亿卢比,其他总额在 1000 亿卢比以上的税种有:邦消费税为 3288 亿卢比、公司税 4038 亿卢比、印花税和注册费为 3824 亿卢比、关税 2675 亿卢比、车辆税 1571 亿卢比以及车用汽油销售税 1100 亿卢比。

联邦与邦共享立法事项分表规定的征税立法权非常少,其中包括:第 35 项机动车辆税;第 44 项涉及司法权之外的印花税(该税率则是联邦立法规定);第 47 项除法院收费之外的所有涉及共享事项的政府费用。

(二) 税收征缴权和实际税收的分配

除了宪法附表 7 详细规定了中央和邦之间的征税权的分配外,宪法正文也比较详细地规定了税收的实际征缴和分配事项,概而言之,其实际征缴和分配情况如下:

1. 中央开征但由邦征缴和独享:印花税、医疗及卫生设备消费税。

2. 中央开征但中央和邦共同征缴和分享:服务税(2003 年第 88 修正案增加的第 268A 规定)。

3. 中央开征和征缴但全部转移给邦:除报纸外的邦际货物贸易销售税和邦际货物委付税。(2000 年第 80 修正案修正后的第 269 条)

4. 中央开征和征缴但在中央和邦之间分配:(2000 年 80 修正案修正后的第 270 条)除第 268 条、第 268A 条、第 269 条以及某些税收附加之外的所有税种。

5. 完全由中央享有的税:第 269 条和第 270 条规定的所有联邦开征税的附加税。

6. 邦自己开征和征缴的税,邦内销售税和土地税等。

7. 税收补贴:第 273 条规定,总统经咨询财政委员会,黄麻出口税部分或全部拨给阿萨姆邦、比哈尔邦、奥里萨邦和西孟加拉邦。

(三) 剩余征税权问题

邦立法事项分表最后一项——第 97 项规定了"未包含在分表 2(邦立法事项分表)也没有包含在分表 3(共享立法事项分表)中的事项由联邦立

法,未包含该两表中的其他税也由中央征收",因此印度确立了不同于美国宪法的剩余权(含征税权)归联邦的分权原则。

印度宪法没有对"剩余征税权"作更多的解释,最高法院对"剩余征税立法权"则作了比较宽泛的解释。在 1972 年的印度联邦诉 H. S. 狄龙(Union of India v. H. S. Dhillon[1])案件中最高法院以 4∶3 的比例判决,认为只要邦立法事项和共享立法事项没有列明的权力,则中央就有权对此立法(包括征税立法)。联邦立法事项分表第 86 项规定"对除农业用地外的公司和个人财产的资本价值征税;对公司资本征税",因此对农业用地征收财产税显然未包含在本条中,但最高法院认为对农业用地征收财产税包含在宪法规定的中央的剩余立法权中,所以判决联邦法律《财产税法》(Wealth Tax Act)相关条文合宪有效。

1947 年的《橡胶法》(Rubber Act)规定,生产以及使用橡胶都得被征收消费税,该法被司法审查,理由是联邦立法事项分表第 84 项仅规定"生产者"必须被征消费税,而"使用"并不包含在内,但最高法院认为,即使该条没有规定对使用者征税,中央仍可以剩余立法权为据立法征税。

为了保护邦征税权不受联邦剩余立法权的侵犯,最高法院在联邦剩余征税立法权和邦征税立法权之间发生冲突的时候,对邦征税立法事项作了广义的解释。例如在国际旅游公司诉哈里亚纳邦(International Tourist Corp v. State of Haryana)案中,最高法院判决认为对在全国公路上运输的货物和旅客征税是邦立法事项分表第 56 项的内容(该项规定,"对公路和内河航道上的旅客和货物征税")驳回了认为该征税立法权是中央剩余征税立法权的意见。若对分表第 56 项作狭义解释则邦仅能对邦公路上的客货征税,若做广义解释则该"公路"(highway)不仅包括邦公路也包括全国性公路,最高法院对公路一词作了广义的解释,保护了邦的征税立法权。

三、 收费问题的宪法规定

费不同于税,税收是指国家为了实现其职能的需要,按照法律规定,

---

① AIR 1972 SC 1061:(1971)1 SCC 779.

以国家政权的体现者身份，强制地向纳税人无偿征收货币或实物所形成的特定分配关系的活动。① 税收的本质特征之一是无偿性，而费则是特定政府机关对其提供的公共产品向行政相对人收取的费用，具有有偿性。

印度宪法明确地区分了税和费之间的区别，将其列在不同的立法项目中。税收立法权的直接根据是附表七的税收立法项目，非税收费项目的立法权事项不能被视为已经包含了税收立法项目，如邦立法项目分表（List II-State List）第18项有关土地及土地租赁立法的内容并不能被解释为已经包含了税收立法的内容。印度最高法院对此问题在判决中作了阐述，最高法院判决认为邦立法事项分表的第8项"管制酒类的立法权"并不包含对所有酒类征税的权力，邦只能根据邦立法事项第51项对特定的几类产品征收消费税，即人饮用酒、鸦片等，而不包含对工业酒征税的权力。②

税和费之间有很大的区别，费（fee）必须符合的条件是：（一）必须是政府部门对个人提供的服务所征收的；（二）同时，支付和提供服务两者必须是相互联系的。③ 此即所谓的"等价理论"（Theory of Quid Pro Quo）。

在1968年的那加·马哈帕丽卡·瓦纳斯诉杜加·达斯（Nagar Mahapalika Varanasi v. Durga Das）④案中，最高法院判决认为政府向三轮车收的牌照费违宪无效，因为所收费用远高于该政府部门给三轮车主提供的服务，两者无等价关系，政府部门的办公经费不能由收费来支撑。既然两者无等价关系，该收费就不是费（fee），而属于税，但该地方政府没有制定地方性法规（by-law）征税的权力，也违反了印度宪法税收分权的规定，所以地方政府收取牌照费和制定有关收费的地方性法规违宪。

最高法院一直严格解释"等价理论"，在德里首席部长诉德里布料与通用作坊有限公司（Chief Commissioner, Delhi v. Delhi Cloth & General

① 刘剑文主编：《财政税收法》，北京：法律出版社2003年版，第148页。
② State of Uttar Pradesh v. Synthetics & Chemicals Ltd.
③ M. P. Jain, *Indian Constitutional Law*, Lexis Nexis Butterworths Wadhwa, Sixth Edition, Nagpur, 2010, p. 672.
④ AIR 1968 SC 1119；(1968)3 SCR 374.

Mills Co. Ltd.）)[1]案中,最高法院判决依照发行公司债的一定比例收取注册费违法,因为该"费"并没有用在为公司提供相应的服务上,相反,该"费"如同税收进入了国库。

相反地,根据《奥利萨邦法》(Orisssa Act),每个寺庙的收入超过 250 卢比就必须缴纳一定的比例给印度教捐赠专员(Commissioner of Hindu Religious Endowments),法院判决该法定缴纳是费而不是税。费则无需遵守"没有法律授权就没有税"的严格规定。

四、 中央对邦的拨款以及联邦和邦之间借贷权的划分

印度宪法对征税立法权作了比较详尽的划分和规定,但是主要的税收属于中央,为了保持联邦和邦之间收入的平衡以及富邦和穷邦之间的平衡,印度宪法规定了联邦对邦的拨款的原则性制度。

印度宪法第 275 条授权联邦国会向需要财政补贴的邦提供财政补贴,宪法同时也在该条规定了联邦可以向邦提供为发展表列部落和表列种姓的特别补贴(special grants)。印度总统任命的财政委员会不仅可以对中央开征的税收在与邦之间的分配比例问题上提出建议,同时也有权力和职责对联邦政府向邦政府转移支付的数额向总统提出建议。

根据印度财政部公布的数据,2007—2008 年度中央政府向邦政府的转移支付(grants from the center)数额为 1.2 万亿卢比,占所有邦财政收入总额的 6.1 万亿卢比的 20%左右。

除拨款之外,宪法赋予邦政府有借贷的权力,但不得向国外借款。联邦政府也可以向邦政府贷款,实际上联邦政府是邦政府最大的债权人。

五、 财政委员会和计划委员会

根据印度宪法第 280 条设立的财政委员会由主席 1 人和委员 4 人组成,均由总统任命,任期为 5 年。从法律上讲,它是一个纯粹的咨询机构,

---

[1] AIR 1978 SC 1181;(1978)2 SCC 367.

即只能向总统提交关于中央和邦之间税收分配以及邦相互之间税收分配的建议,"但是财政委员会的权力巨大,因为虽然宪法规定了哪些税收由中央或邦开征和征收,但是没有规定如何分配。财政委员会的报告基本上被各政党一致接受是宪法惯例,因此财政委员会对于税费划分的权力和因此影响联邦制度平衡的权力是很大的。"①除了第三届财政委员会有关计划项目拨款的内容没有被联邦政府接受外,联邦政府几乎都接受了财政委员会的建议。②

1951年通过的《财政委员会(其他条款)法》〔The Finance Commission (Miscellaneous Provisions) Act,1951〕详细规定了财政委员的任职资格、任命程序、任期和权限等内容。该法规定财政委员会主席从具有公共事务经验的人中任命,其他四名成员从具有下列之一资格的人中任命:1)与高等法院法官有相同任职条件者;2)具有政府财政或会计知识者;3)精通经济学知识者。该委员会具有如下职权:1)具有民事法庭的相同的职权;2)可以强制传唤任何相关人员作证和提供文件;3)有权从任何法院和行政部门调取证据;4)具有1898年《刑事程序法》(Code of Criminal Procedure,1898)第480条和第482条赋予的职权。

财政委员会对下列事项向总统提出建议:1)在联邦和邦之间以及邦之间的税收分配提出建议;2)从印度统一基金中拨付财政补贴给邦政府;3)在邦财政委员会提出建议的基础上对增加邦统一基金充实潘查亚特的资金的措施提出建议(1992年第73修正案增加);4)在邦财政委员会建议的基础上对增加邦统一基金以增加市政府财政的措施提出建议(1992年第74修正案增加);5)对总统向其提出的有关财政问题提供咨询意见。

第13届财政委员会(2010—2015)因被提前解散,第14届财政委员会于2013年2月27日成立,原印度央行(印度储备银行)行长 Y. V. 莱迪(Y. V. Reddy)任主席。③

---

① Granville Austin, *the Indian Constitution: Cornerstone of a Nation*, *Oxford University Press*, 1966, p. 220.

② *Finance Commissions—A Historical Perspective*, http://fincomindia. nic. in/ShowContent. aspx? uid1 = 2&uid2 = 1&uid3 = 0&uid4 = 0.

③ http://www. indianexpress. com/news/yv-reddy-to-head-14th-finance-commission/1053634, March 12, 2013.

与财政分权密切相关的另一个机构是印度计划委员会,宪法对计划委员会的设立没有任何规定,它是一个政治机构,但是该机构却是印度政府中一个权力巨大的机关,计划委员会的首任主席为印度首任总理尼赫鲁,且"几乎三分之一的中央向邦的转移支付是通过计划委员会进行的"[1],而另有法学家认为"每年对邦的财政补贴中,30%是财政委员会建议拨付的,而 70%则是计划委员会在其自由裁量权范围内建议拨付的。"[2]另外,联邦通过财政援助而控制本属于邦管辖的事项,甚至使联邦制变成单一制。[3]

联邦通过计划委员会向邦转移支付的资金主要是通过计划项目实现的,与财政委员会有一定的区别,但二者如何协调仍成问题。

1967 年 7 月,改变了计划委员会的设置,由内阁专职部长组成(whole-time member),将其地位降为起草计划和评估计划执行情况的机构。90 年代的市场化改革,使计划经济地位急剧下降,计划委员会支配的转移资金也明显减少,莫迪政府甚至希望以 2015 年成立的政府智库"转型印度全国研究院"(NITI, National Institution for Transforming India)代替印度计划委员会。

六、 2000 年的第 80 次宪法修正案与 2003 年的第 88 次宪法修正案

第十届财政委员会建议中央将其开征的税收总额的 26%划给邦[4],且将更多的联邦税收入在联邦和邦之间分配。从邦的角度而言,增加可以在联邦和邦之间分配的税种可以扩大其财政收入,从联邦或中央的角度而言,可以比较容易地推进税制改革,因为联邦在改革税制的时候不再

---

[1] Nirvikar Singh, *the Dynamics of Reform of India's Federal System*, Paper Prepared for the CESifo Forum-Issue on China & India (Vol. 8, No. 1, 2007), pp. 7 - 8.

[2] Dr. J. N. Pandey, *the Constitutional Law of India*, Central Law Agency, Allahabad, 48th Edition, 2011, p. 664.

[3] Granville Austin, *Working a Democratic Constitution*, *a History of the Indian Experience*, Oxford University Press, 1999, p. 619.

[4] 参见宪法第 80 修正案的说明, *STATEMENT OF OBJECTS AND REASONS*, http:// indiacode. nic. in/coiweb/coifiles/amendment. htm, March 12, 2012.

需要考虑哪些税种和邦共享是可行的,联邦在改革税制的时候邦也会积极互动。

在该建议的基础上,2000 年印度宪法第 80 修正案修改了第 269 条第 1 款,原来的第 269 条第 1 款详细列举了由联邦开征和征缴但全部转移给邦的税种,包括 1)除耕地以外的财产继承税;2)耕地以外的房地产遗产税;3)铁路、海运和空运的旅客和货物的终点税;4)铁路客货运费税;5)证券市场和期货市场除印花税之外的其他税;6)报纸销售税和报纸广告税;7)邦际贸易和商业中除报纸之外的销售税;8)邦际贸易中商品委付税。修正后的第 269 条第 1 款只保留了原来的第 269 条的 7)和 8)两项税收由邦开征和征缴同时转移给邦,即大大减少了联邦开征而由邦独享的税种。

2000 年的第 80 修正案同时修改了第 270 条,原来的第 270 条规定了由联邦开征和征缴但在联邦和邦之间共享的税种,该条只规定了农业收入之外的所得税一项。修正后的第 270 条则采用排除法,规定除以下税种之外,所有联邦开征的税都在联邦和邦之间共享:1)"第 268 条规定的税"(该条规定由联邦开征但由邦征缴和独享的印花税和医药化妆品税);2)"第 268A 条的税"(联邦开征但由联邦和邦分别征缴的服务税);3)"第 269 条的税"(该条规定的邦际贸易税和邦际委付税由联邦开征和征缴但全部转移给邦);4)"第 271 条的税"(指邦际销售税、邦际委付税和所有联邦和邦之间共享税的附加税);5)邦独享税。修正案通过排除法大大增加了联邦和邦之间共享的税种。

紧接之后的 2003 年,印度宪法第 88 修正案又增加一条即第 268A 条,授权联邦立法征收服务税,服务税在印度宪法和联邦与邦立法权分权的附表 7 没有任何规定,但这并不意味着联邦不可以征收服务税,因为附表 7 的联邦立法事项分表(Union List)最后一项(第 97 项)规定没有列在邦立法事项分表(State List)和共享立法事项分表(Concurrent List)中的任何事项立法,联邦都可以立法(包括征税立法)。但基于印度服务业已经占 GDP 总量的 48.5%[①],且为了和邦政府共享此税的收入,于是有第

[①] 参见第 88 宪法修正案的说明,*STATEMENT OF OBJECTS AND REASONS*,http://indiacode. nic. in/coiweb/coifiles/amendment. htm,March 12,2012。

88 宪法修正案：增加一条第 268A 项，同时在宪法附表 7 联邦立法事项分表中增加第 92C 项。但为了统一印度市场，2016 年第 101 次宪法修正案删除第 268A 条及附表 7 联邦立法事项分表第 92C 项，即取消服务税，而代之以商品服务增值税。

七、 印度宪法财政分权制度的特征

印度宪法第 265 条明确规定了"没有法律的授权不得征税"的财政立宪主义的基石；在宪法第五编《联邦》第二章《国会》的第 112 条至第 117 条规定了财政法案的立法程序，从细节上实现了"人民控制自己的钱袋"的原则；宪法第十一编《联邦和邦之间的关系》的第 246 条及其附表 7 详细划分了联邦和邦之间的征税立法权的划分、第十二编《财政、财产、合同和诉讼》编则具体规定了实际税收的分配，划清了联邦和邦以及邦与地方政府之间的财政关系。上述制度设计基本上达到了"财政立宪主义"的理想，也形成了一定特色的，值得其他国家借鉴的财政联邦制度，其特点主要有：

（一）印度宪法中的财政分权极为详细具体

印度宪法附表 7 非常详细地列举了联邦开征的税收、邦开征的税收和极少量的共同开征的税收。在划分了征税立法权的同时，印度宪法在宪法正文中又详细地列举了税收分配问题，包括：1）联邦开征且由联邦独享的税如某些税种的附加税；2）联邦开征和征缴但由两者共享的税，即 2000 年第 80 修正案后的第 270 条所排除的所有税都属于这类；3）联邦开征但由联邦和邦分别征缴和享有的税，如 2003 年第 88 修正案增加的服务税；4）联邦开征但邦自己征缴和独享的税，如第 268 条规定的印花税和医疗及化妆品消费税；5）邦自己开征和征缴的税，如邦内销售税和土地税等。这与美国宪法将财政分权问题几乎完全留给最高法院解决形成鲜明对比。

（二）印度财政联邦制的单一化倾向很明显

一些印度学者将印度联邦制称为准联邦制、有单一制特色的联邦制甚至直接否定其为联邦制，除了印度宪法中的剩余权归联邦（第 248 条）、联邦经法定程序可以直接对邦立法事项立法（第 249 条）、紧急状态条款

（第十八编全编）以及邦长由联邦任命等制度外，印度财政联邦制中的强联邦和弱邦设计也是其中重要的原因。

收入多的税都归中央，如所得税、公司（所得）税、除酒类之外的产品税（我国实施《增值税暂行条例》之后就逐步取消了产品税，现在已经不存在产品税）和关税。邦的税收只有销售税数额较大，其他税种都是小税种。2004—2005 年，邦政府的财政收入占印度财政收入总额的 39%，但支出则占 66%。[①] 邦以下地方政府的财政形势则更糟，2002—2003 年财政年度农村地方政府的自创收入只占其总财政收入的 7%，但支出占其总支出的 10%。城市地方政府（各个城市的市政府）情况稍微好些，与邦政府的情况相近，其自创收入占其总财政收入的 58%，支出占其总支出的 53%。所有邦以下地方政府收入只占全国财政收入的 1%，支出则占全国政府支出的 5%。[②]

邦政府和地方政府只能依赖税收分享、转移支付、向中央贷款等方式解决问题，这必然造成地方政府的弱势和中央政府的强势。著名宪法学家将印度财政联邦制度的最重要特点之一界定为"从中央到地方的大量的转移支付"[③]。

当然财政分权问题上强联邦和弱邦是很多联邦在二战后的基本特点之一，并不值得单纯批评，如"在合众国诉卡里格（United States v. Kahriger）(1953) 一案中，美国联邦最高法院认为：只要联邦法从表面内容看是征税的，法院不再探究其隐藏的规制动机也不关注该法是否侵犯了州的传统的警察权力。"[④]

（三）设立权威的机构来协调联邦和邦之间的财政分权

总统任命由 5 人组成的一个权威的咨询性质的财政委员会，宪法规

---

① Nirvikar Singh, *the Dynamics of Reform of India's Federal System*, Paper Prepared for the CESifo Forum-Issue on China & India (Vol. 8, No. 1,2007), pp. 4 - 5.
② Nirvikar Singh, the Dynamics of Reform of India's Federal System, Paper Prepared for the CESifo Forum-Issue on China & India (Vol. 8, No. 1,2007), p. 8.
③ M. P. Jain, *Indian Constitutional Law*, Lexis Nexis Butterworths Wadhwa, Sixth Edition, Nagpur, 2010, p. 627.
④ ［美］杰尔姆·巴伦，［美］托马斯·迪恩斯著：《宪法》（第 5 版），北京：法律出版社 2005 年版（影印本），第 84 页。

定总统必须听取其建议但并不受其约束。但是历届政府都尊重该委员会的报告,有些宪法修正案就是首先由该机构提出建议所引发的,这样就使联邦政府在财政分权上有一个缓冲,所以著名的学者称若无财政委员会,税收的分配将成为"公开的战争"。①

另外,1990 年出现的一个重要机构是邦际委员会(Inter-State Council, ISC),由总理、邦首席部长和相关联邦部长组成的论坛,设立该机构的宪法依据是第 263 条,该条规定,总统根据需要可以随时设立一个调查联邦和邦之间以及邦相互之间纠纷的邦际委员会。该咨询和调查性质的委员会不仅管辖财政纠纷,但财政分权显然是其重要的内容。

(四)存在多层财政分权趋势

印度宪法第 73 修正案增加第 243G 条和附属的附表 11,规定了农村基层政权——潘查亚特的制度建设;第 74 修正案增加第 243W 条和附属的附表 12,规定了城市地方自治政府的制度建设。授权潘查亚特权力的附表 11 和授权城市自治政府的附表 12 都没有规定征税权和具体的财政划分,但是这两个附表授权规定"邦可以通过法律将附表的权力授权给潘查亚特和城市地方自治政府,显然邦立法机关可以将宪法授权给它包含征税权的权力再授权给地方自治政府。如今大多数邦立法机关都制定了地方自治政府的有关法律,所以印度实际存在着多层财政分权的趋势。

第三节 论联邦制中的紧急状态条款

印度宪法中的紧急状态制度并没有放在第十一编《联邦与邦关系》中,而设专编第十八编《紧急状态条款》规定该制度。但是紧急状态的设计除了会影响公民基本权利之外,最重要的初衷是在特殊情况下重构联邦和邦之间的关系,因此也属于广义的联邦关系范畴。第十八编《紧急状态条款》,从第 352 条到 360 条共计 9 条,虽然条文并不多,但该制度对印

---

① Granville Austin, *Working a Democratic Constitution*, a History of the Indian Experience, Oxford University Press, 1999, p. 618.

度联邦制度和印度政治生活产生了巨大的影响,著名的宪法史学者认为
"紧急状态条款是影响印度联邦制的最大的因素"①。印度宪法学家也认
为"印度宪法的一个主要特点之一是正常的联邦制可以适应紧急状态的
需要"②。

今日世界各国,尤其是大陆法系的戒严制度,滥觞于上个世纪的法
国。③ 紧急命令权本为德、奥、日本等几个帝国元首所独有的权力。英国
自 1920 年有《紧急权力法》(Emergency Power Act)以来,紧急命令制盖已
变形地流入。④

印度宪法紧急状态的条款来源于 1935 年《政府法》,主要的区别是现
在总统紧急状态的权力需要经议会批准,⑤而原来的总督的此项权力不受
任何限制。

紧急状态条款在制宪会议讨论时有两个变化:其一是取消宪法草案
第 188 条,该条规定:可以不经部长会议商量而宣布紧急状态,联邦可以
接管除高等法院之外的所有邦政府权力;其二是增加总统可以根据财政
问题宣布紧急状态(印度宪法的第 360 条)。⑥

印度宪法将紧急状态分为三种。第一,战争、外敌入侵和武装叛乱致
使印度全部或部分地区的安全受到直接危险或者危险之虞,总统可以宣
布紧急状态(第 352 条);第二,总统接到邦长报告或其他途径了解到,认
为某邦政府无法依照宪法治理时,总统可以宣布紧急状态(第 356 条);第
三,总统认为印度或印度的部分地区因财政或信用出现危机,可以宣布紧
急状态。值得一提的是在 1978 年第 44 修正案生效前,其条件还包括"内
乱",因该条件含义甚为模糊和宽泛,容易被滥用。1975 年英迪拉·甘地

---

① Granville Austin, *The Indian Constitution*: *Cornerstone of a Nation*, Oxford University Press, New Delhi, 1966, p. 207.
② J. N. Pandey *The Constitutiaonal Law Of India*, Central Law Agency, 48th Edition, 2011, p. 738.
③ 陈新民:《德国公法学基础理论》,济南:山东人民出版社 2001 年版,第 647 页。
④ 王世杰,钱端升:《比较宪法》,北京:商务印书馆 2010 年版,319 页。
⑤ Granville Austin, *The Indian Constitution*: *Cornerstone of a Nation*, Oxford University Press, New Delhi, 1966, p. 208.
⑥ Granville Austin, *The Indian Constitution*: *Cornerstone of a Nation*, Oxford University Press, New Delhi, 1966, p. 211.

总理就是利用该条宣布紧急状态,以打击反对党,因此在修宪时被删除,而代之以武装叛乱(armed rebellion)。有学者将上述三种紧急状态分别称为全国紧急状态(National Emergency)、邦紧急状态(State Emergency)和财政紧急状态(Finacial Emergency)。[①]

一、 战争、外敌入侵和武装叛乱而宣布的紧急状态

第 352 条规定的被称为全国紧急状态(或战乱紧急状态)的紧急状态是三种紧急状态中最严重的一种,但宣布情况很少,对印度政治和法治影响不是很频繁。

(一) 宣布全国紧急状态的程序

总理咨询内阁部长会议后书面通知总统,由总统发布紧急状态公告(第 352 条第一款),1 个月内须经两院三分之二以上与会议员批准(1978年第 44 修正案之前是简单多数通过),但议会两院可以以简单多数否定或取消紧急状态命令(1978 年第 44 修正案之前,否决或取消紧急状态命令的权力由政府行使)。另外,1978 年第 44 修正案还规定,经十分之一以上的人民院议员的书面同意可以向人民院议长或总统(在人民院闭会时)提议停止紧急状态,国会必须在 14 天内召开特别会议审议是否停止紧急状态。

总统因战争、外敌入侵和武装叛乱的紧急状态而宣布的有效时间是一个月(1978 年第 44 修正案修改之前是 2 个月,邦宪法秩序无法保持和财政紧急状态的情况下仍是 2 个月),议会批准紧急状态后从批准之日起生效 6 个月(1978 年第 44 修正案之前是 1 年),6 个月后自动失效,若经联邦国会两院批准又可以延长 6 个月,且没有延长次数和总时间的限制。若紧急状态命令在联邦院(联邦院不解散永续存在)已经批准,但在人民院批准之前,人民院被解散,则紧急状态在新产生的人民院第一次会议之日起满 30 日失效,除非新产生的人民院批准了该紧急状态命令。

[①] J. N. Pandey, *The Constitutiaonal Law Of India*, Central Law Agency, 48th Edition, Allahabad, 2011, p. 738.

（二）法律后果

1. 对政府的影响

联邦政府可以直接向宣布紧急状态的邦和受宣布为紧急状态的邦威胁的邦（联邦行政机关和国会的权限可以延伸到没有宣布为紧急状态的邦是 1976 年第 42 修正案所增加的第 352 条第 2 款但书的内容）下达指令（第 353 条第 1 款）。

虽然邦议会仍然可以立法，但是联邦国会可以直接对本来属于邦的立法事项立法，其效力高于邦议会通过的法律，但联邦国会在紧急状态期间通过的本属于邦独享的立法事项的法律在紧急状态结束届满 6 个月时失效（第 353 条第 2 款）。

总统可以发布命令改变联邦和邦之间的财政分配，但是该命令在紧急状态宣告解除后的该财政年度结束时终止（第 354 条）。

联邦国会可以通过法律延长人民院或邦立法机构的任期 1 年，但在紧急状态解除后的 6 个月内必须解散（第 172 条第 1 款但书）。

2. 对人民基本权利的影响

首先，在紧急状态宣布之后，宪法第三编《基本权利》第 19 条的规定不得限制邦的任何立法和任何行政行为（第 358 条），也就是说，邦（实际上也包含联邦）的立法和行政行为在紧急状态期间可以任意限制公民的"言论、集会、结社、迁徙、居住和从业"6 项自由。

其次，公民的基本权利的司法救济权被停止。印度宪法第 359 条规定，总统可以发布命令禁止公民向法院申请保护第三编的基本权利，正在诉讼中的未决案件则停止诉讼。但是第三章第 20 条规定的犯罪嫌疑人和被告人的不得强迫自证其罪的权利以及第 21 条规定的生命自由权不受非法剥夺的基本权利仍受司法保护（此为第 44 修正案的内容之一）。

3. 对紧急状态命令的司法审查

1974 年最高法院在巴胡特·纳斯（Bhut Nath）诉西孟加拉邦一案中，认为紧急状态的问题是政治问题，不受司法审查，其争议应由"选票而不是法院解决"[1]。1975 年宪法第 38 修正案索性将该最高法院的判决意见

---

[1] AIR1974 SC806；(1974)1SCC645.

作为修宪内容以宪法第 352 条第 5 款写进宪法,规定"最高法院和其他任何法院都不得对总统宣布的紧急状态命令和宣布延长紧急状态的命令的有效性进行审查。"但是 1980 年的米内瓦·米尔斯(Minerva Mills)一案中最高法院法官巴格瓦迪(Bhagwati)认为紧急状态命令不能被排除在司法审查之外,甚至认为第 38 宪法修正案本身是违反宪法的,因为该修正案损害了印度宪法的基本结构之一——司法审查制度。

二、 邦宪法秩序无法运行的紧急状态(邦紧急状态)

如果说第 352 条的全国紧急状态主要针对外敌的话,那么第 356 条的邦紧急状态则主要是针对内政,但该条款却严重影响着印度的政治和法治。

(一) 宣布程序

印度宪法第 356 条规定的紧急状态条款一般被称为"总统治理"条款,该条规定:总统接获邦长报告或通过其他途径了解情况后,认为某邦政府已不能依照本宪法继续工作时,可以发布公告对该邦实行"总统治理"(第 356 条第 1 款)。

总统宣布的该公告的最长时间效力为 2 个月,如果经过联邦国会两院的批准,其效力期间为 6 个月(1976 年第 42 修正案之前是 1 年),在 6 个月的效力期届满前联邦国会可以重新批准延长效力,每次批准延长的时间也为 6 个月。但与战争、外敌入侵和武装叛乱情况下的紧急状态可以无限延长不同,该紧急状态命令的最长时间效力为 3 年(第 356 条第 4 款但书)。

如果在总统宣布"总统治理"命令的 2 个月期间人民院被解散,则总统命令的效力在新的人民院成立之日起 10 天届满时自动失效,除非新的人民院批准该总统命令(第 356 条第 3 款但书)。

一般的"总统治理"命令的总期限不得超过 1 年,除非印度或印度的邦已经在紧急状态期间或者印度选举委员会认为"总统治理"命令是必须的——无紧急状态的宣布邦立法会选举无法进行,在这种情况下可以宣布 2 次以上"总统治理"命令,时间可以延长到 1 年以上 3 年以下(第 356 条第 5 款)。

（二）"总统治理"命令的法律效力

首先，邦行政事务完全由总统或其代理人（一般是邦长，因邦长本来就由总统任命的）行使，以邦民意为基础的邦部长会议停止履行职责。其次，邦立法机构被解散或停止工作，联邦国会完全代替邦立法机构行使立法职能，同时联邦国会可以通过法律授权总统行使邦立法权。最后，基本权利的效力不受影响，基本权利的司法救济权也继续存在。

（三）"邦紧急状态"（总统治理）与"全国紧急状态"的区别

印度宪法第356条虽然规定在第十八编《紧急状态条款》中，但宪法并没有称该条是紧急状态条款（Imergency），所有的命令也仅以公告（Proclamation）称之，而第352条和第360条的财政紧急状态都被称为紧急状态（Emergency）或财政紧急状态（Financial emergency），可见第356条的"总统治理"与其他两条的"紧急状态"有潜在的区别，或者说第356条"总统治理"条款并非"紧急状态条款"，而只是"准紧急状态"条款。

首先，第352条的全国紧急状态需经过部长会议讨论，而第360条的财政紧急状态和第356条邦紧急状态（或总统治理）宣告无需经过部长会议讨论。另外联邦国会批准全国紧急状态不仅需要全体议员过半数通过，同时需要出席议员的三分之二以上通过，议会批准总统治理宣告经全体议员过半数和出席议员过半数即可。

其次，总统治理宣告有最长3年时间的限制，而第352条的全国紧急状态没有总时间的限制。

再次，就法律效果而言，第356条的"总统治理"条款——邦无法维持宪法秩序所引发的紧急状态更多地是影响中央和邦之间的权力-权力关系，第352条的战争、外敌入侵和武装叛乱所引发的紧急状态的后果更多地是影响国家与人民之间的权力-权利关系。

最后，总统治理宣告的效力仅及于被"宣告"的邦，而不影响其他邦，第352条的紧急状态的效力则可及于受被宣布为紧急状态的邦影响的其他邦。

三、 财政紧急状态

(一) 宣布进入财政紧急状态的程序

印度宪法第 360 条规定了 1935 年《印度政府法》没有规定的"财政紧急状况"条款(financial emergency)。该条规定,印度或印度境内任何地方的财政稳定或信用受到威胁的时候,印度总统可以宣布进入紧急状态,总统宣布的紧急状态公告的最长期限是 2 个月,但经联邦国会两院的批准则可以无限延长,既无批准次数和每次存续期间的限制,也没有最长时间的限制。

总统关于财政紧急状态的宣布必须立即提交联邦国会两院,若宣布之前或紧急状态宣布后在人民院通过该紧急状态宣告之前,人民院被解散,则在联邦院通过的紧急状态宣告后,在新的人民院产生后 30 天届满时自动失效,除非该紧急状态宣告被提前终止或者被新的人民院批准。

(二) 宣布财政紧急状态的法律后果

第 352 条的"战争紧急状态"主要影响的是国家和人民之间的关系,即限制公民的基本权利,第 356 条"总统治理宣告"影响的主要是联邦和邦之间的关系,而第 360 条的财政紧急状态条款则介于两者之间,但对现行宪法正常秩序影响最少(紧急状态本身的含义就是对现行宪法秩序的背离)。就行政关系而言,联邦行政机关可以向邦行政机关下达任何总统认为必须的有关财政问题的指令(第 360 条第 3 款),包括要求减少邦工作人员薪水的指令(第 360 条第 4 款),另外,总统可以指示减少包括最高法院和邦高等法院法官在内的联邦工作人员的薪水。

就立法关系而言,总统可以要求邦的财政法案在邦议会通过之后,提交总统考虑和批准。

该紧急状态不影响公民的基本权利,对邦立法机关和行政机关的影响也非常少,这估计也是立宪者没有规定该紧急状态的宣布必须经联邦部长会议讨论,也没有规定其生效的最长期限的原因。

四、 紧急状态制度实践的历史

(一) 第352条的全国紧急状态的实践的历史

第352条的全国紧急状态在印度共和国历史上被宣布过3次,第一次是在1962年中印战争发生后宣布的,到1968年被宣布终止。第二次是1971年印巴战争期间发布的,到1977年终止。第三次是在1975年6月26日印度总理英迪拉·甘地根据原宪法第352条的"内乱"(internal disturbance)向总统建议而宣布的,直到1977年3月21日终止。1975年宣布印度进入紧急状态的时候,因印巴战争宣布的紧急状态并未被解除,所以当时同时存在两个全国紧急状态公告。之后,从未根据印度宪法第352条宣布印度进入紧急状态。

(二) 第356条总统治理实践的历史

在尼赫鲁时代,印度国大党基本上一统天下,国大党不仅在联邦掌权,同时在大多数邦也掌权,联邦与邦之间的关系主要靠党内的磋商实现,需要实行总统治理的情况比较少,被滥用的情况更少。最早是在1951年的旁遮普邦,之后,1953年在派博苏邦(Pepsu State)、1954年在安德拉邦、1956年在特拉凡科·科钦邦以及1961年在奥利萨邦被适用过。但在尼赫鲁时代广受批评的是1959年联邦政府以民众反对邦政府为由解散喀拉拉邦的印度共产党政府。印度共产党认为中央的国大党政府不能容忍非国大党的地方政府,中央政府则辩解说喀拉拉邦"法治和宪制"已经被破坏,为了保护民主政体必须解散邦政府,且该决议在联邦国会获得多数通过。[①] 印度首任总理尼赫鲁借助宪法第356条开了一个极坏的先例。

在英迪拉·甘地时代,第356条的适用情况则相当频繁。1967年第四次大选之后,虽然国大党在联邦胜出,但地方政党数量大增,很多邦由非国大党执政,如比哈尔邦、喀拉拉邦、奥里萨邦、马德拉斯邦(今泰米尔纳德邦)、旁遮普邦和西孟加拉邦等7个邦,[②]邦政府经常是联合政府因此不太稳定,联邦以邦不能及时组织政府,属于"无法依据宪法运行"而实行

---

① M. P. Jain, *Indian Constitutional Law*, Lexis Nexis Butterworths Wadhwa, Nagpur, Sixth Edition, 2010, pp. 756-757.

② http://en. wikipedia. org/wiki/Indian_general_election,_1967, March 12,2012.

总统治理。1966 年至 1977 年,英迪拉·甘地的联邦政府曾经在 39 个邦实施总统治理。[1]

1977 年第六届印度大选中,国大党输给了人民党。同年 4 月人民党联邦政府依据第 356 条解散了 9 个非人民党的邦政府,并在邦举行新的选举。但临时联合起来的人民党联邦政府因党派之争任期未满即垮台,在 1980 年大选中获胜的国大党组织联邦政府,作为报复,国大党政府依据第 356 条同样解散了 9 个邦的人民党政府。[2]

后英迪拉·甘地时代不但地方性政党势力不断增强,即便是联邦政府也不断出现联合政府,联邦滥用第 356 条控制邦政府的能力越来越弱。进入 90 年代后,最著名的总统治理是在 1992 年 12 月,印度人民党国民自愿团(RSS)成员拆除了阿约迪亚巴布里清真寺,引发教派冲突,所在的北方邦的印度人民党(BJP)政府辞职,国大党的拉奥联邦政府启动第 356 条解散了印度人民党控制的中央邦、拉贾斯坦邦、喜马偕尔邦政府,实行总统直接治理。

人们广泛质疑印度宪法第 356 条在后尼赫鲁时代的适用。从印度宪法生效到 2000 年为止,第 356 条款已经被适用了 100 次左右。[3]

(三) 财政紧急状态实践的历史

印度共和国制宪会议增加而 1935 年《印度政府法》所没有的财政紧急状态至今从未被宣布过,在 80 年代末曾出现严重的财政赤字,联邦政府甚至靠卖黄金储备来解决危机,但最终没有宣布印度进入财政紧急状态。相反,印度政府在财政危机之下实行了经济自由化改革。

五、 司法机关对紧急状态的司法审查——博迈诉印度联邦案

有关当事人一直努力想对第 356 条第 1 款进行司法审查,但一直都

---

[1] http://en. wikipedia. org/wiki/President%27s_rule, March 12,2012.

[2] M. P. Jain, *Indian Constitutional Law*, Lexis Nexis Butterworths Wadhwa, Nagpur, Sixth Edition, 2010, p. 757.

[3] M. P. Jain, *Indian Constitutional Law*, Lexis Nexis Butterworths Wadhwa, Nagpur, Sixth Edition, 2010, p. 758.

没有成功。①

1968 年哈里亚纳邦前首席部长在高等法院起诉，认为中央违法对该邦实施总统治理，但是高等法院裁决却认为：其一，总统的行为是根据宪法实施的，总统的行为不是行政行为，根据第 361 条第 1 款的规定，总统行使职权的行为不受司法审查；其二，对是否宣布紧急状态宪法已经规定由联邦国会考虑，而不是由法院审查；其三，针对原告提出的联邦内政部长向总统提出的建议是恶意的意见，法院认为内政部长向总统的建议不受司法审查；其四，邦长向总统作出的建议也是不受司法审查的。②

在毕贾亚南德诉印度总统（Bijayanand v. President of India）一案中奥里萨邦高等法院认为"邦长向总统提出对邦实行总统治理的建议可以独立作出，无需咨询邦部长会议"，并认为"邦长的建议是否恶意或者是否基于不应被考虑的因素不受司法审查"。安德拉邦高等法院也持同样的观点。

1994 年印度最高法院在 S. R. 博迈诉印度联邦（S. R. Bommai v. Union of India）③案中则一改上述判决的意见，博迈案一定程度地改变了紧急状态制度的历史，也一定程度地改变了印度联邦制度的历史。本案上诉人萨玛帕·拉亚帕·博迈（Somappa Rayappa Bommai）1988 年 8 月 13 日担任卡纳塔克邦首席部长，1988 年 9 月博迈所在的人民党（Janata Dal）一名邦立法会议员叛党，之后写信（同时附其他 19 名立法会人民党党员的信）给邦长称有多名党员已经不支持政府，1989 年 4 月 19 日邦长据此向总统报告，称邦政府已经不受立法会信任，需要解散政府和对该邦实行总统治理。但第二天 19 名党员中有 5 人声称给邦长的信件的签名系伪造，称他们 5 人仍支持邦政府，首席部长博迈则要求召开立法会以投票决定邦政府是否受议会信任，但邦长不予理会。总统在同一天发布总统治理公告，第二天（4 月 21 日）邦长解散邦政府。首席部长不服总统和

---

① M. P. Jain, *Indian Constitutional Law*, Lexis Nexis Butterworths Wadhwa, Nagpur, Sixth Edition, 2010, p. 760.

② M. P. Jain, *Indian Constitutional Law*, Lexis Nexis Butterworths Wadhwa, Nagpur, Sixth Edition, 2010, pp. 760 - 761.

③ (1994)3 SCC 1.

邦长的行为,将印度联邦政府起诉到卡纳塔克邦高等法院,但被驳回,上诉人不服遂上诉到印度最高法院。

另外,1988 年 8 月 7 日,印度总统根据那加兰邦邦长的报告,发布公告解散该邦立法会和政府;1991 年 10 月 11 日,印度总统以梅加拉亚邦无法维持宪法秩序为由解散该邦立法会和政府;1992 年 12 月 15 日,阿约迪亚清真寺被印度人民党(BJP)外围组织国民自愿团(RSS)成员拆毁,引发宗教冲突,印度总统以宪法秩序无法维持和邦政府不执行联邦政府指示为由,同时解散印度人民党组建的中央邦、喜马偕尔邦和拉贾斯坦 3 个邦的立法会和政府。上述事件的有关当事人均不服印度总统的行为,遂引发诉讼,印度最高法院将这些案件和博迈案件合并审理。

该案件的最主要争议是:其一,总统行为和部长会议对总统的建议是否可被司法审查;其二,总统宣布总统治理的权力是否是无限的;其三,法院可否命令恢复被解散的议会和暂时中止新的邦议会选举。

对于第一个问题,最高法院认为,第 356 条原来的第 5 款"总统据以发布总统治理公告的理由具有最终性和决定性,不得以任何理由被司法审查"已经被 1978 年的第 44 宪法修正案删除,因此法院有权对总统发布总统治理的根据实施司法审查。对于宪法第 74 条第 2 款规定"总理和部长是否向总统提出建议,或提出何种建议不受法院审查",最高法院认为,虽然法院无权审查总理和部长向总统提出的建议的具体内容,但是法院有权审查作出这些建议的基本根据,若这些建议是恶意的或者是毫无根据的,则法院有权对其司法审查,且可以判决其违宪。

对于第二个问题,最高法院认为,总统的权力不是无限的,虽然宪法条文本身规定的实施总统治理的条件是"邦无法根据宪法运行",但对该条的含义,总统无权作任意解释,必须有确实的根据。

对于第三个问题,最高法院认为,法院有权发布命令恢复被解散的邦立法会,有权暂时中止新的邦议会选举。

根据上述观点,最高法院判决总统对中央邦、拉贾斯坦邦和喜马偕尔邦实施总统治理符合宪法,因为这些邦政府违反了宪法的基本原则之一——"世俗主义"——放纵甚至支持印度教极端主义拆毁巴布里清真寺。但最高法院判决总统对那加兰邦、卡纳塔克邦和梅加拉亚邦实施的总统治理违反宪法,因其实施总统治理缺乏明确和充足的根据。

法院作出如此大胆的判决解决纠纷的同时,作为判例法国家的最重要立法者之一,最高法院作出如下指示:首先,第356条不能被经常使用,只有邦有明确的违反印度宪法特定条文的时候才可以被适用。其次,第356条只能作为最后的解决问题的手段。第三,虽然无法详尽列举"无法依据宪法运行"的标准,但是如下情况则可以推定宪法秩序受到破坏:1)存在大规模的法律与秩序遭到破坏的现象;2)存在严重的管理不善现象;3)腐败和滥用职权;4)民族团结和国家安全受到威胁、煽动种族分裂、要求主权独立和推翻宪法。第四,如下情况不得被认为邦无法维持宪法秩序而实施总统治理:1)获得邦立法会多数支持的政府不得因其管理不善为由实施总统治理;2)邦部长辞职或被解除职务因而政府失去立法会多数信任的时候,首先必须寻求组建邦新政府,不得直接实行总统治理;3)邦长认为邦政府失去邦议会多数信任的时候,邦长必须给予邦政府一次信任投票的机会;4)第356条不得作为政治工具,联邦政府不得因邦政府不是本党组建的政党而利用总统治理予以解散;5)邦政府没有按照中央政府的指示行事不得作为实施总统治理的理由。

现在一般被称为"总统治理"的这两个条款(第356条和357条)在制宪会议中没有遭受资深制宪会议代表的反对,但其他人特别是 H. K. 卡玛斯(H. V. Karmath)提出激烈反对意见,称该制度"中央像希特勒一样接管邦的权力预示着印度的未来的终结,并祈求上帝删掉这个条款。"[①]虽然这两个条文的存在没有像卡玛斯所说那样产生如此严重后果,但第356条被滥用的事实以及产生的恶劣后果是不能低估的,R. S. 博迈诉印度联邦(R. S. Bommai v. Union of India)案的判决一定程度上缓解了卡玛斯的担忧,当年的制宪会议起草委员会主席安贝德卡博士希望第356条只是一个"形同虚设的"(dead letter)条款,悬而不用,博迈案判决一定程度上达到了"印度宪法之父"的期待,所以该案件应当是印度联邦史上的里程碑性的案件(Landmark Case)。

---

① Granville Austin, *The Indian Constitution: Cornerstone of a Nation*, Oxford University Press, New Delhi, 1966, p. 214.

但该判决也受到一些法学家的批评,首先,最高法院的判决是迟到的正义,那加兰邦、卡纳塔克邦和梅加拉亚邦有关总统治理事件发生在 1988 年、1989 年和 1991 年,但最高法院直到 1994 年才下判决,最高法院实际上不可能解散新选举产生的立法会而恢复原来被非法解散的立法会,所以法学家称该判决"使非法得以永久化,人民被剥夺了受自己选举产生的政府统治的权利。"①另外,认为该判决片面理解了宪法基本原则——"世俗主义",称是"误解世俗主义和仅仅针对印度教极端主义"②,因最高法院在该判决中认为中央邦、拉贾斯坦邦和喜马偕尔邦政府支持和放纵印度教极端主义,使宪法秩序无法维持,但对全国其他邦的穆斯林极端主义和其他教派的极端主义则视而不见。

第四节　联邦制度的晚近发展
——评 1992 年印度宪法第 73 次和 74 次地方自治修正案

传统的联邦制度是中央和地方之间的一次性分权,如联邦制度鼻祖的美国联邦制度就是联邦和州之间的分权,而不涉及州和州之下的地方政府之间的分权。而印度宪法在 1992 年的第 73 和第 74 修正案中则比较详细地规定了地方政府的框架性制度,因此可以说是在联邦制框架中设置了二次分权——邦与地方政府之间的分权。第 73 和第 74 修正案被认为具有历史性意义,因为"它希望新的潘查亚特和新的自治市政府开启一个民主和人民享有权力的新时代"③。

虽然东西方法治发展道路不同,但城市在法治建设中都起到关键作用,可以说西方法治起源于"城市共和国",起源于地方自治。国内法律文化研究专家也高度评价市镇法治对国家法治建设的重要意义,认为"现代

---

① J. N. Pandey *the Constitutiaonal Law of India*, Central Law Agency, 48th Edition, Allahabad, 2011, p. 757.

② J. N. Pandey *the Constitutiaonal Law of India*, Central Law Agency, 48th Edition, Allahabad, 2011, p. 757.

③ Subhash C. Kashyap, *Our Constitution: An Introduction to India's Constitution and Constitutional Law*, National Book Trust, India, second edition, 1995, p. 271.

西方社会团体的'法治'执行角色也在许多方面表现出来。特别是市镇自治，市镇里的公民社会就是区域的法治的执行者(严重案件除外)。"[1]

国内学者认为印度通过第 73 修正案的动机有三，首先是经济发展的需要，如提高农民在征地过程中和企业家谈判的能力以及提高政府资助的资金使用效率等；其次是民主国家的追求；再次是受国际大气候变动的影响，即"苏联的解体为印度敲响了警钟"[2]。

一、印度地方自治的历史

印度邦以下的地方政府分为农村中的地方自治政府——潘查亚特(Panchayat)和城市地区的自治市政府，都有悠久的发展历史。

(一) 印度宪法生效前的地方自治

1. 印度农村地方自治传统

潘查亚特(Panchayat)，潘查(Pancha)为印地语五人的意思，亚特(Yat)为治理的意思，潘查亚特的意思即为五人长老会，是印度古代农村的自治机构，其名称作为当今的农村地方自治政府被沿用至今。

在孔雀帝国时期，乡村成为基本的行政单位，但潘查亚特机构则是在笈多(Gupta)王朝时期形成的。莫卧儿时期，乡村成为行政管理的中枢，但乡村自治则因为种姓制度、封建制度和柴明达尔制度(中间地主制度)等因素的存在而衰弱，[3]东印度公司通过在农村设立公司机构而摧毁了潘查亚特机构，1857 年大起义之后英国人又逐渐恢复了该制度，并逐渐将潘查亚特管理制度化。

2. 印度城市地方自治传统

印度城市自治基本上是从英国殖民开始的，英国人 1687 年在马德拉斯设立市政自治机关(Municipal Corporation)，该自治机构由英国东印度公司指定成员，并无民选代表，1726 年在孟买和马德拉斯建立了相同的市政机关。1870 年第 4 任印度总督梅奥勋爵(Lord Mayo)在市政自治机

① 范忠信：《中西法律文化的暗合与差异》，北京：中国政法大学出版社 2001 年版，第 286 页。
② 王红生：《90 年代以来的印度的潘查亚特制度建设与政治改革》，载《南亚研究》2009 年第 2 期。
③ http://en.wikipedia.org/wiki/Local_self-government_in_India，March 5,2013.

关中引入代表选举制。被称为印度城市地方自治制度大宪章意义的文件是 1882 年 5 月 18 日以雷滂(Ripon)(或译为里彭)总督为首的印度殖民政府的决议,该决议规定民选的地方自治政府成员占多数,且由民选的成员担任主席,雷滂总督因此被誉为印度城市自治之父,[1]但该决议并未实际付诸实施。

3. 20 世纪资产阶级革命运动兴起之后印度地方自治的变化

蒙塔古(Montagu)与切姆斯福德(Chelmsford)改革以及 1919 年《印度政府法》改革将地方自治机构的管辖权下放给省,且力求保证地方自治机构的独立。虽然实际的贯彻实施仍然存在诸如缺少财政支持等问题,但该阶段地方自治的最显著特点是很多省的村庄都建立潘查亚特机构,并扩大其职权,使其不仅仅是临时法庭。[2] 到 1925 年为止,已经有 8 个省通过了《潘查亚特法》。

1935 年《印度政府法》在省一级实行责任政府,国大党政府在很多省政府竞选上台执政,地方自治机构也开始实施,虽然国大党 1939 年因反对英国不经印度人民同意而宣布印度参与二战而辞职,但地方自治政府直到独立没有大的变化。

4. 宪法草案对地方自治的态度

印度国父甘地非常崇尚乡村自治,将其视为印度政治的理想,甘地在制宪当时曾说"我希望国家权力是在 70 万个乡村之间分配……他们之间有真正的自愿的合作——但不是纳粹主义的合作方式。自愿合作产生的自由和秩序要比苏联的新秩序更高级。"[3]

但 1948 年的宪法草案没有规定任何有关潘查亚特制度的内容,7 人组成的宪法审查委员会审查后,该委员会于 1948 年 11 月向制宪会议提交修正的宪法草案,很多人对此提出批评,于是 1948 年 11 月 22 日在草案中增加了第 31A 条"国家采取步骤组织潘查亚特,赋予其相应职权使之成为自治政府。"1949 年 11 月 26 日宪法草案三读通过时,一些制宪会议

① http://www. indianetzone. com/24/growth_local_selfgovernment_india. htm, March 3,2012.
② http://en. wikipedia. org/wiki/Local_self-government_in_IndiaMarch 5,2013, March 5,2012.
③ Dharampal, *Panchayat Raj and India's Polity*, Other India Press, Mapusa Goa, 2000, p. 15.

成员同意宪法起草委员会主席安贝德卡的观点,但大部分人则希望承认乡村在印度政权中的地位,[①]即认为宪法草案中仅规定一条不能强制执行的"国家政策"条款是不够的。即使如此,之后也并未增加其他有关潘查亚特的条文,宪法草案中的第 31A 条在正式生效的宪法文本中是第 40 条(规定在第四编《国家政策指导原则》中),内容未作修改。

宪法正文也没有对城市自治政府作任何规定,只在附表 7——邦立法事项 5 中规定下列事项属于邦立法事项:地方政府,即包括市政自治机关、发展信托、地区委员会、矿区居民点机关和其他实施地方自治的机构以及农村行政管理的地方机关,即宪法仅在附表中明确该事项属于邦立法事项而已。

(二) 宪法生效后的地方自治

1. 农村潘查亚特地方自治

宪法生效后,印度中央政府在 1952 年开始实施"乡村发展计划"(Community Development Programe),1953 年开始实施全国扩大公务员(National Extention Service)措施,任命区发展官(Block Development Officer)和村级行政官(Village Level Worker)来实施对农村的管理,农村行政完全由邦政府派员实施。

1957 年成立以巴望特来·梅塔委员会(Balwantrai Mehta Committee)调查权力下放问题。该委员会提交了影响深远的报告,提出五项主要原则:(一)设立三个层级的潘查亚特;(二)必须有实际的权力和责任的下放;(三)将必须的资源转移给潘查亚特使其有能力履行其职责;(四)所有的福利和发展项目与计划都必须通过潘查亚特实施;(五)将来必须对三个层级的潘查亚特的职责作更明确的划分。到 60 年代中期,已经在 217300 个村建立潘查亚特,覆盖农村人口达到 92%。60 年代中后期,因为中央集权的发展,潘查亚特地方自治衰弱。选举不能如期举行,腐败盛行,工作低效,很多职责被政府部门直接代替。

1977 年上台的人民党政府任命以阿什科·梅塔(Ashok Mehta)为主

---

① Dharampal, *Panchayat Raj and India's Polity,*, Other India Press, Mapusa Goa, 2000, p. 18.

席的委员会调查潘查亚特建设问题。该委员会建议建立两层制的潘查亚特，即地区潘查亚特和村潘查亚特，且建议修改宪法，使潘查亚特制度具有宪法地位，并建议政党可以参与每次潘查亚特竞选，另外建议在潘查亚特中对落后阶层和妇女保留职位。人民党政府执政不到 2 年于 1979 年下台，使该建议并未付诸实施。

1985 年成立的 GVK. 拉奥委员会（GVK Rao Committee）和 1986 年成立的 L. M. 辛格威委员会（Dr. L. M. Singhvi Committee）建议修改宪法附表 7（联邦和邦立法权划分的附表），建议在潘查亚特中设立财政委员会。

拉吉夫·甘地总理 1989 年 5 月 15 日在国会提出宪法第 64 修正案，修正案虽经人民院通过，但未获得联邦院的通过。拉吉夫·甘地遇刺后，拉奥总理在 1991 年 9 月重新向国会提出有关潘查亚特的宪法修正案，1992 年获得国会通过，成为第 73 修正案，于 1993 年 4 月 24 日生效。

2. 自治市政府

就城市自治机关而言，在 1992 年第 74 修正案之前，印度有 3255 个市政机关，分为四类，分别是市自治机关（Municipal corporations）、市政委员会（municipal council, municipal board, municipal committee）、乡镇委员会（Town area committees）和公告地区委员会（Notified area committees）。

二、 地方自治修正案的主要内容

印度地方自治分为农村的地方自治和城市的地方自治，并分别通过第 73 和第 74 修正案，但城市自治政府的建设一直在运转，第 74 修正案对各市政府的影响不大，故本书更多论述农村地方自治问题。

(一) 潘查亚特第 73 修正案的主要内容

1. 潘查亚特的层级

该修正案规定：在农村设三层潘查亚特，分别是村潘查亚特、区潘查亚特（或中层潘查亚特）和地区潘查亚特，但人口在 200 万以下的邦，可以不设立区潘查亚特，即这些邦可以只设两个层级的潘查亚特。如今印度有 24 万个村潘查亚特、500 个地区潘查亚特和 6000 个区潘查亚特,民选的潘查亚特成员约有 300 万人。[①] 地区潘查亚特在人口和面积上相当于我国的地级市,区(或中级)潘查亚特相当于我国的县,村潘查亚特相当于我国的行政村(但也有很多著作将地区潘查亚特翻译成县潘查亚特)。例如印度南方的喀拉拉邦有 13 地区(district),故有 13 个地区潘查亚特,另该邦共有 152 个区潘查亚特,[②]故平均每个地区有 12 个区(中级)潘查亚特;同时该邦共有 978 个村潘查亚特,[③]故每个区潘查亚特辖区分成约 6 个村潘查亚特。

2. 潘查亚特机构的组成、产生和任期

印度宪法没有对潘查亚特组织机构成员作出具体人数规定,一般而言,村潘查亚特成员至少 5 人,最多不超过 40 人,一般管辖人数在 1000 人左右(但随着人口的增长,每个层级的潘查亚特管辖的人口已经远远超过该数字);若干村潘查亚特组成区潘查亚特(Panchayat Samity),大约管辖 100 个村庄,其成员约 20—50 人;全县的区潘查亚特组成地区潘查亚特(Zila Panchayat),一般管辖 8—10 个区。[④] 如 1958 年《孟买村潘查亚特法》(2011 年修正,现在的马哈拉斯特拉邦是从原孟买邦分出的,现在的法律名称则仍称孟买邦)第 10 条规定,村潘查亚特由 5 人至 17 人组成(具体人数由邦政府确定)。

所有潘查亚特成员都由直接选举产生(印度宪法第 243C 条第 2 款),但村潘查亚特主席可以成为中级潘查亚特成员,区潘查亚特主席可成为地区潘查亚特成员;联邦国会议员、邦议会议员可以成为区和地区潘查亚特成员,具体选举办法由邦法律规定。

第 73 修正案的一个重要特色是对表列种姓、表列部落和妇女在潘查亚特职位中的保留。宪法第 243D 条第 1 款规定:潘查亚特席位对表列种姓和表列部落实行保留,其保留的比例与该表列种姓和表列部落在该

① http://zhidao. baidu. com/question/304378087. html,March 12,2012.

② http://cyberjournalist. org. in/blocks. html,March 3,2013.

③ http://www. kerala. gov. in/index. php? option = com_content&id = 2064&Itemid = 2584,March 3,2013.

④ 巴昭军:《印度潘查亚特制度——地方制度重建的因素与过程》,华中师范大学硕士论文,指导教师:项继权教授。

潘查亚特地区所占人口比例相同,该保留可以在不同选区轮流进行。第 2 款规定:表列种姓和表列部落的妇女必须至少占第 1 款规定的保留席位的三分之一以上。但印度宪法不禁止邦立法机构对公民中的落后阶层在各级潘查亚特席位和主席职位作出任何更高比例的保留性规定。2009 年 6 月 4 日在印度总统向国会发表的演讲中,希望在潘查亚特组织中给予妇女 50% 的职位的保留。

潘查亚特的任期为 5 年,除非根据法律规定的条件被提前解散。

3. 潘查亚特的职权

邦立法事项中有有关地方政府的内容,宪法第 73 修正案的附表 11 则又详细地列举了农村自治政府的 29 项立法事项,但这些事项属于邦立法机构决定是否下放给农村自治政府的自由裁量权的范围。

印度宪法第 243G 条规定:根据宪法规定,邦立法机构通过法律赋予潘查亚特必须的职权,使之成为地方自治政府。邦法律可以将如下职权下放给各级潘查亚特:(一)有关经济发展和社会公正的计划起草;(二)包括第 11 附表有关的经济发展和社会公正事务的执行。

宪法第 243H 条规定潘查亚特的财政权,邦立法机构可以通过法律赋予潘查亚特下述职权:(一)根据有关程序和限制条件开征、征缴和分配有关税费的权力;(二)为特定目的,根据有关限制条件,将邦政府开征和征缴的有关税费转移支付给潘查亚特;(三)从邦共同基金中转移支付资金给潘查亚特;(四)成立基金以管理潘查亚特的资金的收付。

宪法第 11 附表规定邦可以制定法律由潘查亚特享有的 29 项职权主要包括:农业、土地、小型水利和水资源管理、动物繁殖、渔业、林业、乡村工业、乡村住宅、饮用水、燃料和饲料、道路桥梁等交通设施、非传统能源资源、扶贫项目、小学教育、技术和职业教育、成人及非学历教育、图书馆、文化业、市场管理、健康和家庭卫生设施等、医务室、家庭福利、妇女和儿童发展、残疾人和落后阶层的福利等、公共分配系统。

(二) 城市自治机关第 74 修正案的主要内容

1992 年通过的第 74 修正案,即市政机关自治修正案,在宪法正文增加第 9A 编《市政机关》(第 243G—243P 条,共计 18 条),同时增加宪法附表 12,该修正案于 1993 年 6 月 1 日生效。

宪法修正案将城市自治政府减少为 3 种,较大的市为市政自治机关(Municipal Corpoaration),较小的市为市政委员会(Municipal Council),城乡过渡地区为那加潘查亚特或镇潘查亚特(Nagar Panchayat),那加(Nagar)的意思为镇(Town)。因为有关市政府建设的法律属于邦立法事项,宪法只作框架性的规定,三种市政府设置的标准不一,例如在拉贾斯坦邦,人口在 50 万以上的市设立市政自治机关,人口在 10 万至 50 万之间的设立市政委员会,规模更小的设立那加潘查亚特,在哈里亚纳邦则是人口 30 万以上的就设立市政自治机关。①

大城市的市政自治机关自治性强,受邦政府干涉少,权力较大,而市政委员会和那加潘查亚特则主要受邦政府的控制为主。

市政府成员由选民直接选举产生,与潘查亚特一样实行议行合一的治理模式,即选举产生的市政委员会既是立法机关又是执行机关,任期为 5 年,除非根据法律规定的条件被提前解散。

宪法第 12 附表列举了邦立法机构可以通过法律将本属于邦政府的权力下放给城市自治政府,共有 18 项,主要包括城市规划、道路桥梁、供水、卫生、消防、绿化、残疾人保护、减少贫困、文化教育设施、丧葬事业、人口登记等。

邦立法机构根据宪法制定本邦的自治市政府组织法,一般是对市政自治机关单独立法。另外制定组织法适用于市政委员会和那加潘查亚特,同时各自治市政府又根据邦法律制定适用于本市的地方性法规(by-laws)。

三、 印度地方自治面临的困境和挑战

印度人自豪地称印度为世界上最大的民主国家,自 1952 年就开始举行联邦和邦大选。当时经济落后,文盲比例极高(独立之初 1947 的年印度公民识字率是 12%②),很多人担忧印度的民主可能持续不了很久,但

① Rumi Aijaz, *Challenges for Urban Local Government*, Asia Research Center, http://www2. lse. ac. uk/asiaResearchCentre/_files/ARCWP19-Aijaz. pdf, March 6,2012.

② http://en. wikipedia. org/wiki/Literacy_in_India, 2012-11-12 访问。

以选举为基础的印度民主制度延续至今。80 年代末和 90 年代初的印度经济自由化改革和 1993 年的第 73 和第 74 修正案则是印度民主发展的又一个重要的里程碑,也是世界民主浪潮的一部分,但印度的地方自治民主仍然面临诸多困境和挑战。

(一) 邦政府不愿放弃原有的权力

除宪法规定了农村和城市地方自治的框架制度外,地方自治的事项完全属于邦立法事项的范围,所以邦是否愿意放权成为地方自治成败的关键。

但是有学者总结说:"简言之,独立时候设计的政治架构和 70—80 年代的中央-地方的紧张关系共同造成了仇视潘查亚特治理的政治环境。……但例外是 1996 年左翼民主阵线在喀拉拉邦发起的人民运动(People's Campaign),将 35％—40％的计划项目下放给潘查亚特。"[1]实际上邦政府很多情况下是反对自治政府的,因为这等于是宪法将本属于邦政府的权力转移给地方政府。印度的很多邦政府仍然保留了人事任命、人事变动、税收和开支等权力,而不愿放权。[2] 在安德拉邦就有地区潘查亚特主席向该邦高等法院提出特权令(writ petititon)诉讼,要求高等法院命令邦政府执行印度宪法第 73 修正案的内容,[3]这更说明邦政府和地方自治政府之间的紧张关系。

即使是城市自治政府,也"没有多少邦真正落实第 74 修正案,下放给自治市政府的权力也是零星的和非常少的。"[4]

2009 年联邦潘查亚特部向各邦下发了《示范潘查亚特和村自治法草案》,但仅作为各邦制定潘查亚特法的参考。

这些列举的权力也是一些被认为不太重要的政府权力,如警察权和

---

[1] Craig Johnson, *Decentralisation in India: Poverty, Politics and Panchayati Raj*, Overseas Development Institute, London, 2003, p. 24.

[2] Craig Johnson, *Decentralisation in India: Poverty, Politics and Panchayati Raj*, Overseas Development Institute, London, 2003, p. 46.

[3] M. D. Nazrul Islam, *Decentralised Governance and Development in India: a Study in West Bengal*, Thesis for the Degree of Doctor of Philosophy in Political Science in University of Mysore, p. 4.

[4] Deepak Sharma, *An Evaluation of 74th Constitutional Amendment Act: A Case Study of Chandigarh*, India, JOAAG, Vol. 6. No. 1, p. 86.

征税等大权都掌握在邦政府手里,而基本没有列入可以下放的权力的范围。

(二)地方自治缺少财政支持

即使赋予地方政府有关职权,缺乏相应的财权仍不可能使地方政府真正自治。过去10年潘查亚特自筹经费只占经费总额不到10％,其余90％以上都是中央政府或者邦政府支持。[①] 与经费不足直接相连的情况就是农村地方政府办公设备的匮乏,25％的基层潘查亚特没有基本的办公场所,只有20％的基层潘查亚特有电脑。[②]

自治市政府同样财政困难,"自治市政府的财政困难和依赖援助是阻碍其实施发展计划的主要障碍,财政困难是自治市政府正常运行的最大敌人"[③],其支出的一半以上依赖上级政府。

(三)邦政府的派出机关与地方自治政府之间的权力划分不明确

邦以下的真正的权力机构是邦政府任命的地区行政专员(District Commissioner),或称税收官(collector),或称地区治安官(district magistrate)[④],是地区的实际上的行政首脑,负责财政税收、治安(有权监督警察局长的工作)、起诉犯罪(是该地区政府的首席检察官)、民政等所有事项,也是邦政府各部门在地方上的协调机构,该职位是印度公务员梦寐以求的职位。各邦一般分成若干地区(district),如印度的经济强邦马哈拉斯特拉邦分为35个地区,每个地区之下又分成若干更小的区域,由分区官(sub-divisional officer, SDO)负责。另除了地区专员之外,邦政府的其他分支机构在各地区行使广泛的职权,而在其辖区内的潘查亚特和自治市政府则没有什么实权。

印度研究机构认为:实际而言,地区行政专员(征税官或地区治安官)的职能界定不明,虽不是不可能但也难以界定。也许需要的是在界定

---

① Ministry of Panchayati Raj, *Roadmap for the Panchayati Raj（2011 - 2016）, an All India Perspective*, p. 34.

② Ministry of Panchayati Raj, *Roadmap for the Panchayati Raj（2011 - 2016）, an All India Perspective*, p. 14.

③ Deepak Sharma, *An Evaluation of 74th Constitutional Amendment Act: A Case Study of Chandigarh*, India, JOAAG, Vol. 6. No. 1, p. 88.

④ 因殖民时期地方行政官员的主要职能就是收税和维持法律秩序,故有此名,并沿用至今。

邦政府在地区派出机关权力的同时也要明确规定地区治安官的职权。①

即使邦政府不愿意放权,但明确界定邦政府派出机构和地方自治政府之间的分权也是一种明智的选择,将地方自治政府变成主要是提供具有经济内容的政府公共产品的机构,而保留地区行政专员的行政权力也不失为一种解决方案。

(四) 地方政府的腐败和低效率问题

印度是世界上最腐败的国家之一,"透明国际"在 2011 年将印度的廉政排名排在 178 个国家和地区中的第 95,如果仅从印度作为最大民主国家的角度而言,这是对民主最大的讽刺。

有学者估计有 55%—65% 的政府资金被官员侵吞,并认为腐败是潘查亚特面临的最重要的问题,20 年的实践没有改变印度南部的邦——卡纳塔克邦潘查亚特的腐败情况。② 区潘查亚特和地区潘查亚特的账目由审计署审计,但是 3 年审计一次,实际的监督功能薄弱。③ 根据印度学者的研究,印度公共生活的腐败越来越严重,而潘查亚特制度并没有减少腐败。④ 与高层腐败相比,地方政府可能更容易腐败,因为私人与政治家之间有更密切的联系。⑤

与地方政府腐败直接相连的是其低效率,在 2002 年有记者在中央邦和拉贾斯坦邦边界村庄采访时发现村潘查亚特没有积极施救而导致贱民饿死,而贱民和村潘查亚特机构只有几百米远。在有些地方,记者发现村民大会从来就没有召开过。⑥

---

① Research & Documentation Center, Himachal Pradesh Institute of Public Administration, *Steps to Ensure Effective Administration* (Volume-I): *Strategic Review of Machinery of State Government of Himachal Pradesh Government*, July 2007, p. 247.

② V. Vijayvalakshmi, *Corruption and Local Govermance*, *Evidence from Karnataka*, pp. 1 – 3, www. isec. ac. in/Karnataka_Vijayalakshmi-June_aligned. pdf, March 3,2012.

③ V. Vijayvalakshmi, *Corruption and Local Govermance*, *Evidence from Karnataka*, p. 4, www. isec. ac. in/Karnataka_Vijayalakshmi-June_aligned. pdf, March 3,2012.

④ V. Vijayvalakshmi, *Corruption and Local Govermance*, *Evidence from Karnataka*, p. 7, www. isec. ac. in/Karnataka_Vijayalakshmi-June_aligned. pdf, March 3,2012.

⑤ http://en. wikipedia. org/wiki/Corruption_in_local_government, 2012 – 11 – 12 访问。

⑥ Hartosh Singh Bal, *Raj*: *The imperfect pure democracy of Panchayati*, http://www. himalmag. com/component/content/article/1141-Raj—The-imperfect-pure-democracy-of-Panchayati. html, April 20,2012.

城市管理的效率也难以令人满意,印度学者认为印度独立后"印度的城市管理持续恶化"[1]。笔者在全印人均收入第一,号称东方牛津普纳市学习3个月,除了最大的几个大道外,一般的街道都很肮脏,而提供清洁等基本公共服务是自治市政府的最主要职能。印度人甚至称"地方政府和低效率就是同一个词。"

腐败的机会则与权力的大小成正比,而腐败被发现和被惩罚的概率则与监督的效率成正比。

印度农村地方自治政府的"基层潘查亚特的主要职责是批准政府救助人员名单、批准有关许可证照和通过每年的账目。"[2]而批准政府救助人员名单的职权则主要是因为印度经济发展落后——高达三分之一的贫困人口需要政府的救助,而许可证照则很多是因为印度政府的过度干预市场造成的。因此发展经济减少贫困人口、继续坚持90年代以来的市场化改革,减少政府干预,是减少腐败的重要手段之一。

就监督而言,上级政府的监督虽然效率高,信息渠道可能较为通畅,但是来自上级的监督者人数少,往往会被"俘获"而失去其应有的监督职能。

下层群众对权力的监督也面临诸多困难,极端贫困、文盲和印度法律的极端复杂都使普通公民监督政府困难重重。世界银行的研究表明虽然所有的村民参与选举,但只有20%—40%的村民参与潘查亚特的其他事务管理。[3] 可见村民并不积极参与基层政治,这更使监督形同虚设。另外,民选产生的潘查亚特管辖地域庞大,潘查亚特与百姓之间距离遥远,这也使监督难度变大。地区潘查亚特人口有200万左右,其管辖规模如我国的地级市,即使是村潘查亚特也管辖约5000人左右,与想象的直接民主仍然很远。

议会内阁制政府只存在于联邦和邦两级,地方政府并没有实行三权

---

[1] Deepak Sharma, An Evaluation of 74th Constitutional Amendment Act: A Case Study of Chandigarh, India, JOAAG, Vol. 6. No. 1, p. 85.

[2] Ministry of Panchayati Raj, *Roadmap for the Panchayati Raj* (2011 - 2016), *an All India Perspective*, p. 19.

[3] Ruth J. Alsop, Anirudh Krishna, Disa Sjoblom, *Inclusion and Local Eletcted Goverments: the Panchayat Raj System in India*, Publication of Social Development of the World Bank, p. 10.

分立,而是实行议行合一的管理模式,故基本不存在同级监督。

　　高薪养廉是官员自律的最重要的条件,但印度经济发展落后,而印度公务员队伍极端庞大,印度的公务员占全印受雇人员比例高达 39.5%,仅次于尼日利亚和塞内加尔(分别是 45% 和 43%)。假如将国有企业包含在内,公务员和国有企业职工占全印职工的比例高达 71.3%。[1] 地方自治政府工作人员的薪水与中央和邦政府比则更少,在监督不力的情况下,低薪对腐败的刺激则更严重。

───────────

[1] Craig Johnson, *Department of Political Science*, University Of Guelph, Ontario, Decentralization In India: Poverty, Politics And Panchayati Raj.

第五章

宪制发展与强国之梦

尼赫鲁在 1947 年 8 月 14 日午夜发表热情洋溢的独立演讲：当子夜钟声敲响，世界还在睡梦中，印度就将迎来生机和自由。[①]

尼赫鲁在制宪会议上说，"制宪会议的首要任务是通过制定宪法解放印度人民，使食不果腹者能吃上饭，使衣不蔽体者有衣穿，并给予印度人民发展自己的机会。"[②]印度宪法之父安贝德卡博士在制宪结束的演讲中最后说："我感觉，这部宪法是可行的；不管是在和平时期还是在战争时期，她都有足够的弹性和力量将这个国家团结在一起。在这部新宪法之下，如果事情出错的话，其原因不是因为我们拥有了一部坏的宪法，我们不得不说那是因为人的邪恶。先生们，我走了。"[③]

但印度至今仍是世界上最贫困的地方，三分之一以上的人生活在贫困线之下；2013 年初一场寒流就使印度北方 250 人冻死[④]；社会弱势群体如妇女的权益毫无保障，《印度时报》在 2013 年 3 月 8 日世界妇女日报道，城市中每 10 名印度妇女有 9 名身感不安全，在首都德里，每 2 小时就

① 王红生，[印度]B. 辛格：《尼赫鲁家族与印度政治》，北京：北京大学出版社 2011 年版，第 77 页。

② 参见 Nehru, Constituent Assembly Debates (CAD), 11, p. 3 转引自 http://en. wikipedia. org/wiki/Constituent_Assembly_of_India。

③ Dhananjay Keer, *Dr. Babasaheb Ambedkar*, Popular Prakashan, Bombay, Fourth Edition, 2009, p. 410.

④ http://newsonair. nic. in/, January 6, 2013.

有 1 名妇女被性骚扰或被强奸。①

　　印度民选的制宪精英们制定了世界上最长的宪法，寄予了当年 3.58
亿印度人的梦想和期待，但 62 年后的现实只能说是差强人意。宪法和宪
制与社会发展、大国兴衰的关系到底是什么？

第一节　大国兴衰视角下的宪制主义

　　法学家研究的宪制是英国 1688 年"法治国"诞生之后的事情，而地球
有 50 亿年的历史，生命有 40 亿年的历史，②人类有几十万年的历史，人类
文明史至少也有几千年，但法治和宪制的历史不过几百年，但这几百年的
法治和宪制却深深地影响了近现代的人类。

一、　什么是法治与宪制

　　法治诞生于英国，因此英国权威学者对法治的定义是极具参考价值
的，英国法学家戴雪在其旷世名著《英宪精义》中将法律主治界定为三个
标准：武断权力的不存在、普通法律和普通法院居优势、宪法通则形成于
普通法院的判决。③ 从中可以看出，戴雪眼里的法治基本等同于法院主
治——通过法院保护个人自由即为法治。

　　我国改革开放后一些著名法学家对法治的定义甚为简略，"我们所讲
的法治，其核心问题就是依法办事"，但又委婉地指出"实行法治，不仅需
要转变观念，而且需要加快政治体制改革的力度和步伐"。④

　　我国政治家则将法治的重点落实于"守法"和"提高文化"——"我们
国家缺少执法和守法的传统，……法制的观念与人们的文化素质有关。

---

① http://newsonair.nic.in/full_news.asp? type = bulletins&id = 112，March 9,2013.
② ［美］斯塔夫里阿诺斯著：《全球通史——从史前到 21 世纪》（上册），吴象婴等译，北京：北京大
　　学出版社 2006 年版，第 4 页。
③ ［英］戴雪著：《英宪精义》，雷宾南译，北京：中国法制出版社 2001 年版，第 232—239 页。
④ 沈宗灵主编：《法理学》，北京：高等教育出版社 1994 年版，第 185 页。

现在这么多青年人犯罪……一个原因是文化素质太低。"①

印度有学者在给法治下定义之前也是先引述戴雪的法治定义,然后引述国际条约和印度司法判例的阐述,最后提出自己对法治的界定——其一,政府武断权力之不存在;其二,个人权利的保障。② 印度最通用的法律词典对法治的定义则极端简略和具有实用主义色彩——法治(Rule of Law)是"行政指令不得推翻法律条文,否则法治将不存在"。〔词条定义引自穆纳·拉尔·詹诉阿萨姆邦(Muna Lal Jain v. State of Assam)案判决书③〕

不同背景的人一定会得出不同的法治的定义,笔者则将法治定义为"在有序和公平竞争前提下的人权的保障"。

法治的基石是宪制,在法治国诞生地英国,法治和宪制并没有什么区别,因为英国根本就没有宪法。但在成文宪法时代,宪制逐渐被人们所单独关注。

与法治一词的久远的历史不同,宪制一词的历史相当短暂,"最早出现于 19 世纪初叶的'宪制主义'(constitutionalism),开始时是一个不名誉的字眼。1832 年,英国当时的桂冠诗人苏瑞用它来贬抑当时的急进改革者的……"④;牛津法律词典(第五版)、科林斯法律词典(第二版)和布莱克法律词典(第八版)等英语法律词典都没有收录宪制(constitutionalism)一词;在中国,宪制一词的流行则从清末预备立宪开始。⑤ 中国新近的法律词典的解释是"宪制是一种政治形态"⑥,印度法律词典的解释则是"控制政府的权力使作为政府基础的民主原则不被破坏"⑦〔该定义引自 I. R. 克依何诉泰米尔纳德邦(I. R. Coelho v. State of Tamil Nadu)案判决书〕。

宪法的内容无非两点,其一是界定国家和人民之间的分权;其二是界

---

① 《邓小平文选》(第三卷),北京:人民出版社 1993 年版,第 163 页。

② M. P. Jain, *Indian Constitutional Law*, Lexis Nexis Butterworths Wadhwa, Sixth Edition, Nagpur, 2010, p. 9.

③ AIR 1962 SC 386.

④ Greenstein:《政府政治与程序》,幼师文化事业公司 1983 年版,第 39 页,转引自张凤阳等:《政治哲学关键词》,南京:江苏人民出版社 2006 年版,第 112 页。

⑤ 周小明:《财政立宪主义的历史与现实》,载《苏州大学学报》2012 年 4 月。

⑥ 中国社会科学院法学研究所:《法律词典》(简明本),北京:法律出版社 2004 年版,第 719 页。

⑦ (2007)2 SCC 1.

定国家机关之间的分权,前者的目的是为了保障人权,后者则是为了控权,但后者最终要为前者服务,所以宪制就是通过控权实现人权。

除自然科学之外,与社会发展直接相关的几个社会学科就是政治学、法学、经济学等几个学科,研究"群体的善"的政治学是研究政治资源的分配的科学;法学是权利的分配的科学;经济学是"研究社会如何管理自己的稀缺资源"。① 实际上三者都是研究资源的分配问题,即研究如何实现资源分配最优,以实现社会发展。但政治学和经济学更多地是从动态的角度进行研究,所谓政治学重"权变",经济学则更接近自然科学——以数学研究经济资源的动态分配,而法学则以静态的视角研究可以被法学接受的"权利资源"的分配问题。可见法学不太注重发展——法学既不注重权变,也不关注科学,在所有社会学科中法学对人类的贡献也是较小的。

因此在发展中国家,法治和宪制的目的应该是通过对静态的"权利资源"的配置以促进"权利资源"发展。

二、 大国兴衰有无凭

地缘政治学的实际创始人拉策尔(1844—1904)首先提出了"世界大国"(world power)的概念,②但本书所谓的大国不但指国际政治学所研究的拥有强大经济和军事实力的大国,如我国学者所罗列的 1800 年以来的英国、法国、德国(普鲁士)、俄罗斯(苏联)、奥匈帝国、意大利、美国、日本以及中国,③还指虽然经济和军事实力不一定达到传统大国的标准,但其制度特别是法律制度被世界极大关注的一些国家如瑞士和新加坡等,因此本书所指的大国更多的是指制度大国或者说法治大国。

每个大国的崛起都是内外多重因素综合作用的结果。崛起的基本标志就是该国生产力相对于周边国家来说发展速度更快,而生产力的基本

---

① 〔美〕曼昆著:《经济学原理》(第 3 版),梁小民译,北京:机械工业出版社 2005 年版,第 4 页。
② 丁力:《地缘大战略——中国的地缘政治环境及其战略选择》,太原:山西人民出版社 2010 年版,第 14 页。
③ 门洪华:《构建中国大战略的框架——国家实力、战略观念与国际制度》,北京:北京大学出版社 2005 年版,第 6 页。

要素是劳动力、劳动工具和劳动对象。劳动对象主要是外在资源,是纯粹客观的因素;劳动者是主观的因素,是能动的因素;劳动工具则是劳动者加工劳动对象的产物,是主客观因素的结合。

　　生产力发展的客观制约因素是这个国家占有的资源,因此资源丰富的地区往往容易成为大国崛起的地区。在农耕文明时代,可耕种和放牧的土地成为生产力发展的核心要素,古代重要文明都是在适于耕种和放牧的核心地区向外发展。古巴比伦文明、古埃及文明、古雅典文明、印度文明和中华文明等都是在这个物质条件上产生的,并且这些文明都处在欧亚大陆上,远隔文明中心的美洲、非洲和大洋洲都没有发展出与欧亚农耕文明相同水平的文明,原因是同在欧亚大陆上文明之间的交往成为可能,而欧亚大陆之外的地区则无法共享文明成果。近代工业文明是在农耕文明基础上产生的——农业生产能够提供足够的食物以使人类能够从事农业以外的生产,但近代工商业文明虽然依托于农耕文明却高于且相对独立于农耕文明,因此工业革命没有发生在古代文明发祥的中心地区而是发生在农耕文明边缘地区的英国。信息经济对传统物质资源的依赖则更少,其主要依托于人力资源。因此地理物质因素随着文明形式的进步演化而越来越居于次要地位。

　　地缘政治学是一门比较重视国家地缘物质优势的政治学说,"地缘政治学"一词由鲁道夫·克吉伦(1846—1922)首创,他把地缘政治学定义为将国家看成占有空间位置的地理生物和现象的科学。[①] 但地理的物质因素只是大国兴衰的一个外因,内因则是这个国家政治体制,就近现代而言,则是这个国家的宪制状况。政治体制的内核是人,判断一个国家政治体制优劣的标准是考察其激发人的潜能的效率的高低,以近现代的法学标准而言,就是人权发展状况,而决定人权发展状况的是公平竞争。

　　就中国文明而言,西周代替商朝、周贵族制度的瓦解、秦灭六国和清2000 年帝制的覆亡都是公平竞争战胜不公平竞争的结果,同时也是人权战胜神权和人权战胜王权的结果。就西方文明而言,罗马帝国战胜古希

----

① 〔英〕戴维·米勒,韦农·波格丹诺编,中国问题研究所等组织翻译:《布莱克维尔政治学百科全书》,北京:中国政法大学出版社 1992 年版,第 291 页。

腊民主制度;日耳曼征服古罗马帝国以及工商业经济的英国崛起甚至美国称霸全球都是公平竞争机制发挥作用的结果。

(一) 中国国家兴亡更替的内在原因

假借天意发布王命是现存夏朝法的主要形式,[1]商朝则尚鬼神,"但无论如何,对神权的迷信和崇拜,是商代的法律运作中占主导地位的思想。"[2]而周的法治指导思想则成为"敬天保民""明德慎罚"等思想,可见周相比较于夏和商而言,更加重视"人权"——将人的地位上升到一个新的高度。

周朝的崩溃,即所谓的"礼崩乐坏"是历史的进步,大教育家孔子看不到这点,于是批评"八佾舞于庭,是可忍孰不可忍"的僭越行为,他极力主张恢复西周的贵族制度。春秋战国时代铁器的广泛应用于生产是生产要素的进步,而贵族制度的瓦解则是生产要素中人的解放,是一个权力下放和"人权"发展的过程。

秦国结束战国的混乱局面而统一天下,但"暴秦"16 年而亡。其原因在贾谊的名篇《过秦论》已经论及:九国之师"尝以十倍之地,百万之众,叩关而攻秦,秦人开关延敌,九国之师,逡巡不敢进。秦无亡矢遗镞之费,而天下诸侯已困矣。"但是陈胜吴广"一夫作难而七庙隳",对上述疑问,贾谊得出的结论是"仁义不施,而攻守之势异也。"秦帝国从秦孝公开始在列国中首先废除贵族制度,任用商鞅实施"法治",以军功论爵位,而列国中的其他国家仍然实行以出生论英雄的落后的贵族制度,因此在秦灭六国的前 100 年,秦孝公时代的"法治"就已经决定了必定是秦国统一中国。秦胜列国本质上则是平民制度战胜贵族制度,是帝国制度战胜邦国制度。

清朝的灭亡既不是由内忧也不是外患直接造成的,而是"帝国的终结",是一种制度的结束,所谓"清之败,不是王朝之败,而是制度之败,也是潮流之败"[3],本质是人权战胜王权,是民主制度战胜帝制。

改革开放三十年的发展的成功,GDP 以每年 8% 的比例高速增长,除

① 叶孝信主编:《中国法制史》,上海:复旦大学出版社 2008 年第 2 版,第 8 页。
② 叶孝信主编:《中国法制史》,上海:复旦大学出版社 2008 年第 2 版,第 17 页。
③ 易中天:《帝国的终结——中国古代政治制度批判》,上海:复旦大学出版社 2007 年版,第 265 页。

了我国的人口红利、资源大国等因素之外，最重要原因是引入市场竞争，并且从国内竞争逐渐扩展到全球竞争。计划经济年代往往注重的是结果公平，但是缺少竞争，公平竞争则更无从谈起。所以四十几年中国改革开放的成功更证明了人类历史的发展史就是公平竞争的发展史，实际上也是人权的发展史。

中国改革的深化是公平竞争发展的持续，改革的深化主要表现在两个方面，其一是反垄断的深入进行，即经济领域公平竞争的深化，使国有经济和民营经济公平竞争；其二是政治体制改革的深化，即将公平竞争观念融入到政治领域，使公权力的运行更加透明。只有继续深化改革，将公平竞争的水平继续提高，中国才能实现可持续发展。

（二）西方文明发展的内在动力

古希腊城邦文明创立的民主制度、哲学思想和艺术是西方文明的源泉，但后来崛起的罗马征服了希腊城邦，最后建立了庞大的罗马帝国。"罗马人获得成功的另一个原因是，他们对待意大利其他民族的做法很开明。早先，雅典向希腊同伴征收贡物，且从不给予他们公民权。而罗马，则准许半岛约四分之一的居民享有充分的公民权，其余的人享有拉丁公民权，即一种大而不充分的特权。"①英国史学家也认为"这种先把市民权赋予最容易治理的城市，继而扩展到全国的做法，是罗马发展过程中一种特有的方式"。② 这种给予外族公民权的开明做法就是一种公平竞争的机制。也有学者将罗马兴起的原因归结为"宽容"，称当年的罗马是"唯一包含世界所有民族的祖国"③，布匿战争充分证明了罗马推行民族宽容政策的成功，④同时，"鼎盛时期的罗马帝国是现代以前经济全球化、自由贸易和开放市场的榜样"⑤，实际上这种民族融合政策是典型的公平竞争的政策。可见希腊民主制度有其缺陷性，至少这种民主的范围过于狭窄，其公

① [美]斯塔夫里阿诺斯著：《全球通史——从史前到21世纪》（上册），吴象婴等译，北京：北京大学出版社2006年版，第122页。
② [英]赫伯特·乔治·威尔士著：《大国的崛起——从成功走向辉煌的世界强国启示录》，徐建萍译，西安：陕西师范大学出版社2007年版，第78页。
③ [美]艾米·蔡著：《大国兴亡录》，刘海清、杨李武译，北京：新世界出版社2010年版，第27页。
④ [美]艾米·蔡著：《大国兴亡录》，刘海清、杨李武译，北京：新世界出版社2010年版，第31页。
⑤ [美]艾米·蔡著：《大国兴亡录》，刘海清、杨李武译，北京：新世界出版社2010年版，第31页。

平竞争的水平远远没有罗马人的政治体制高。另外,希腊城邦之间的征战削弱了民主制度应该发挥的秩序基础,使法治发挥功能的基础——秩序丧失,这也是其被罗马征服的重要原因。

希腊文明对世界的最重要贡献是哲学思想和公法制度,而罗马则向后人贡献了辉煌的建筑艺术和精美的罗马私法等更世俗的文明。但发达的罗马帝国没能阻止落后的日耳曼民族的进攻,公元 476 年西罗马帝国灭亡。"落后的"日耳曼蛮族对"进步的"罗马帝国的胜利是日耳曼军事民主制度对罗马帝国奴隶制度的胜利。史家对此的论断是罗马帝国衰亡的根本原因是技术落后,而技术落后归因于奴隶制度。"奴隶制的普遍存在,是造成技术停滞不前的原因之一。"[1]"另外,奴隶制对劳动的否定态度,也阻止了技术的发展。"[2]显然,日耳曼民族的军事民主制度比奴隶制度更具有公平竞争精神。另外,就军事战争而言,虽然古罗马的武器装备更加精良,但是日耳曼民族没有奴隶制度,是全民皆兵制,即军事民主制,而罗马帝国的奴隶不属于"人",不能被武装,因此其整体战斗力肯定不如日耳曼民族。简言之,促使罗马共和国和罗马帝国崛起的公平竞争精神的丧失造成罗马的衰亡——"罗马共和国末期的富裕阶级、军事统治者的税官们已经榨干了罗马的生命力。于是我们就很清楚蒙古民族西进的原因、方法和时机了:东方的压力、西方的腐败,以及通畅的道路。"[3]

日耳曼战胜罗马帝国,把奴隶解放为平民是社会的巨大进步,是公平竞争的重大发展。但西欧封建社会被称为黑暗的中世纪,其主要原因是相对于资产阶级革命之后的社会来说,中世纪的神权和王权限制了人的自由的发展,同时没有形成民族国家,无法形成和平秩序,且无法整合资源,因此法治和人权都无从谈起。继西班牙和葡萄牙形成民族国家之后,英国的资产阶级革命结束了中世纪的历史,革命限制了王权——第一次在世界史上创立了"王在法下"的制度,也限制了神权。之后发生的工业

---

① [美]斯塔夫里阿诺斯著:《全球通史——从史前到 21 世纪》(上册),吴象婴等译,北京:北京大学出版社 2006 年版,第 174 页。

② [美]斯塔夫里阿诺斯著:《全球通史——从史前到 21 世纪》(上册),吴象婴等译,北京:北京大学出版社 2006 年版,第 174 页。

③ [英]赫伯特·乔治·威尔士著:《大国的崛起——从成功走向辉煌的世界强国启示录》,徐建萍译,西安:陕西师范大学出版社 2007 年版,第 109 页。

革命则彻底改变了世界的面貌,也使英国成为"日不落帝国",成为第一个制度优越的世界性大国(1500年之前的大国只能是地区性大国)。工业革命之所以发生在英国,除了诸多物质因素之外,例如岛国的地理位置有利于海外贸易、海外殖民获得充足资金等,但其中的根本原因是其"法治国"的诞生。英国的光荣革命第一次确立了"议会高于国王"的原则,同时通过了《权利法案》《王位继承法》等一系列宪法性法律,使英国成为历史上第一个"法治国"。著名史家钱乘旦认为"但根本的一个因素却是:光荣革命后英国确立了一个合适的政治制度,这个制度保证社会有宽松、平和的环境,让人们追求个人的目标,最大程度地发挥创造力。"①其他学者也认为"通过17世纪英国革命而最终形成的政治体制,也为此后英国经济的迅速发展提供了可靠的政治保障"②,学者艾米·蔡仍将英国的成功归结为"宽容"——"犹太人、胡格诺派教徒和最重要的苏格兰人——他们都能自由地进入英国社会,而且不受任何限制。"③被称为经典中的经典的斯塔夫里阿诺斯的《全球通史》则概括说"从世界史的观点看,英国革命的主要意义在于确定并贯彻了自由主义原则。"④而自由主义相对于封建主义的意义在于它张扬了小贵族和资产阶级的人权。英国成为一个多世纪的世界领导者的原因是多元的,但根本原因是其创立的宪制制度,使公平竞争上升到一个新的水平。

　　二战之后,英国衰弱了,而美苏成为世界霸主,美苏迅速发展的外在原因很多,但最重要的原因仍然是美国和前苏联的体制具有更高层次的公平竞争精神,美国的移民开拓精神本身就是竞争文化的体现。英国是第一个法治国,但英国并未按照理性精神设计成文宪法,也无违宪审查机制,即英国实行的是"议会主权",议会可以制定任何法律扩大或者限制公民的自由。美国则一改英国的不成文宪法模式,制定了《美利坚合众国联邦宪法》,另按照孟德斯鸠《论法的精神》的三权分立原则设立了三权分立

---

① 钱乘旦,许洁明:《英国通史》,上海:上海社会科学院出版社2007年版,第22页。
② 高岱等:《强国之鉴》,北京:人民出版社2007年版,第77页。
③ 〔美〕艾米·蔡著:《大国兴亡录》,刘海清,杨李武译,北京:新世界出版社2010年版,第160页。
④ 〔美〕斯塔夫里阿诺斯著:《全球通史——从史前到21世纪》(上册),吴象婴等译,北京:北京大学出版社2006年版,第515页。

制度,马歇尔大法官通过判例确立了违宪审查制度——法院可以判决违反宪法的法律和行政命令无效,以保护人民的自由。美国稳定的宪制制度提供了一个稳定的政治局面,同时也将政治领域的公平竞争上升到一个新的水平。在经济领域,美国以自由竞争立国,但到了 19 世纪末期,垄断阻碍了公平竞争。新上任的西奥多·罗斯福严厉执行 1890 年《谢尔曼法》,将很多垄断企业告上法院,并将垄断企业肢解,大资本家 J. P. 摩根祈祷这位对资本家毫不客气的总统早点死,①但这使美国经济的自由竞争精神得以延续。美国移民的冒险精神、完善的宪制制度和自由竞争的企业精神构成了美国公平竞争的内在文化,是其成为最近 100 年的世界领导者的内因。英国的衰弱除了二战带来的创伤、资源的限制等原因外,最重要的原因是其公平竞争的制度和精神落后于美国。战后英国实行高福利政策,政府开支巨大,最终出现著名的"滞涨现象",通称"英国病"②,撒切尔夫人上台为此实行四项措施,一是私有化,二是控制货币,三是削减开支,四是打击工会力量,③并引领世界私有化浪潮。高福利和过于强势的工会地位实际上一定程度上在养懒汉,使竞争精神丧失,一旦丧失竞争精神,公平竞争也就荡然无存。另英国仍然保留了陈旧的贵族制度,而贵族精神是与自由竞争的企业精神相违背的。

前苏联的社会主义模式不但追求资本主义的机会公平,同时更加注重结果和起点的公平——通过国有化彻底消灭资产所有的不公平,使普通人都处于同一个起点上。无产阶级专政使国家管理者局限于资产阶级的制度成为历史,计划经济也避免了自由竞争造成的浪费和无序。前苏联建立无产阶级政权之后迅速实现了工业化,成为可以抗衡美国的世界性大国。前苏联的崛起的原因有丰富的资源、广袤的国土等诸多因素,但根本原因仍然是当初的制度设计将公平竞争上升到一个新的高度。苏联后期体制的僵化也反证了公平竞争的重要性——部分共产党员成为特权阶层,统得过死的计划经济也使竞争完全丧失。

哈佛大学法学院的亚裔学者艾米·蔡考察了波斯帝国、罗马帝国、蒙

---

① 狄红秋主编:《名人殿堂——美国总统篇》,天津:天津大学出版社 2008 年版,第 150 页。
② 钱乘旦,许洁明:《英国通史》,上海:上海社会科学院出版社 2007 年版,第 344 页。
③ 钱乘旦,许洁明:《英国通史》,上海:上海社会科学院出版社 2007 年版,第 345 页。

古帝国、西班牙王国、荷兰共和国、奥斯曼帝国、大明帝国和莫卧儿王朝、大英帝国和美利坚合众国等世界历史上十几个超级大国的兴衰,将其兴起的原因归结为"宽容"。认为"那么相对少的波斯人通过什么方式统治如此巨大的疆土和庞大的人口呢?⋯⋯包容是他们成功的关键:包容不仅让他们建立了世界上最大的帝国,而且帮助他们维持了这个帝国的存在。"①即使被近代先进制度淘汰的奥斯曼帝国其成功的原因也不仅仅在于军事,其背后一定有制度的原因,我国史学界将奥斯曼兴起的原因概括为"奥斯曼土耳其帝国成功的原因至少有三个方面:一、强大的军事力量;二、连续数代的伟大君主;三,宽容而有效的统治体制。"②宽容的本质是对"人权"的尊重,是更高水平的公平竞争。经济学家曼瑟·奥尔森认为国家衰弱的原因是"大量分利集团、分利联盟的存在"③,这些代表既得利益集团的"分利集团和联盟"的存在本质上是对公平竞争秩序和精神的破坏,这从反面说明公平竞争秩序和精神是大国兴起的关键因素。

三、宪制如何促进社会发展

社会发展的内在驱动力在于秩序稳定前提下的公平竞争,在特定的物质资源条件下公平竞争水平越高或者说人权的保障和促进水平越高则社会发展越快。

法治提供给人权发展的空间有多大,法治的价值就有多大,人权的发展则激发人的积极性,人的积极性的提高则促进生产力的发展,生产力的发展和社会的现代化则反过来保障人权和促进人权事业。

(一)法治和宪制的价值

法律的作用、职能和价值是法理学一定要研究的内容,我国的法理学家将法的作用分为法的规范作用和法的社会作用,法的规范作用则分为

---

① [美]艾米·蔡著:《大国兴亡录》,刘海青,杨礼武译,北京:新世界出版社,第4页。
② 昝涛:《奥斯曼帝国的衰败与土耳其民族主义的产生》,载高全喜主编:《大国》第4期,2005年版。
③ [美]曼瑟·奥尔森著:《国家的兴衰——经济增长、滞涨和社会僵化》,李增刚译,上海:上海世纪出版集团2007年版,译者序第2页。

告示作用、指引作用、评价作用、预测作用、教育作用和强制作用;社会作用则分为维护阶级统治和执行社会公共事务。[①] 法的作用和价值是法律作为客体和人作为主体之间的一种功能关系,从法律作为客体的角度而言是法的作用,从人作为主体指称法的作用或功能时则是法的价值,因此法的作用和价值是一个问题的两个方面。法最重要的价值莫过于秩序、自由、正义和效率等。[②]

法的秩序价值是最基础的价值,没有秩序一切人权或人权的发展就成为不可能,所谓"中国的问题,压倒一切的是需要稳定"[③]也说明了秩序价值的重要性。但维持秩序的目的是为了权利的发展,如果秩序的维护最终没有发展权利和自由,而成了人权发展的障碍和部分特权阶层的特权时,这种秩序就应该通过一定的方式打破它。一个社会犹如一个活的生命体,法治是其中的骨骼和精髓,其他的所谓国之"大"者,不过是一堆肉泥而已。[④]

宪制的价值当然也包含秩序、自由、正义和效率等,宪制和法治的本质是一样的,都是为了保障和发展人权,宪制则更为基础,另外,宪制为法治设置了基本的框架。但宪制的主要价值在于保持稳定政治秩序的同时,促进政治领域的公平竞争。

(二) 宪制促进公平竞争并最终促进社会可持续发展

公平竞争主要在两个层面进行,其一是经济层面;其二是政治层面,而文化则只是这两个层面竞争状况的反映而已。

经济公平竞争是一切公平竞争的基础,没有经济公平竞争就一定不会有真正的政治公平竞争,但有经济公平竞争不一定就会实现政治公平竞争,但经济公平竞争是一个必要条件。

在游牧文明时代,可以说基本上没有经济垄断,武力决定胜负是当时最公平的竞争法则,这也极力促进各游牧部落或国家发展先进技术以提升武力水平,当时的国际法就是"战争决定胜负"。

---

① 张文显主编:《法理学》,高等教育出版社,北京:北京大学出版社 1999 年版,第 200—204 页。
② 郑成良主编:《法理学》,北京:高等教育出版社 1999 年版,第 188 页。
③《邓小平文选》(第三卷),北京:人民出版社 1993 年版,第 284 页。
④ 高全喜:《法治成就大国》,载《民主与科学》2011 年第 1 期。

在农耕时代,经济垄断成为社会发展的最重要问题,而经济垄断的主要表现形式就是土地的集中,不管是西方罗马的生产性奴隶制度、中世纪西方的庄园农奴制度、还是我国的小农经济模式,都涉及到土地集中程度和生产效率之间关系的问题。我国历次王朝更替要解决的核心问题就是打击土地集中,促进生产的发展,即使到了宋之后,虽一定程度容许土地兼并,但土地集中仍然是中国最重要的经济和政治问题。每次"王朝革命"消灭掉大地主,重建"自由竞争"的小农经济模式提高生产力之后,小农成为新的王朝帝制的基础——只有王权面对一盘散沙的小农时,王权才更加巩固。但每个封建王朝的历程又是一个土地兼并、政治腐败、财政崩溃和革命兴起的恶性循环过程。所以我国封建时代的打击豪强建立公平竞争机制的帝制模式无法走向法治,是一个不可持续的发展过程。

工商业文明使土地资源的地位大大降低,虽然土地集中依然会带来严重的社会问题,例如印度大量农民没有土地是其社会动荡的一个重要原因,"独立时全国有五分之一以上的农户无地,……其中最大的 5% 的地主占有全国土地的 41%"①,独立之后的土地改革仍然不太成功。但工商业文明的公平竞争主要是工商业领域内的竞争,一个国家的工商业经济运行的基础法律是民法,但更高层次的法律则是反垄断法,没有一个强有力的反垄断机制的话,经济公平竞争绝无可能。垄断企业本身实力强大足以影响政治,但形成垄断的一个更重要原因是经济力量借助政治力量形成垄断,政治力量则借助经济垄断维护自己的特权,所以垄断背后的真正问题是宪制。

宪制就是通过控权以保障人权,控权的方式有二,其一是以权力制约权力,其二是以权利制约权力。以权力制约权力就是共和,如我国学者将共和主义的第一个要素界定为"制衡"②,以权利制约权力就是民主,如果既无民主也无共和,那一定就是奴役,公平竞争和人权则荡然无存。人类的历史就是从奴役走向民主和共和的历史。英国法治国的诞生首先是一个民主发展的历程,狭义的民主是二战之后以普选制度为标志的民主,但

① 钱乘旦,刘金源:《寰球透视——现代化的迷途》,杭州:浙江人民出版社 1999 年版,第 220 页。
② 韩大元主编:《中国宪法学说史研究》(下),北京:中国人民大学出版社 2012 年版,第 906 页。

广义的民主则等于一个阶层的兴起或解放。英国大宪章是皇帝和贵族之间妥协的产物,是贵族力量的兴起,《权利法案》是小贵族和资产阶级与大贵族妥协的产物,而二战之后普选制度的产生则是资产阶级和无产阶级妥协的产物,每次妥协都会产生一份协议,这份协议就被称为宪法。我国几千年的封建帝制中,随着贵族制度的瓦解,绝对不可能形成王权和官僚式贵族之间妥协的可能,而小农更没有和王权签契约的可能性,因为"皇权和百姓之间缺乏中间政治力量的制衡"①。

共和则是一种治理模式,即多数人决代替一人决,议会是民主的产物,却是共和的治理模式。因为共和模式的不同,于是全球有了议会内阁制、总统制和委员会制(瑞士)。

共和使政治上层社会形成公平竞争机制,使这些政治精英的潜能得以发挥,同时形成权力制约,遏制腐败,最终间接地保障下层社会人民的人权。议会内阁、总统制或者委员会制、司法独立和违宪审查等制度都是为了实现这个目的。以普选为基本标志的现代民主制度则是以权利制约权力,但普选一般只有 5 年一次,不可能形成持续的监督,于是言论、出版、集会、结社和游行示威等形式的政治权利和自由成为法治社会最重要的人权内容之一,因为这些权利可以持续地监督公共权力。

以民主和共和为核心内容的宪制虽然保护政治权利,然后保障民事权利,但从世界史看,催生政治权利的不是宪制,却是王权。西欧民族国家形成的王权,才促进了统一市场的形成,才在经济领域造成公平自由的竞争,经济领域的竞争促进民事权利的发达——"在市民社会里形成近代民法"②;民事权利的发达催生资产阶级,资产阶级则提出政治权利的要求,政治权利和要求则最终限制或者推翻王权。这也符合马克思主义哲学所论述的每个事物的内在矛盾都存在其消灭自己的方面——没有永恒的政治体制,只有最优的政治体制。

综合而言,宪制和经济社会发展的关系是:共和使政治精英之间形成公平竞争机制,该机制保护政治权利和自由(包括选举权和被选举权),

---

① 罗荣渠:《现代化新论——世界与中国的现代化进程》(增订本),北京:商务印书馆 2004 年版,第 529 页。

② 谢怀栻:《外国民商法精要》(增补本),北京:法律出版社 2006 年版,第 3 页。

最后保障最基础的权利——民事权利。民事权利的进一步发达则催生更庞大的中产阶级,中产阶级则进一步要求政治权利和自由,而政治权利和自由则更加巩固宪制,宪制和经济社会发展之间于是形成良性循环。

第二节　印度宪法与印度发展战略

任何国家在特定的历史和现实条件下都会走一条符合自己国情的道路,印度独立后走了一条有印度特色的"第三条道路",同时制定了一部冗长但堪称精美的宪法,但印度的公平竞争水平却很低。印度宪法也面临诸多挑战,宪法如何提升公平竞争水平加速印度现代化步伐,是印度 12.1 亿人面对的挑战。

一、评印度第三条道路

印度是二战后实行第三条道路的最典型国家,其伟大实践对人类来说具有重大的宪制研究价值。

(一) 第三条道路的主要内容

如果说甘地是独立印度之父的话,尼赫鲁则可以称之为印度共和国之父。尼赫鲁建设和复兴印度的思想首先是建立在民族主义基础之上的。尼赫鲁的建国方略主要由三大部分组成:世俗主义、民主主义和社会主义。[1] 印度独立之后,既没有走西方的自由主义道路,也没有走前苏联的社会主义道路,而是走了一条现在仍然流行的"第三条道路"。第三条道路是在对资本主义缺点和传统社会主义模式的批判的基础上形成的,从这一点而言,印度当时走的道路是世界"最先进"的道路——比苏联更民主比美国更公平。印度第三条道路的内容主要有两点,其一经济上学习苏联实行计划经济;其二政治上学习西方议会内阁制民主政治。尼

---

① 左学金,潘光,王德华主编:《龙象共舞——对中国和印度两个复兴大国的比较研究》,上海:上海社会科学院出版社 2007 年版,第 266—267 页。

赫鲁的社会主义其实是费边主义，费边主义的主要内容就是"在政治领域中发生的民主制的兴起必须伴以经济领域内社会主义的扩张"①。尼赫鲁去世之后，沙希·塔鲁尔(Shashi Tharoor)写的有关尼赫鲁的传记将尼赫鲁的政治遗产概括为四大支柱：其一，民主制度；其二，世俗主义；其三，不结盟政策；其四，计划经济。② 实际上第三条道路在同时代的中国也有市场，只不过没有实现而已，例如萧公权在 40 年代也主张资本主义和社会主义之外的第三条道路——自由社会主义，他说"他们不知道：牺牲自由的共产主义固然不是人类的归宿，忽视平等的资本主义也不是和平的保障。人类只有在政治自由和经济平等的综合体系之下方能得到光明的出路。"③

尼赫鲁思想在印度宪法中有直接的体现。首先，印度宪法序言宣称印度为"主权的、社会主义的、世俗的、民主的共和国"，且保证所有公民享有社会、经济和政治方面的公正，虽然序言中的"世俗的"和"社会主义的"是尼赫鲁女儿英迪拉·甘地执政时期第 42 修正案所增加，但实际上是尼赫鲁时代的政治遗产；其次，印度宪法第三章公民基本权利中规定了宗教信仰自由，国家不设国教，是为世俗主义；最后，印度宪法第四章《国家政策指导原则》是社会主义原则的直接体现，这些政策很多体现为公民的社会权，但不受司法机关保护，而是作为国家立法、执法和司法的指导思想。印度宪法没有直接规定不结盟运动，但在《国家政策指导原则》第 51 条"促进国际和平与安全"的条文中有间接体现。

（二）印度走第三条道路的原因的分析

社会主义兴起的根本原因是对资本主义经济不平等的批判和反思，而主要不是基于对资本主义政治民主制度的批评，马克思从剩余价值理论推论出科学社会主义就是这种思想的反映。剩余价值理论的逻辑推论是：商品生产的过程就是剩余价值产生的过程→工人创造的剩余价值被

---

① ［英］马丁·洛克林著：《公法与政治理论》，郑戈译，北京：商务印书馆 2002 年版，第 163—164 页。

② Shashi Tharoor, *Nehru, the Invention of India*, Penguin Books, London, 2003, p. 251.

③ 萧公权：《四年演变：四个阵营，一条出路》，载《迹园文录》，联经出版事业公司 1983 年版，第 266—267 页。转引自张允起：《宪政、理性与历史：萧公权的学术与思想》，北京：北京大学出版社 2005 年版，第 61—62 页。

资本家无偿占有→两极分化→通过革命资本主义被社会主义所代替。印度走计划经济道路除了受前苏联经济运行的成功模式影响之外,根本原因仍是基于其国家的落后的经济状况和贫富差距的现实。但西方社会主义思想的兴起是在对工业革命带来的经济不平等的批判的基础上形成的,而印度在英国殖民时代还没有完成原始资本主义的任务——工业革命,可见印度对"经济不平等"的批判更多地是对封建经济不平等的批判。

　　如果说印度实行计划经济是仰慕前苏联的经济建设的成功的话,那么印度实行民主政治的原因却与前苏联斯大林独裁模式阴影的影响有关,如印度独立运动领导人曼纳班德拉·纳斯·罗伊(Manabendra Nath Roy,1893—1954)不认可斯大林模式,最后与传统马克思主义分道扬镳而成为人道主义者就是典型例子。当然印度走西方议会内阁制道路与英国在印度实施议会内阁制责任政府的初步实践关系密切。

　　印度实行民主政治的更深层次原因则是"共和"的需要。近现代世界史的一般规律是首先形成民族国家和王权然后促进资源的整合,形成统一市场,促进民事权利的发展,造就了一支"反动"的力量——中产阶级,最后由这支中产阶级推翻王权,实现宪制。"革命有时候吞噬自己的儿女"[1],但独裁却不一定保卫独裁者(王权)。印度在英国人殖民之前与民族国家形成之前的欧洲相似——只知道自己是比哈尔人或者迈索尔人,却不知道自己是印度人,即毫无印度民族国家的观念。英国在给印度人带来民族国家观念的同时,却实施狡猾的"分而治之"政策,使印度统一国家无法形成,也难以形成统一的市场,无法实现工业革命和形成强大的资产阶级。为发展工业经济,则往往需要强有力的中央政权,制宪当时尼赫鲁就主张实行单一制(或中央集权制)。但印度极端多元的社会无法形成简单且单一的印度民族,因此也无法实现中央集权,联邦制度和普选制度成了印度最佳的选择。所以印度的共和制度主要不是中产阶级的兴起造成的,而是为了融合不同宗教、种姓、阶级和民族需要的权宜之计。

---

[1] 王龙:《国运拐点——中西精英大对决》,北京:华文出版社2012年版,第264页。

经济独裁(计划经济为主的混合经济)和政治民主可以说是印度第三条道路的内政政策,印度第三条道路的外交政策就是"不结盟运动",也是其第三条道路内政政策的延伸——印度没有与美国和前苏联结盟,而是以"第三世界领袖"自居。

(三) 印度第三条道路的破产及原因分析

1962 年中印冲突的失败是印度第三条道路破产的直接标志,尼赫鲁备受批评,1964 年 2 月自由党的班加罗尔全国会议通过决议,谴责尼赫鲁的不结盟政策,[1]尼赫鲁不得不解除其国防部长梅农的职务,他本人则在一片批评声中走完人生最后的历程。尼赫鲁去世后,印度外交政策随之改变,在英迪拉·甘地时代更加重视务实外交,不再以第三世界领袖自居。

80 年代末印度财政崩溃以致被迫出卖印度政府的黄金储备事件是印度第三条道路破产的最终标志,拉奥政府不得不实行自由市场化改革,取消"许可证统治经济",开启了一个新的时代。

尼赫鲁推崇的民主制度和世俗主义一直备受印度人民尊敬,其不结盟运动政策在中印冲突后遭到否定,几千年的中印友谊遂产生巨大的裂痕。晚近备受批评的则是尼赫鲁政治遗产中的计划经济政策。同为国大党的 21 世纪的政治家沙希·塔鲁尔直言不讳地说"社会主义经济是一场灾难,使印度人民限于贫困、停滞和低效率,造成世所罕见的官僚主义和腐败。"[2]商界人士也认为尼赫鲁的经济政策"没有带来社会主义,却造成一个腐败和专横的政府"。[3]

经济政策的核心是工业政策,这也是现代化的基本内涵。[4] 尼赫鲁的工业化道路概括起来就是:在坚持独立自主的前提下,以尼赫鲁式的社会主义思想为指导方针,以进口替代为基础,以优先发展重工业、基础工业为导向,采用混合经济模式,通过计划经济的手段,谋求经济的快速增

① 林承节:《印度独立后的政治经社会发展史》,北京:昆仑出版社 2003 年版,第 251 页。

② Shashi Tharoor, *Nehru, the Invention of India*, Penguin Books, London, 2003, p. 251.

③ Gurcharan Das, *India Unbounded: From Independence to the Global Information Age*, Penguin Books, New Delhi, 2002, p. 34.

④ 罗荣渠:《现代化新论——世界与中国的现代化进程》(增订本),北京:商务印书馆 2004 年版,第 18 页。

长和实现工业化,进而建立独立完备的国民经济体系,以摆脱贫困与落后的局面,达到自力更生的目的,从而使印度免于沦为二流国家之厄运,真正成为一个"有声有色"的现代化国家。①

实际上印度的计划经济又不是完全的计划经济,而是"混合经济"——国有企业占据所有重要行业,次要行业则由资本家经营,但是资本家受到严厉的控制,私营企业需要大量的政府许可证才能运转,印度经济成为著名的"许可证统治"(Licence Raj)经济。传统苏联的政治集权加完全计划经济曾经靠共产主义思想的自律而产生过高效政府,快速地实现了现代化,但印度的民主政治加许可证管理下的混合经济则相对于很多亚洲国家的发展速度来说基本上是失败的,即使成功也是初期建立工业体系方面取得了一些成功——"第二个五年计划的成就是突出的,……奠定了自力更生的基础"②,但印度从独立一直到80年代末,其GDP平均年增长率为3.5%,被世界嘲笑为慢腾腾印度教速度。

印度第三条道路破产的根本原因是第三条道路最终无法提升公平竞争水平,特别是相对于东亚国家中成功实现现代化的日本和亚洲四小龙甚至中国而言,其公平竞争精神水平太低。

独立时的印度经济是轻工业得到片面发展,重工业十分落后,③计划经济模式可以集中经济资源优先发展工业,特别是重工业,对私营经济许可证管理也可以使其符合国家经济发展战略,这种赶超型发展模式是广大发展中国家二战后比较通行的经济发展模式。1950年开始的第一个五年计划的实施应该说也是成功的,印度由一个经济畸形发展的殖民地国家建设成为拥有比较完备的工业体系和国民经济体系的地区强国,人民生活大为改善。④ 第二个五年计划(1956—1960年)通过大力发展基础工业和机械制造业,奠定了自力更生的基础。⑤ 这种保护型的和赶超型的计划经济对于整合资源,使自己有能力参与更高水平的经济竞争有巨大

---

① 李云霞:《中印现代化比较研究》,北京:社会科学文献出版社2010年版,第78—79页。
② 林承节:《印度独立后的政治经济社会发展史》,北京:昆仑出版社2003年版,第168页。
③ 李云霞:《中印现代化比较研究》,北京:社会科学文献出版社2010年版,第83页。
④ 李云霞:《中印现代化比较研究》,北京:社会科学文献出版社2010年版,第89—90页。
⑤ 林承节:《印度独立后的政治经济社会发展史》,北京:昆仑出版社2003年版,第168页。

的作用。

但过度的保护和政府干预则使企业丧失公平竞争精神。英迪拉·甘地执政的 60 年代至 80 年代的经济政策的重要方面是农业领域的绿色革命和工业的国有化政策。农业的绿色革命以科技和资金投入为主要特征,在 70 年代取得了较大的成功。但国有化政策非但没有促进经济发展,甚至成为国家沉重的包袱。"一系列的国有化措施不是带来这些部门经营的改善,相反,有些部门如煤矿在国有化后,产量反而降低。最具讽刺意味的是政府对几百家病态企业的接管。每年从国库拨出巨款维持它们的生存仅仅是为了显示社会公平!"①另外,虽然尼赫鲁和夏斯特里时期也有腐败,但只有在英迪拉·甘地时代,腐败在各级政府已成瘟疫。② 计划经济加民主政治的答案是经济停滞和政治腐败。

与国有化和对私营经济的许可证管理相联系的是印度的进口替代经济政策,如果说短期的进口替代政策是为了保护本国民族经济的话,长期的进口替代政策则是典型的保护"懒汉"的不公平竞争政策。而二战后在第三次工业化浪潮(第一次为英国工业革命,第二次为美国等国家的工业化)中成功实现现代化的日本和亚洲四小龙等国家都是在出口导向经济战略中获得成功的。除了当时特定的经济环境之外,这些国家在形成一定工业竞争能力的基础上积极参与世界竞争,将经济竞争水平提高到一个更高的高度是其成功的关键因素。

印度经济公平竞争水平低的另一个重要例证是过度保护劳动者权益,印度的劳动法是世界上最严格保护劳动者的法律之一,没有哪位政客敢碰《劳工法》,也没有哪个政府敢于关闭效率低下的工厂,这是印度吸引外资大大少于中国的一个主要原因。③ 过度保护劳动者的结果伤害的不仅是用人单位,最终伤害的仍然是印度的普通大众。与正规部门严格保护劳动者相对应的则是广大的非正规部门的就业情况,劳动法根本无法

---

① 林承节:《印度独立后的政治经济社会发展史》,北京:昆仑出版社 2003 年版,第 393 页。

② Katherine Frank, *the Life of Indira Nehru Gandhi*, Harper Collins, Fourth Impression, 2012, p. 349.

③ 张维为:《中国震撼——一个"文明国家"的崛起》,上海:上海人民出版社 2011 年版,第 192 页。

管辖这些部门。

印度第三条道路的破产主要是指其传统的计划经济政策的破产,其民主共和政治虽然很难称得上是高质量的民主共和政体,但至今是印度政治公平竞争的最高水准,军人独裁和威权主义政治在可预见的未来都不可能代替印度现行的民主共和政治。

二、　印度宪法面临的挑战

印度总理瓦杰帕伊在 1999 年 12 月 31 日的《人类历史翻开新篇章》的新年文告中说:"亲爱的同胞,在消灭恐怖主义的同时,我们还将消灭贫穷与文盲。我们必须保证所有人'居者有其屋',保障最贫穷者的生存尊严。我们必须消除种姓、语言及宗教的隔阂。我们必须消除那些分裂印度公民的人为的障碍。我们必须消除所有的歧视,特别是对妇女的歧视。……1 月 26 日,我们将庆祝共和国 50 年诞辰。在国家宪法的指引下,我们建立了民众至上的民主与法制。50 年来,我们这个世界上最大的民主体制仍然充满活力。"[1]印度总理对印度面临的挑战的陈述是非常中肯的,但对印度民主与法治的评价则有"溢美"之嫌。

实际上,建国 60 年后,印度制宪之父们的理想仍没有实现,印度的人权和宪制事业面临严峻的挑战。

(一) 贫困、腐败与纳萨尔主义对印度宪法的挑战

印度面临的最大挑战不是其他,而是贫困和腐败。印度计划委员会在 2009 年将贫困线的标准做了下调,城市人均日消费开支为 28.65 卢比,农村日消费开支为 22.42 卢比,以如此低的标准衡量,印度贫困人口比例仍为 29.8%。[2] 实际上印度政府于 2012 年将贫困线的标准又做了上调,城市人口贫困线定于日消费开支 32 卢比,农村的贫困线标准更低,但全印贫困人口仍然保持在 30%左右。笔者在印度普纳市印度法律协会法学院附近一个中等餐厅吃饭,一碗炒面的价格是 80 卢比,也就是说在

---

① 顾玉清,吴绮敏主编:《世界政要说千年》,北京:人民日报出版社 2000 年版,第 56—56 页。
② 参见今日印度: http://indiatoday. intoday. in/story/india-poverty-line-now-lowered-to-rs-28-per-day/1/178483. html, December 19,2012。

2012年,十几亿印度人口中有3亿人口一天吃不上半碗炒面。

在农村贫困人口中,锡克教贫困比例最低,为11.9％,穆斯林比例最高,为33.9％。[①]笔者曾希望考察印度农村,但有些大学生不希望外国人看到印度的贫困,不愿做向导。2011年印度人均GDP排名全球第134名,为1265美元,远低于亚洲四小龙的韩国(排名第34,为20591美元),也远低于中国(排名第93,为4382美元),[②]更不用与日本、新加坡等实现现代化更加成功的国家比。印度与赞比亚、毛里塔尼亚和越南等国处于一个水平上。

与印度的贫困直接相连的就是印度的腐败,80年代中期,拉吉夫·甘地在其母亲英迪拉·甘地被枪杀后继任总理,他估计85％的国家扶贫发展基金落入公务员、政治家和他们的同谋者腰包,只有15％的钱真正能够到达穷人手里。[③]1991年拉吉夫·甘地被泰米尔猛虎组织炸死后,在其任内推动的农村自治制度——潘查亚特第73修正案于1992年通过,但是民选的潘查亚特主席和政府任命的潘查亚特秘书互相勾结,成为农村自治的重要特征。[④]

2004年,《印度时报》在全国6大城市进行了一项民意测验,结果显示,被调查的1500人中,有98％的人认为政治家和部长是腐败的,另有85％的人认为,腐败还在呈上升趋势。2004年3月,"亚洲政治和经济风险股份公司"的一份报告说,印度各部门的腐败程度居亚洲第二。"透明国际"在2005年的一份调查显示,被调查的印度老百姓中有62％的人曾向官员行贿,2008年的另一份调查显示,被调查者中有40％的人曾在找工作中向官员行贿。2011年"透明国际"公布的腐败认知指数(Corruption Perceptions Index)显示印度在全球178个国家中排名第95位。[⑤](中国

---

① 参见今日印度:http://indiatoday.intoday.in/story/india-poverty-line-now-lowered-to-rs-28-per-day/1/178483.html,November 19,2012。
② 新华网发展论坛 http://forum.home.news.cn/thread/97653921/1.html,2012年8月9日访问。
③ Mark Tully, *NonStop India*, Penguin Books, New Delhi, 2011, p. 106.
④ Mark Tully, *NonStop India*, Penguin Books, New Delhi, 2011, p. 107.
⑤ http://en.wikipedia.org/wiki/Corruption_in_India#mw-head#mw-head, August 13,2012.

在 2012 年排名第 80,该数据显示中国比印度廉政)。[1]

　　贫困和腐败是印度恐怖主义之一——纳萨尔主义滋生的温床之一。纳萨尔主义发源于 1967 年印度西孟加拉一个称为纳萨尔巴里(Naxalbari)的小村庄的农民屠杀地主,以武装夺取土地的事件。纳萨尔主义者自称为印度共产党(毛主义派),以传统毛泽东思想为指导,以土地改革和武装斗争为手段推翻印度现行民主共和政府。2006 年印度总理辛格说:"我毫不夸张地说,纳萨尔主义是挑战印度内部安全的唯一的最大的事件。"根据印度内政部资料,在 2010 年,有 1995 起纳萨尔事件,有 937 名平民、277 名警察和 161 名纳萨尔主义者被杀害。[2] 受纳萨尔影响的地区约占印度国土面积的三分之一,其中的贾坎德邦(Jharkhand)和切蒂斯格尔邦(chhattisgarh)是 2011 年受纳萨尔主义影响最严重的两个邦。印度经济时报援引学者的话说,在 2006 年左右,印度纳萨尔运动有 9 千至 1 万武装士兵,拥有枪支 6500 多支,全职干部有 4 万人,但报纸认为这低估了纳萨尔主义者的实力。[3]

　　印度《沃顿简明法律词典》引述曼德·辛格诉比哈尔邦(Madan Singh v. State of Bihar)[4]判决给恐怖活动下的定义是:恐怖活动不仅仅是对法律和公共秩序的破坏,其主要危害在于它超越了执法机构依据普通刑法的应对的能力,它的本质是利用预谋的和系统的威慑手段。[5] 恐怖活动产生的原因很多,例如贫困和政府腐败以及宗教冲突等,但最根本原因是权利救济渠道受阻,即利用体制内的渠道无法救济权利,权利的"受害者"只能利用体制外的救济手段——恐怖活动以实现其权利诉求,其中主要是政治权利诉求。

　　极端贫困使很多人铤而走险,印度地方政府的腐败和低效则无法向印度人民提供基本的公共产品,纳萨尔主义者于是取而代之。印度纳萨

① http://en.wikipedia.org/wiki/Corruption_in_China, December 20,2012.

② Mark Tully, *NonStop India*, Penguin Books, New Delhi, 2011, p.1.

③ India's Naxalites, A spectre haunting India, Maoist rebels are fighting a brutal low-level war with the Indian state, http://www.economist.com/node/7799247, January 9,2013.

④ (2004)4 SCC 622(633).

⑤ *Wharton's Concise Law Dictionary*, Universal Law Publishing Co. New Delhi, 15th Editon, 2009, p.1032.

尔主义运动的主要地区是从尼泊尔边界到安德拉邦以东的印度中东部贫困地区,这些地区的宪法秩序因而受到严重的威胁。如果三分之一印度领土上的民众不再相信选票而是相信武装斗争,则印度是否为真正的民主宪制国家则值得怀疑。

印度政府一直在镇压纳萨尔运动,笔者 2011 年底抵印度后得知前一天印度政府伏击并杀死了印度共产党(毛派)的领导人。同情纳萨尔运动的部分民众游行示威,认为政府有诱骗印度共产党(毛派)领导人谈判并伺机伏击的嫌疑,政府行为违反刑事诉讼法规定。印度政府解决纳萨尔主义威胁的根本办法应该是发展经济和建立廉政高效政府,而不是镇压。

(二) 宗教和种姓冲突对印度宪法的挑战

民族国家、公民社会以及稳定的社会秩序是宪法发挥功能的重要基础,但这些基础在印度仍旧非常薄弱。就历史传统而言,在英国统治印度之前,印度次大陆从未统一过(印度南部的两个邦——泰米尔纳德邦和喀拉拉邦从未被北方政权征服过),即使在二战时,英国首相丘吉尔仍然认为印度仅仅是一个地理概念。不同的语言、宗教和种姓阻碍了印度统一的公民社会的形成。

虽仅隔一座高山,我国是世界上最典型的世俗主义国家之一,印度则是世界上最热衷于宗教的国度之一,教派林立,人民信仰的神有 3000 万之多! 印度国父甘地虽然是虔诚的印度教教徒,但他对其他宗教保持宽容态度,在印巴分治引发的宗教冲突中就因为"偏袒"穆斯林而被印度教极端主义者枪杀。印度共和国的设计者尼赫鲁则是不可知论者,并不热衷于宗教,可以讲是真正的世俗主义者,他在临终前嘱咐说:"在我死后,我不想举行任何宗教仪式"①。另外在尼赫鲁时代,国大党一党独大,地方势力弱小,没有政党可以利用宗教和种姓获得政治上的成功,因此宗教和种族冲突都不太严重。

但从 80 年代末 90 年代初以来冲突急剧上升,有学者对印度的宗教冲突作了极为细致的研究,并作了数表统计分析,印度教-穆斯林冲突在 70 年代以前每年的冲突都在 40 起以下,但在 1986 年和 1990 年却分别达

---

① Pawan K. Varma, *the Great Indian Middle Class*, Penguin Books, 2007, New Delhi, p. 48.

到了 100 多起。①

　　1984 年总理英迪拉·甘地处理金庙事件不当引发宗教冲突,她因而被自己的锡克教卫兵枪杀,她死后 3 天内,至少 3000 名锡克教徒被屠杀,其中仅德里就有 2000 多名锡克教徒被屠杀。② 1992 年印度教极端主义者拆毁阿约迪亚巴布里清真寺,引发印度教和穆斯林之间的冲突,孟买城就因宗教冲突被屠杀 800 多人,其中三分之二是穆斯林。③ 2001 年 12 月 13 日,5 名恐怖分子驾驶贴内政部和国会标志的车辆进入印度国会实施恐怖袭击,5 名警察、1 名保安和一名园丁被杀害,18 人受伤。④ 2002 年,果达拉(Godhra)车站纵火事件造成 2000 多人死于教派冲突,无数人被强奸、财产被烧毁。⑤ 2008 年巴基斯坦境内的虔诚军派十几名经过专业训练的恐怖分子血洗孟买城,164 人被屠杀,至少 308 人受伤。⑥ 2013 年 2 月 21 日印度南部安德拉邦首府海德拉巴遭恐怖主义遥控炸弹袭击,17 人被炸死,100 多人受伤。笔者游历印度,感觉印度时刻被恐怖主义所笼罩——孟买高等法院的所有转角处都布置了狙击手、德里火车站布置了机关枪火力以及普纳市肯德基餐厅的保安都手持长铳,普纳市地区专员办公处所戒备森严……要知道印度一个单位的重要性程度只要看该单位保安的武装程度就可得知。

　　与宗教冲突交织在一起的是种姓冲突。经过 3000 年的演化,今天印度四个种姓中前三个种姓婆罗门(祭祀阶层)、刹帝利(各种地主、武士、统治者)、吠舍〔或班涅(bania)即商人〕占总人口的 15%,但他们曾经统治印度 3000 年;其余大约一半的人口是首陀罗种姓(农民和手工业者),首陀罗种姓又可以分为好几百个亚种姓;总人口的 20% 多是无种姓或不可

---

① Ashutosh Varshney, *Ethnic Conflict and Civic Life*, Yale University Press, New Haven & London, 2002, p. 95.

② Katherine Frank, *Indira: the Lifte of Indira Nehru Gandhi*, Harper Collins Publishers, Fourth Impression, 2012, Nodia, Uttar Pradesh, India, p. 499.

③ John Keay, *India: a History from the Earliest Civilzaiton to the Boom of the Tewentith-First Centrury*, Harper Press, London, 2010, p. 599.

④ http://en. wikipedia. org/wiki/2001_Indian_Parliament_attack.

⑤ John Keay, *India: a History from the Earliest Civilzaiton to the Boom of the Tewentith-First Centrury*, Harper Press, London, 2010, p. 599.

⑥ http://en. wikipedia. org/wiki/2008_Mumbai_attacks.

接触者(即贱民);其余15％的人口是其他宗教徒:其中11％为穆斯林,剩余则为锡克教徒、基督教徒、拜火教徒等。[1]

独立之后,印度宪法禁止不可接触制度,并且专门制定单行刑法对实施种姓歧视的行为予以刑事处罚,虽然有种姓冲突,但至少没有被政治化,直到80年代末以来,种姓冲突被政治化和公开化。

1980年12月,以曼德尔为首的第二届落后阶层委员会向政府提交报告,认定印度有3743个种姓属于教育和社会落后阶层,并建议政府在公务员录用中给予这些落后阶层27％的职位的保留(见第二章第三节),报告引起严重社会骚乱。虽然没有像宗教冲突那样造成严重的后果,但它却是印度政治文化的一个重要议题。80年代末以来低种姓成为一支重要的政治力量,1995年开始的数项宪法修正案专门对表列种姓、表列部落以及其他落后阶层在公务员考试录用中作出照顾性保留规定,最高比例为50％。当然因这些人占总人口的50％以上,仅就相对应的比例而言,给予最高50％的保留规定也不为过。

如何通过宪法解决宗教和种姓冲突仍是现在和将来印度宪法面临的巨大挑战。

(三)多元语言文化对印度宪法的挑战

多元化的语言也是影响印度统一公民社会形成的重要因素,印度宪法第17编《官方语言》(第342—347条)专编规定了语言问题,且分为第一章《联邦语言》、第二章《地区语言》、第三章《最高法院和高等法院用语》和第四章《特别指示》等四章内容,可见其语言问题的重要性。殖民政府的英语使印度成为一个统一民族,英语也是当年邦际交流的语言,但是制宪者出于民族尊严的考虑却准备在宪法生效15年后废止英语。印度宪法第343条第2款规定:即使第1款有其他规定,英语作为联邦官方用语在宪法实施起15年内和宪法实施前一样继续使用,意指15年后准备废止英语作为联邦官方用语。但在十几年后中央政府准备废止英语作为联邦官方用语的时候,南方非印地语地区的人民抗议并引发骚乱,英语作为

---

[1] Gurcharan Das, *India Unbounded: From Independence to the Global Information Age*, Penguin Books, New Delhi, 2002, p. 140.

印度通用的政治和商业用语于是一直没有被国会废止而沿用至今。印度没有国语（National Languae），只有联邦语言（Language of Union）和地方语言（Regional Language），至 2011 年宪法第 96 修正案将奥里亚语加入印度宪法附表 8，印度有包括印地语在内的官方语言（Offcial Language）共22 种（英语不是宪法上的官方语言，故不包含在 22 种语言之内），即阿萨姆语、孟加拉语、波多语、戈格里语（Gogri）、古吉拉提语、印地语、卡纳达语、克什米尔语、贡根语（Konkani）、迈蒂利语（Maithili）、马拉雅拉姆语（Malayalam）、曼尼普尔语、马拉提语、尼泊尔语、奥利萨语、旁遮普语、梵语、三瑟里语（Santhali）、信德语、泰米尔语、泰卢固语和乌尔都语，其中卡纳达语、马拉雅拉姆语（Malayalam）、泰米尔语和泰卢固语属于南方泰米尔语系，其余属于印欧语系。[①] 根据 2001 年的统计数据，讲联邦语言印地语的人也只有 4.2 亿，其他地方语言中有 1000 万人口以上使用者的语言依次是：孟加拉语 8 千万、泰卢固语 7.4 千万、马拉提语 7.1 千万、泰米尔语 6 千万、乌尔都语 5 千万（穆斯林用语）、古吉拉提语 4.6 千万、卡纳达语 3.8 千万、马拉雅拉姆语 3.3 千万、奥利亚语 3.3 千万、旁遮普语 2.9 千万、阿萨姆语 1.3 千万、迈蒂利语（Maithili）1.2 千万。[②] 另据 1961 年普查，有 1549 种语言被列为母语。

　　实际上印度根本就没有通用的语言，虽然英语作为宪法生效后 15 年内的联邦用语（用于联邦与邦之间以及邦际之间的沟通用语），并直至今日没有被废止（将来也不可能被废止），但能熟练讲英语的人也不超过 20%，如果以语言作为民族的根本标志的话，印度没有形成统一的民族。复杂多元的语言文化迫使印度人民选择"共和"制的同时，也降低了印度公民社会的质量，最终降低了印度宪制的质量。

　　语言邦的建立也是印度面临的一个重大政治和宪法问题。早在 1920年国大党就决定省级组织要按照语言地区来建立，并把按语言建立行省作为未来施政纲领的内容之一。[③] 1948 年建立的达尔委员会不赞成建立

① 林承节：《印度独立后的政治经济社会发展史》，北京：昆仑出版社 2003 年版，第 183 页。
② Mammen Mathem Chief Editor, *Manoram Yearbook 2012*, Malayala Manorama Press, Kottayam, p. 575.
③ 林承节：《印度独立后的政治经济社会发展史》，北京：昆仑出版社 2003 年版，第 183 页。

语言邦,1948 年国大党年会任命尼赫鲁、帕特尔和西塔拉马尼亚组成 JVP 委员会（JVP 为该三人的名字的第一个字母,即 J. Nehru, V. Petel, P. Sitaramayya）,该委员会作出报告仍认为暂时不宜建立语言邦,报告的公布引发骚乱。迫于压力,1953 年 8 月 27 日人民院通过了建立安德拉邦的法令,10 月 1 日印度一个语言邦——安德拉邦建立。1953 年 8 月政府任命以法资尔·阿里法官为首的委员会调查语言邦的建立问题,该委员会在 1955 年 10 月的报告中提出将全国根据语言改组建立 16 个邦。后陆续建立了很多语言邦,语言邦的建立保护了宪法规定的少数民族的"文化教育权利"（印度宪法第 5 组权利）,但也加剧了地方分离倾向。

三、 印度宪法的未来

精英荟萃的制宪会议借鉴了全球最优秀的宪法,制定了世界上最长的宪法[1],但该精美冗长的宪法时刻受到贫困、腐败、纳萨尔主义、种族教派冲突、种姓冲突和地方分裂主义的挑战。印度如何实现从低质量的民主宪制跨越到高质量的民主宪制?

很多既不民主也无共和的亚洲后发国家已经实现了现代化,最早从日本开始,日本通过学习西方宪制制度,制定了"不民主"的钦定宪法,最早成功实现现代化。二战后的亚洲四小龙也是威权主义政治体制,例如中国香港,"总督的权力仅次于上帝"[2],却也成功实现社会转型和工业化。相反缅甸、巴基斯坦、印尼以及拉美等威权主义和军人独裁政府则既未实现现代化,其人权建设也极为糟糕。

不管是威权、独裁还是宪制体制,关键在是否能建立一个高效政府以促进公平竞争的机制和精神。我国政治家对政治体制的评价提出了自己的观点:"我们评价一个国家的政治体制、政治结构和政策是否正确,关键

---

① Durga Das Basu, *Introduction to the Constitution of India*, Lexis Nexis Butterworths Wadhwa Nagpur, 20th edition, p. 33. also see Subhash C. Kashyap, *Our Constitution*, *an Introduction to India's Constitution and Constitutional Law*, National Law Trust, India, Second Edition, 19945, p. 42.

② 李昌道:《香港政治体制研究》,上海:上海人民出版社 1999 年版,第 5 页。

看三条：第一是看国家的政局是否稳定；第二是看能否增进人民的团结，改善人民的生活；第三是看生产力能否得到持续发展。"①政局稳定、人民团结是公平竞争得以发挥的基础条件，生产力可持续发展则是建立在公平竞争基础上的，有多高的公平竞争机制和精神就有多大的生产发展潜力。我国有学者撇开民主和独裁论，而将政治分为良政和劣政，认为"良政"可以是西方政治制度，如瑞士，也可以是非西方的政治制度，如新加坡，中国在这方面虽有不足，但远比绝大多数发展中国家做得好；"劣政"可以是西方政治制度，如海地、伊拉克、菲律宾、刚果、格鲁吉亚，也可以是非西方政治制度，如缅甸。②而良政的核心就是高效廉洁的政府，能为人权的保障和发展提供支持。

印度宪法的基本权利体系堪称完备，救济措施堪称强大，议会内阁制和联邦制运行也基本正常，但实际上没有多少人能够用宪法救济自己的权利，议会内阁制和联邦制也没有产生高效廉洁的政府。我国有学者批评印度民主的缺点是："散、软、短、泛、粹"③，核心是指印度政府的低效和民粹主义。

印度90年代之前的经济模式是典型的不公平竞争。国有企业和私营企业之间的竞争不公平、国有企业内部则无竞争可言。印度的劳动者受世界上最严厉的劳动法的保护，但一定程度上却在养"懒汉"。同时，印度在经济上实行"闭关锁国"政策，即一直实行进口替代战略而不参与全球竞争。

90年代以来，面临国家财政崩溃的局面，印度政府开始实行"改革开放"，宪法本身则并未作大的修改，但GDP发展速度立即突破年均增长5％以上的水平，印度总理说2014年的GDP增长速度可以达到8％以上。所以只要印度继续实施"改革开放"战略，提升公平竞争水平，印度一定能够逐步消灭贫困，发展成为一个民主强国，全盘否定印度模式而肯定中国

---

① 《邓小平文选第三卷·怎样评价一个国家的政治体制》，北京：人民出版社1993年版，第213页。
② 张维为：《中国震撼——一个"文明国家"的崛起》，上海：上海人民出版社2011年版，第183页。
③ 张维为：《中国震撼——一个"文明国家"的崛起》，上海：上海人民出版社2011年版，第190页。

模式的学者张维为也承认"我对印度的最终崛起并不怀疑"①。

虽然印度腐败横行,但是慢腾腾的印度人民能够解决腐败问题,如果说腐败是肿瘤的话,那么印度的腐败是良性肿瘤,而有些国家的腐败则是恶性肿瘤。印度通过宪法维护印度公民的政治权利和自由,印度公民则利用这些权利来制约政府。印度的媒体是自由的,也不进行网络封锁,逐渐崛起的印度中产阶级正在利用宪法赋予的政治权利和自由组织民间反腐运动。2011 年印度报纸的头版头条经常是两件事情,其一是反腐斗士安纳·哈扎日(Anna Hazare)集会演讲或者绝食;其二是国会讨论引入外国直接投资,反腐运动是 2011 年印度十大新闻之一。② 印度政府已经开始"惧怕"人民,这就是权利制约权力,这也是民主的本质和历史——下层阶层的崛起和人权的张扬。

印度的宗教和种族冲突实际上是发展所带来的社会震荡问题,其实也是民主进步所带来的权利博弈问题——彼此的宗教自信感受到挑战、高种姓特权受到挑战。印度没有用革命解决独立问题,也没有用革命实施社会改革,却用宪法作为工具来实现,虽然速度慢但副作用也小。从曼德尔委员会(Mandal Commission Case)大案之后,印度逐渐通过宪法修正案对落后阶层实施照顾性保护——公务员录用保留比例可以达到 50%。占人口 15% 的高种姓虽然非常不满,但没有造成大的社会动荡。

语言多元矛盾虽然阻碍了统一公民社会的形成,但英语的推广却成为印度参与国际公平竞争的重大机会,印度人在未认可自己是印度公民的时候已经成了国际公民。印度有 2000 万海外印度人,年收入为 1600亿美元,相当于印度国民总收入的三分之一。……硅谷有 30 万印度血统的人。③ 印度顺应形势需要,于 2003 年立法允许准多重国籍(印度宪法不承认双重国籍,但同时授权议会可以作出其他国籍规定)。

印度宪法一定能够应对面临的挑战,也绝不会走向军人独裁或其他形式的独裁,其潜力仍然不可估量。但就几项根本制度而言,则仍有讨论

---

① 张维为:《中国震撼——一个"文明国家"的崛起》,上海:上海人民出版社 2011 年版,第 182 页。

② http://en. wikipedia. org/wiki/2011_Indian_anti-corruption_movement,October 17,2012.

③ 贾海涛,盖蕾:《承认双重国籍,印度国籍立法的重大变化》,载《河北法学》2005 年 9 月。

的余地。

(一) 议会内阁制还是总统制

议会内阁制和总统制就理论而言各有优缺点,总统制的优点是政府稳定,除非总统有犯罪等不检行为被弹劾,否则政府极为稳定,美国几百年历史中从没有一位总统因为被弹劾而下台,只有极少数总统在弹劾程序进行中自动辞职,进行完整个弹劾程序的也只有克林顿和特朗普总统二人。但总统制缺点是容易走向独裁,因为选一人就等于选整个中央政府,如果一国的政治结构单一,则极容易被操纵选举,甚至操纵修改宪法,将总统制变成事实上的帝制。议会内阁制度的缺点是政府不够稳定,如果选举中无任何政党在议会中获得过半数席位,则需要组建联合政府,而一旦联合政府中的各政党相互之间对重大政策达不成一致意见,政府就面临下台;即使大选中有党派在议会中获得过半数席位,如果有政党分裂或者有议会党员叛党,则政府仍面临下台的危险。但该制度的议会内阁制的优点是不容置疑的,因为选民要选举产生几百号议员,然后由胜出的多数党领袖在议员中任命部长组建政府,要操纵几百人的选举的难度显然高于操纵一人的选举。总统制国家也有议会选举,但选民不是在选政府而是选举产生立法机关,两者性质相差极大。

世界上实行总统制的国家有 62 个,其中除美国是发达国家以及韩国实现工业化之外,其余 60 个国家基本都是发展中国家,并且很多极贫穷的国家,如塞拉利昂、乍得和缅甸等。实行半总统制的国家有 31 个,著名者如法国、俄罗斯、葡萄牙以及一些发展中国家如叙利亚、索马里、海地、蒙古等。实行议会内阁制的国家有 71 个,其中无象征性的君主作为国家元首的有德国、意大利和新加坡等发达国家以及土耳其、伊拉克和尼泊尔等发展中国家共计 42 个;保留君主作为国家元首的国家如英国、澳大利亚和加拿大等英联邦国家以及其他如西班牙和瑞典等国家共 29 个。穷国更需要政府稳定,所以总统制更适合,但总统制一旦变成独裁制,则公平竞争很难存在,特权阶层的形成最终阻碍社会的发展。富国实行总统制或内阁制对政局的影响不是特别大,政治结构较为单一的成熟公民社会国家实行总统制应该效率更高,因其导致独裁的可能性本身较小,政治结构较为复杂的国家采纳议会内阁制有可能更容易包容多元社会。

但这仅仅是极为简单的分析,不同国别有极为不同的政治经济和文化背景。

印度实行议会内阁制度的一个重要原因是印度国父们对已经在印度运行多年的议会内阁制比较熟悉,实行该制度有利于保持连贯性。同时历经多年为责任政府而奋斗的历程,他们对有固定任期而不下台的总统制有担忧。[1] 当然就适应性而言,印度采纳议会内阁制更能适应其极为多元的政治社会。

(二) 联邦制还是单一制

单从分权形式而言,凡是由宪法规定中央地方分权的就属于联邦制,凡是由普通立法规定中央和地方分权的就属于单一制。但就分权内容而言,两者没有本质区别,联邦制鼻祖的美国若从分权内容而言,也有可能将其归入单一制国家,而老牌单一制国家英国的地方政府实行"议行合一"的自治制度,地方权力也不一定小。又如法国在 1982 年以后的发展经验表明,中央政府可以主动放权,使地方政府获得更大的自主权,甚至其自主程度并不亚于联邦各州以下的地方政府。[2]

就世界各国而言,实行联邦制的国家数量并不是很多,比较典型的是美国、加拿大、澳大利亚、俄罗斯、哥伦比亚、委内瑞拉、德国、巴西、墨西哥等几个国家,从地图上看亚洲和非洲绝大多数国家实行单一制。

单从理论而言,单一制国家容易整合全国资源,地方政府是中央政府的延伸,可以根据形势的需要随时通过中央立法改变权力下放的进程和比例,且可以防止分离主义倾向;单一制的缺点是如果中央政府政策失误,则立即导向地方,且更容易走向独裁。如果说印度经济社会发展慢和腐败是对印度宪制的讽刺的话,印度独立后从未发生大的饥荒(即使粮食歉收),而有些国家在政策失误的时候饿死了 2300 万—3000 万人,而印度独立以来防止饥荒的措施成功得多……但是非民主国家没有这样的反饥

---

① Subhash C. Kashyap, *Our Constitution: an Introduction to India's Constitution and Constitutional Law*, National Law Trust, Second Edition, Delhi, 1994, p. 46.
② 张千帆:《宪法学导论》,北京:法律出版社 2004 年版,第 266 页。

荒保障。① 这估计是印度民主在过去几十年中带给印度人民最大的福祉。联邦制的优点是可以发挥地方的积极性，因为中央和地方权力的划分需要通过修改宪法进行，这必然需要地方代表的同意，另外凡实行联邦制度，中央和地方两级政府都通过选举产生，是两个"并行的政府"，都有自己的选民作为基础，因此更加民主，同时可以发挥地方的积极性，包容更加多元的社会。

联邦制的缺点是中央和地方之间以及地方相互之间容易发生利益冲突，例如印度的卡纳塔克邦和泰米尔纳德邦有关高韦里河（Kaveri）水源的争议持续上百年，其争议可以追溯到 1892 年和 1924 年的马德拉斯邦和迈索尔王公邦之间的两个协议，同时泰米尔纳德邦和喀拉拉邦之间也存在水源争议。笔者在 2011 年底想从泰米尔纳德邦去喀拉拉邦考察，但因水源争议引发骚乱，交通受阻，只好作罢。这些邦际争议时至今日仍没有解决，联邦制导致的分离主义倾向也是联邦制的重大缺点之一。

虽然印度联邦制有诸多单一制的特征，但 80 年代以来地方势力崛起、落后阶层的崛起以及 1992 年两项地方自治政府宪法修正案的通过，都说明印度的联邦制度在深化，而不会走向单一制。几十年的运行情况看，虽然印度分离主义是印度中央政府一直比较头痛的问题，但是通过设立语言邦而不断地增加邦的数量以及在邦下设立自治邦等形式，基本上也解决了团结问题。

（三）基本权利救济的司法能动主义还是司法被动主义

国会有钱、总统有枪而法院只有正义，三权之中法院是最弱势的，同时法院实行不告不理，且当事人适格，所以法院在售卖正义的时候也极为被动。但印度最高法院在 1980 年桑尼尔·巴特拉诉德里市政府（Sunil Batra v. Delhi Administration）②案中，以收到德里一监狱服刑人员巴特拉一封潦草的信件就启动司法程序，该案件成为印度司法能动主义的一个重要开端。司法能动主义的含义并没有什么印度特色，印度通用的法

---

① ［印度］阿玛蒂亚·森，让·德雷兹著：《印度：经济发展与社会机会》，黄飞君译，北京：社会科学文献出版社 2006 年版，第 88—90 页。
② 1980 AIR 1579；1980 SCR（2)557.

律词典既未引述印度重要法院判决书中的定义，也没有给出自己的定义，倒是直接引述《布莱克法律词典》给词条下定义：司法能动主义（Judicial Activism）是一种司法裁判哲学，法官以公共政策和其他因素形成个人观点，以此指导裁判并认定违宪行为而忽视先例的存在。[①] 司法能动主义的体现主要是公益诉讼（PIL）——与案件没有任何联系的人为公共利益的目的都可以提起诉讼。同时根据印度宪法第 32 条的规定，最高法院可以通过任何"合适程序"救济宪法基本权利。印度最高法院通过司法能动主义和公益诉讼作出大量大胆判决，一方面通过判例形成很多宪法没有规定的基本权利，如小贩的贩卖权、获得法律援助的权利、免被铐手铐的权利等，同时发布大量的指示（Direction）要求邦政府或中央政府执行最高法院的命令。

司法能动主义和公益诉讼的确救济了大量宪法基本权利，但这些通过判例形成的宪法基本权利以及这些要求政府实施"良政"的指示到底有多少能够得到政府的真正贯彻执行则仍受怀疑，如 2011 年印度最高法院下达指示要求邦政府建棚户屋给城市流浪者居住，以免冬天来临时被冻死，但实施情况并不乐观，如马哈拉施特拉邦和西孟加拉邦没有按照指示造任何棚户屋，[②]法院命令无法得以执行则又损害司法的权威。但总体上说，学界和印度民众对印度的司法能动主义的评价肯定多于否定。

第三节　印度宪制由谁担当——印度法律教育评析

法治和宪制的真正基础是工商业经济和强大的中产阶级，但法律职业人在法治和宪制建设中起到至关重要的作用，一支有崇高法治理想和较高法律素养的法律人是宪制与法治成功的必要条件。

印度宪法总设计师安贝德卡博士在制宪会议结束时说："我感觉，这

---

① *Wharton's Concise Law Dictionary*, Universal Law Publishing Co. New Delhi. , Fifteenth Edition, 2009, p. 563.

② The National Report on Homeless for Supreme Court of India, Review of Compliance of State Goverments with Supreme Court's Order, Up To Dec31 2011.

部宪法是可行的……在这部新宪法之下，如果事情出错的话……我们不得不说那是因为人的邪恶。"①可见宪法本身固然至关重要，但操作宪法的人同样重要。除了普通民众推动宪制建设之外，直接主导宪法运行的则是政治家以及法律职业人，这些政治家和法律职业人的素质决定了一国宪制和法治的质量。

雅利安文明时代和穆斯林时代都没有近现代意义上的法律人职业和法律教育，穆斯林统治印度的时代则有与律师职业类似的名为瓦基尔（Wakils）的职业，但瓦基尔的主要工作是代理他人从事谈判等各种业务，法律诉讼则是其中很小的一部分工作，因此瓦基尔并非当时专业从事诉讼的律师。

一、 英国殖民期间的印度法律教育

印度近现代法律教育源于印度法律的近现代化，即从 1726 年英国法律制度开始引入印度。② 从 1726 年开始英王通过特许状使英国一些普通法和成文法适用于加尔各答、孟买和马德拉斯。市长法院（Mayor Court）开始在这些地方设立，并适用英国法。

正式的印度近现代的法律教育开始于英国殖民时代的 1855 年，当年孟买的爱芬斯托学院（Elphinstone College）设立法律专业。2 年后（1857 年）孟买建立孟买大学，爱芬斯托法学院于 1860 年隶属于孟买大学。

1857 年法律课程被宣布为大学的固定课程，1885 年在孟买大学、加尔各答大学和马德拉斯大学，法律课程均成为大学固定课程，但法律专业附设于人文学院中。

从 1857 年到 1957 年的 100 年间，以讲解式授课方法为主的 2 年制法律教育模式持续 100 年。

1857 年大起义（或称第一次独立战争）之后，文官中的较高职位开始

---

① Dhananjay Keer, *Dr. Babasaheb Ambedkar*, Popular Prakashan, Fourth Edition, Bombay, 2009, p. 410.

② P. L. Metha & Sushma Gupta, *Legal Education and Profession in India*, Deep & Deep Publication Pvt. Ltd. New Delhi, 2000, p. 43.

向印度人开放，法学学位开始受到重视，比律师考试证书（Pleader's Examnination Certificate）更加重要。

1861—1916 年的法律教育没有明确的规范，其中一个原因是英国人不愿让印度人知道自己的法律权利。

1902 年成立第一届印度大学委员会（Indian University Commission, 1902），建议提高法律教育质量，使之更有效率和更加符合社会需要。① 孟买大学于是在 1909 年将法律教育改成本科教育，但年限从 3 年改成 2 年。该委员会也建议采用英国的"师徒式"和美国的"案例法"教学模式，但并未被执行。

从 1917 年到 1958 年设立过各种委员会研究法律教育并提出建议，但毫无实际后果，"法学院充斥着被其他院系拒收的学生"②。

二、 印度独立后的法律教育状况

英国殖民期间法律人地位高，他们在独立运动中地位卓越，但独立后该职业地位开始下降。

印度独立后几十年的法学教育变迁可以概括为如下阶段：第一阶段（约 1950—1965 年），主题是如何最好地将殖民法律教育印度化；第二阶段（约 1965—1978 年），重点是课程和教学方法改革，以适应法律职业教育；第三阶段（1978—1984 年），重点是法律课程的现代化，使其适应社会和国家的深刻变更。③

1980 年代后，印度经济对外开放度逐渐加强，1990 年代则开始全面的经济自由化进程，法律教育的全球化成为此时的重要课题。1987 年印度国立法学院大学（National Law School of India University）的成立以及高中

① P. L. Metha & Sushma Gupta, *Legal Education and Profession in India*, Deep & Deep Publication Pvt. Ltd. New Delhi, 2000, p. 53.

② *V. D Kulshreshtha's Landmarks in India Legal and Constitutional History*, Revised by B. M Gandhi, Eastern Book Company, Eighth Edition, Lucknow, 2005, p. 486.

③ Report of the Curriculum Department Center in Law, (1990), Vol. I, p. 4. 转引自 P. L. Metha & Sushma Gupta, *Legal Education and Profession in India*, Deep & Deep Publication Pvt. Ltd. New Delhi, 2000, p. 7.

后 5 年制法律本科学制的开启是印度提高法律教育质量和实现法律教育全球化的重要步骤,5 年制综合课程是 80 年代冷战结束前和印度的市场导向和全球化之前印度法律教育面临挑战所作出的正确回应。[①] 该阶段可以视为印度独立后法律教育的第四阶段(1985—2011 年)。

从 1973 年至 2011 年印度并无律师资格考试,凡从印度律师委员会承认的法学院获得法学学士学位之后,在邦律师委员会登记注册即可在印度全境执业。但印度在 2011 年 3 月重新实行律师资格考试,故笔者认为从 2011 年至今是印度法律教育发展的第五个阶段,其主题是规范律师行业准入标准。

1961 年之前,印度并无明确的法律教育标准,1961 年《律师法》和《印度律师委员会章程》是印度至今为止最重要有关法律教育的文件。该法授权印度律师委员会为印度法律教育的最重要的监管机构,授权其是否承认大学的法学学位,并监督大学的法律教育。同时规定印度律师委员会在监督大学法律教育的时候必须咨询大学和邦律师委员会。同时,该法授权印度律师委员会制定章程具体规范印度法律教育和律师行业准入标准。

1961 年《律师法》通过后,从 1962 年开始印度的法律教育学制从 2 年制改成后本科的 3 年制学制。[②]

三、 印度法律教育的现状及面临的挑战

(一) 印度法律教育的现状

到 1998 年 1 月 31 日,印度有 101 所大学开设法律专业,91 所是印度律师委员会承认的,另有 10 所则处于待定之中。[③] 101 所大学中的 24 所

---

① Dyutimoy Mukherjee, *Law Schools and Legal Education in India*, http://works. bepress. com/dyutimoy_mukherjee/2012 年 10 月 13 日访问。

② *V. D Kulshreshtha's Landmarks in India Legal and Constitutional History*, Revised by B. M. Gandhi, Eastern Book Company, Eighth Edition, Lucknow, 2005, p. 488.

③ Justice A. S. Anand, *Legal Education in India － Past, Present and Future* http:// sarins. org/lectures/legal-education-in-india-past-present-and-future-justice-as-anand/, March 13,2013.

除开设 3 年制的后本科法律教育外,还开设 5 年制的后高中法学本科教育,另外印度约有 500 所独立于大学的法学院。

但 2001 年至 2008 年法学院新增 586 家,等于 2000 年全印度法学院数量的总和。[①] 现在的法律院系约有 1111 家,形成法学院数量爆炸局面。

印度律师数量有 100 万,且每年以 20 万数字增长,仅次于美国。如今,也有人认为印度的律师数量居全球第一,有 130 万人之多。[②] 但据印度律师协会主席 2018 年所称,印度有 200 万律师,但仅有 45% 履行注册手续,其余都是"假"律师[③]。

(二) 印度法律教育面临的挑战

虽然法学院数量猛增,印度律师数量居全球第一,但印度只能被称之为法治大国而不是法治强国,因其法律教育质量和人权保护状况都令人担忧。1993 年高等法院首席法官会议决议成立一个委员会考察印度的法律教育,之后成立以 A. M. 艾哈马迪(Ahmadi)为首的委员会,该委员会认为"总体上说,印度法学院和法学院学生的质量都每况愈下。"

印度学者认为,要提高印度法律教育质量,面临三项挑战:1)授课大纲的现代化,使之密切联系社会;2)丰富法律课程,使内容多学科化;3)教学方法的改革。[④]

笔者认为,印度如今的法律仍面临如下诸多挑战。

第一,法律职业并非印度年轻人较优的选择。

除了在大城市从事经济纠纷事务和上诉审诉讼服务的律师之外,法律职业人员的收入低,职业发展的心理预期也低。[⑤] 印度北方的喜马偕尔邦西姆拉市 300 名受访律师中 42% 的律师选择律师职业是因其社会地位

---

① http://theunwillinglawyer. blogspot. com/2009/07/explosion-in-number-of-law-colleges-in. html, April 14, 2013.

② N. R. Madhava Menon, *The Transformation of Indian Legal Education*, Havard Law School Program on the Legal Education. 2002.

③ Legalindia. com/fag/number-of-lawyers. 2021 年 4 月 6 日访问。

④ *V. D Kulshreshtha's Landmarks in India Legal and Constitutional History*, Revised by B. M. Gandhi, Eastern Book Company, Eighth Edition, Lucknow, 2005, p. 489.

⑤ Dyutimoy Mukherjee, *Law Schools and Legal Education in India*, http://works. bepress. com/dyutimoy_mukherjee/2 2012-10-13 访问。

较高,只有 21%的律师认为选择律师是因为能赚钱。①

初步估算,2011 年,按当前市场价格计算,印度名义 GDP 为 858392.4 亿卢比,我国 2011 年国内生产总值 471564 亿元,②印度 GDP 总量仅为中国的三分之一左右。但印度律师总量为中国的十几倍之多,从经济总量而言,印度律师的确是太多了,印度普通律师的低收入状况显然无法吸引优秀的年青人进入法学院。

印度法官的收入虽然较高,但法官要从律师中考选,法学院学生进入法官队伍的机会少并且遥遥无期。

印度法律教师的待遇也相当没有吸引力,印度法律教师面临工作量大工资低的困境,对全职讲师来说,一周 15—18 个小时的工作量是很普遍的。③

在学生备选的所有职业中,法律职业排在非常后面,有可能是最后的。只有成绩中等或中等以下的学生才选择法学专业,一半左右的学生是迫于环境压力才选择法学院系的,他们并没有要参加法律职业的明确目标。④

一个没有吸引力的行业自然不可能吸引社会精英从事该行业,该行业的状况自然可想而知。

第二,印度法律教育的目标定位——职业教育还是通才教育。

英美法系国家的法律教育基本上是职业教育,特别是美国。美国法律教育是典型的精英式职业教育,因此实行后本科法律教育模式,即法学院学生的"通才"知识已经在之前的大学阶段学习过了,大学毕业后进入法学院学习的只是适应律师职业的法律素养和操作知识。

印度法学院 1961 年之前和当时的主要观念是培养律师。1961 年《律

---

① P. L. Metha & Sushma Gupta, *Legal Education and Profession in India*, Deep & Deep Publication Pvt. Ltd. New Delhi, 2000, pp. 82 - 83.

② http://finance. sina. com. cn/roll/20120222/100311428377. shtml, 2013 - 2 - 14 访问。

③ Dyutimoy Mukherjee, *Law Schools and Legal Education in India*, http://works. bepress. com/dyutimoy_mukherjee/22012-10-13 访问。

④ P. L. Metha & Sushma Gupta, *Legal Education and Profession in India*, Deep & Deep Publication Pvt. Ltd. New Delhi, 2000, forward, x.

师法》就是以该观念为指导制定的。[1] 从 1967 年正式开始的后本科法律
教育模式显然学习的是美国的精英职业教育理念，但效果非常不理想。
很多人获得大学学位之后已经开始工作，因此到法学院学习经常是业余
学习，"所有的传统法学院面临的难题是学生旷课问题。"[2]

面临困境，70—80 年代印度开始考虑走大陆法系的通才型法学教育
模式，1977 年印度律师委员会（Bar Council of India）在孟买举办法律教育
研讨会，提议后高中五年制法律教育模式。1981 年全印法律教师大会在
奥兰加巴德召开，建议 12 年中小学后的五年一贯制法律教育模式。1982
年印度律师委员采纳了五年制法律教育模式。

1987 年 8 月 29 日在班加罗尔正式成立的印度国立法学院大学（The
National Law School of India University）开启高中后五年制法律本科教育
模式，之后陆续成立同类型的国立法学院大学，至今已经有 23 所。班加
罗尔的印度国立法学院大学是公认印度最好的法学院，[3]其他同类型的国
立法学院大学基本上也属于印度 1000 多家法学院中顶级的法学院。但
这些国立法学院大学学费昂贵，有些高达 75 万卢比（约合十几万人民
币），从这些国际化的法学院毕业的学生往往选择顶级跨国公司任职，而
不是选择律师职业，所以建立这些法学院以提升司法正义目标和实现印
度宪法的"社会主义国家"的理想落空了。

虽然当初想直接废止美国模式的后本科法律教育模式，但因为涉及
到很多法学院和多方面的利益问题，因此现在印度实行 3 年制后本科法
律教育和高中后 5 年制本科法律教育并行的模式。

印度学者总结前人的研究后说，基于所有的考虑，法律教育的目标
是：1)传播法律知识；2)培训和锻炼法学院学生；3)为国家立法服务；
4)不仅培训律师的出庭技巧，也培训他们在各行业的服务能力。[4] 该观

---

[1] Working Group on Legal Education of National Knowledge Commission，*Report of the Working Group on Legal Education*.

[2] Dyutimoy Mukherjee，*Law Schools and Legal Education in India*，http://works. bepress. com/dyutimoy_mukherjee/22012-10-13 访问。

[3] http://en. wikipedia. org/wiki/National_Law_School_of_India_University，February 14,2013.

[4] P. L. Metha & Sushma Gupta，*Legal Education and Profession in India*，Deep & Deep Publication Pvt. Ltd. New Delhi，2000，p. 10.

点实际上是偏向大陆法系的通才型法律教育目标,80 年代成立国立法学院大学和实施 5 年制后高中本科法律教育模式的成功经验,也证明印度法律教育的方向已经偏向大陆法系模式。学者调查统计喜马偕尔大学法学院中受访学生中有 36.36%的学生表示将来从事律师职业,其余人则希望将来要做公务员或从商。①可见,印度法学院培养的主要不是执业律师。

第三,教学方法的改革。

英国法学院把案例教学法作为法学教育的基础。在实际的教学中,教学方式灵活多样,注意调动学生参与教学互动是英国法律教育的明显特点之一。②

从兰德尔任哈佛大学法学院院长首创案例教学法开始,案例教学法成为美国最主要的教学方法。③

1958 年印度法律委员会第 14 次报告,认为印度法律教育质量极为低劣,既不能培养法学家也不能培养法律实务人才。该报告认为讲解法在将来仍为主要的授课模式,但师徒式教育模式、案例教学法和模拟法庭都必须作为补充。④

可见印度主要的教学方法是大陆法系的讲解法,当然大陆法系国家是讲解法条,在印度则是分析法条与判例兼顾。早在 1902 年,大学委员会(University Commission)就提议美国案例教学法和英国的师徒式教学方法,但该建议几乎从未被采纳和实施过。⑤

受访的喜马偕尔邦首府西姆拉市的 100 名律师百分之百认为现行法

① P. L. Metha & Sushma Gupta, *Legal Education and Profession in India*, Deep & Deep Publication Pvt. Ltd. New Delhi, 2000, p. 81.
② 张丽英:《英国的法律职业与法学教育及其借鉴》,载于国际法学研究网,http://www.cuplfil.com/info_detail.asp? infoid=358,2013 年 2 月 14 日访问。
③ 周小明:《论美国诊所法律教育的起源及对中国法治的启示》,载《黑龙江省政法管理干部学院学报》2012 年第 3 期。
④ P. L. Metha & Sushma Gupta, *Legal Education and Profession in India*, Deep & Deep Publication Pvt. Ltd. New Delhi, 2000, p. 58.
⑤ P. L. Metha & Sushma Gupta, *Legal Education and Profession in India*, Deep & Deep Publication Pvt. Ltd. New Delhi, 2000, forward, xi.

律教育过于注重理论,百分之百的律师认为模拟法庭是有益处的。① 受调查的西姆拉市 100 名法官百分之百认为现行法律教育体制过于注重实体法。② 喜马偕尔大学法学院学生对"现行法律教育体制过度注重理论学习而忽视实践知识"的提问的回答中肯定的比例是 89.09%。③ 另外,绝大多数学生在学习过程中从未去过法院,只有在他们毕业注册为律师后才去法院。④ 可见,印度法律教育过于注重理论而忽视实务能力基本上是印度法律界的共识。

虽然印度法律教育过于偏重理论研究,但印度法学院"忽视学术研究"。⑤ 如何协调讲解法、案例教学法、模拟法庭和诊所法律教育之间的关系,以及如何协调理论教学和实务教育之间的关系,仍然是印度法律教育将来需要解决的重要课题之一。

第四,法律教育的国际化和本土化。

印度独立之前的法律教育基本上是国际化的,许多印度人在英国学习法律返回印度之后从事律师职业。这些律师中很多人成为独立运动的领袖,如印度国父甘地、印度首任总理贾瓦拉哈尔·尼赫鲁及其父亲。

独立之后印度法律教育走向本土化道路,即法学院毕业生主要为本国的法律事业服务,如 1961 年《律师法》设计的法律教育目标就是培养本土化的律师。

80 年代末特别是 90 年代印度经济自由化改革和世界全球化之后,印度顶级法学院的教育目标又趋向全球化,特别是那些国立法学院大学(National Law School University)。这些法学院利用印度的英语优势,培养适应跨国法律事务的学生。海外法学院也利用印度的人力成本优势大

① P. L. Metha & Sushma Gupta, *Legal Education and Profession in India*, Deep & Deep Publication Pvt. Ltd. New Delhi, 2000, p. 95.
② P. L. Metha & Sushma Gupta, *Legal Education and Profession in India*, Deep & Deep Publication Pvt. Ltd. New Delhi, 2000, p. 97.
③ P. L. Metha & Sushma Gupta, *Legal Education and Profession in India*, Deep & Deep Publication Pvt. Ltd. New Delhi, 2000, p. 88.
④ P. L. Metha & Sushma Gupta, *Legal Education and Profession in India*, Deep & Deep Publication Pvt. Ltd. New Delhi, 2000, forward, xi.
⑤ [印度]辛格:《印度法学教育与宪法学之热点问题》,柳建龙译,载《求是学刊》2008 年第 5 期。

量聘任印度法律人才,因此"法律人才流失较为严重"①。

有些人极力主张法学教育的国际化和重视比较法教学。② 也有人主张印度法学教育应当适应印度的本土民主制度,而不应只追求国际化。③

如何处理印度法律教育"要为穷人接近司法服务"和发挥印度法律教育全球化优势之间的关系,成为印度法律教育现在面临的重要挑战。"印度知识委员会法律教育工作委员会"认为印度法律体制和司法体制面临的最大挑战是如何向穷人提供正义。随着高质量法律服务价格的提高,普通人越来越难以得到好的法律服务和接近司法,法律体制有越来越偏离普通人的危险。④

第五,法学院硬件设施落后。

虽然"所谓大学者,非谓有大楼之谓也,有大师之谓也"(教育家梅贻琦语),但印度大学和法学院落后的硬件设施的确限制了印度法学院的发展。笔者曾在印度著名法学院"印度法律学会法学院"(The Indian Law Society Law College)访学 3 个月。该法学院成立于 1923 年,曾培养 3 名印度最高法官、多名高等法院首席法官和众多政治家,是印度最著名的传统法学院之一。但笔者到达该法学院之后,几乎不敢相信自己的眼睛,其硬件设施比中国最末流的法学院也要差好几倍。学院的大门是非常简易的小铁门,与中国大学宏伟的大门形成鲜明对比;几百亩的校园只有两栋主要建筑,其一是仅两层高的教学大楼,其二是不超过四层的图书馆和办公合用的大楼;一个学生食堂居然是用破损雨棚搭建的,笔者去的时候是旱季,若是雨季,其漏雨糟糕状况可想而知;门卫的房子直接就是几根棍子支撑一片石棉瓦了事;道路是很多年前的水泥路,现在已经破败不堪;校园操场连水泥也没浇过,运动时灰尘满天;绝大部分教室没有多媒体设

---

① [印度]辛格:《印度法学教育与宪法学之热点问题》,柳建龙译,载《求是学刊》2008 年第 5 期。

② Adv. Devadas, *History of Legal Education in India*, http://strippedlaw. blogspot. com/2010/11/history-of-legal-education-in-india. html,2012 年 10 月 12 日访问。

③ CS Dattathreya, *State of Legal Education: The Legal Profession and Legal Education in India* http://barandbench. com/brief/9/2551/state-of-legal-education-the-legal-profession-and-legal-education-in-india,2012 年 10 月 12 日访问。

④ Working Group on Legal Education of National Knowledge Commission, *Report of the Working Group on Legal Education*.

备。好在图书馆藏书还是比较丰富的。

笔者曾短期访学同样位于普纳市的印度互惠法学院（Symbiosis Law School），该法学院也是印度顶级的法学院，但属于私立法学院，学费昂贵，硬件设施相对好，但校园极小，其硬件设施也不会比中国末流法学院的硬件设施好。

虽然独立运动中律师作用巨大，但独立后是"政治家、经济学家和工程师改造社会，律师只被看成是操作工，在社会的各个方面都不能代表社会的基本价值。"[1]印度政府忽视法学院及缺少经费投资是相当明显的。

四、 印度法律教育对中国法律教育的启示

诚然，我们应当借鉴英美法德日等法治发达国家的法律教育的经验，但同样面对发展大课题且同属于发展中大国的印度，他们法律教育的一些成功经验也应该为中国所学习，其失败的教训也可以用来警醒中国。

（一）法律教育规模不应盲目扩大

印度目前有 350 所大学和 15600 所学院[2]（印度学习英国伦敦大学模式，大部分学院附属于大学，考试和学位由大学主持和发放，但这些学院在人事和财务上完全独立），印度学者估计 2010 年左右印度每年大学生和研究生毕业人数是 300 万。[3] 中国大学毕业生 2009 年是 660 万，2002年为 145 万，中国每年的大学毕业生是印度的两倍多。

2009 年中国法治蓝皮书——《中国法治发展报告 NO. 7(2009)》数据显示，截至 2008 年 11 月，中国共设立法学院系 634 所，法学本科生 30 万人左右，法律专科生 22 万多人，在校硕士生达 6 万多人，2008 年，博士毕业生 1700 人，法学博士招生人数 2500 多人，法学博士在校生 8500 余人。

---

① Dyutimoy Mukherjee, *Law Schools and Legal Education in India*, http://works. bepress. com/dyutimoy_mukherjee 2012 年 10 月 13 日访问。

② 王涛：《印度高等教育国家化发展评略》，载《高教发展与评估》2012 年 1 月。

③ Prof. J. S. Patil, *Higher Legal Education in India: A Need for Change *, Presidential Address delivered at the Two Days National Seminar on Issues and Concerns of Higher Legal Education in Indiaorganised by KILPAR, Bangalore and SDM Law College, Mangalore on February 28 and March 1, 2010 at Mangalore.

法学教师 5500 余人。[1]据此估算中国每年的法学专业毕业生达到 15 万多，当然这里不包括函授、自考和远程教育等通过业余学习获得法学文凭的人群。

但印度每年从法学院毕业的人数居然有 50 万之众，[2]约是中国的 4 倍！印度有 130 万律师，20％的顶级律师包揽了全部业务金额的 80％，30％的中间层律师则主要从事中产阶级和政府的诉讼业务，底层的 50％的律师则依靠法律援助案件和各种骗和吓的不正当手段过日子。[3]

中国的律师尽管只有印度的 10％，但中国法律教育及法律服务市场是不会走印度盲目扩张的老路，应该循序渐进，有计划且有层次地发展法律教育和法律服务市场。例如积极培养和发展国际型高端律师，规范中间层律师准入门槛，规范提供法律服务的基层"法律工作者"的准入门槛。

（二）借鉴印度以行业团体和专家规范法律教育的经验

1961 年《印度律师法》授予印度律师委员会（即我国的律师协会）监督和管理印度法学院的职权，同时授予大学拨款委员会一定的管理权限。这两个机构是印度监管法律教育的最主要的机构，印度律师委员会属于典型的行业组织，而执行大学拨款委员会职责的是其下属的法律教育工作委员会，是专家组织。这些组织的管理具有明显的专业性和民主性，这一点值得我们借鉴。

（三）法律教育目标和教学方法的定位

到底是实行职业教育模式还是通才教育模式，印度的法律教育历史经验值得中国学习。印度独立后的教育模式采取美国式的精英职业教育模式，但是效果极差，1987 年在班加罗尔设立印度国立法学院大学开启 5 年制的大陆法系教育模式，该教育模式总体上是成功的。

我国的法律教育是走通才教育为主，职业教育为辅的模式，因为大部分法律毕业生可能不选择律师、检察官和法官的职业，会从事其他行业，

---

① 肖金明：《考问中国法学教育：问题与对策》，载《山东大学学报》（哲学社会科学版）2011 年 6 月。
② http://www.studymode.com/essays/Legal-Education-And-Scope-In-India-1322918.html，February 14，2013.
③ Law Resource India：Raising The Bar For The Legal Profession Posted on September 24，2012，http://indialawyers.wordpress.com/tag/lawyer/，February 14，2013.

甚至与法律毫不相干的行业,这点与印度也是相似的。

中国 600 多家法律院系也应该有自己的定位,人要么以培养国际型法律人才为己任,重视双语教育和比较法研究;要么则主要培养全国性的法律人才;要么更加重视调解、ADR 等课程的教学,以适应基层司法的需要。

传统的教师讲解法现在和将来都将是我国教学的主要方法,但是案例教学法、模拟法庭和诊所法律教育也应当受到重视,要让学生感受到书本之外的法律。

(四) 协调法律行业准入与法学院教学之间的关系

1961 年《律师法》中有关邦律师委员会组织律师考试的条款在 1973 年被删除,印度于是不再设律师资格考试,凡被印度律师委员会承认的法学院的毕业生经登记注册即可以在全国从事律师业务。但 1994 年艾哈马迪委员会报告建议重新设立律师资格考试,2002 年第 184 次法律委员会的报告也建议重新实施律师资格考试。印度律师委员会法律教育分会和印度律师委员会分别于 2010 年 4 月 10 日和 4 月 30 日通过决议,决定设立全印律师考试(All India Bar Examination),于 2011 年 3 月 16 日举行了第一次考试。

全印律师资格考试语言为 9 种,分别是印地语、泰卢固语、泰米尔语、卡纳达语、马拉提语、孟加拉语、古吉拉特语、奥利萨语和英语。考试时间为 3 个半小时,目的是测试律师(advocate)的理解能力。考试形式为开卷,可以携带除电子设备之外的任何资料。考试内容包括 20 门课程。试卷分卷一和卷二,卷一的课程包括:1 替代性纠纷解决机制、2 民事程序法和时效法、3 宪法、4 合同法(含特别合同和票据法)、5 刑法、6 刑事程序、7 法律文书、8 证据学、9 法理学、10 律师执业道德、11 财产法;卷二:12 行政法、13 公司法、14 环境法、15 家庭法、16 人权法、17 劳动法、18 侵权法(含机动车辆事故与消费者保护法)、19 税法基本原则以及 20 国际公法。

2001 年《印度律师委员会章程》规定 5 年制和 3 年制后本科法学学士课程的必修法律课程为 21 门,同时列出了 15 门选修课,法学院必须从中选择至少 3 门课程。另包含参加模拟法庭和参与法院庭审的实践课程也是必修课程。上述律师资格考试的课程与印度律师委员会规定的必修法律课程基本重合。

印度法律教育和法律职业之间是密切联系的,2011年之前自不必说,凡从印度律师委员会承认的法学院系毕业的学生均可以进入律师行业,担任律师7年以上就可以有机会担任基层法院(地区法院)的法官。从2011年开始,参加律师资格考试的条件也是获得印度律师委员会承认的法学院的法学学士学位。

在我国的统一法律职业资格考试中,参加考试的基本条件是获得大专以上毕业文凭,2018年后必须获得本科学位,但不限于法律专业。虽然"大学本科的法学教育并不一定要一味地去适应司法考试的要求"和"司法考试与大学本科教育两者之间有一定的联系但并不要求相互适应,这是两者的目的和职能所决定的"①,但这种脱节状态是不科学的。因此,将来改革《法官法》《检察官法》和《律师法》规定只有法学本科毕业生才能参加考试,同时改革司法考试本身,使法律教育和司法考试都能对法治作出最大的贡献。

虽然完全寄希望于印度法律职业人以提高印度的宪制和法治水平,是印度法学院不能承受之重,但130万印度律师和每年从法学院毕业的几十万法学学士的良心是捍卫印度宪制的重要力量,可以说,印度法学院与印度宪制之间休戚与共。

---

① 潘剑锋:《论司法考试与大学本科法学教育的关系》,载《法学评论》2003年第2期。

参考文献

一、著作及译著类

1. 林承节：《印度史》，北京：人民出版社 2004 年第 1 版。

2. 林承节：《殖民统治时期的印度史》，北京：北京大学出版社 2004 年版。

3. [英]安东尼·吉登斯著：《第三条道路——社会民主主义的复兴》，郑戈等译，北京：北京大学出版社 2000 年版。

4. 陈云生：《宪法监督司法化》，北京：北京大学出版社 2004 年版。

5. 王世杰，钱端升：《比较宪法》，北京：商务印书馆 2010 年版。

6. 王慧玲：《成文宪法的比较研究——以 107 部宪法文本为研究对象》，北京：对外经济贸易大学出版社 2010 年版。

7. 张千帆：《美国联邦宪法》，北京：法律出版社 2011 年版。

8. 吴俊才：《印度史》，台北：三民书局 1981 年版。

9. 程燎原，王人博：《权利及其救济》，济南：山东人民出版社 1998 年版。

10. 屈文生：《普通法令状制度研究》，北京：商务印书馆 2011 年版。

11. 王振民：《中国违宪审查制度》，北京：中国政法大学出版社 2004 年版。

12. 毛玲：《英国民事诉讼法的演进与发展》，北京：中国政法大学出版社 2005 年版。

13. 颜运秋：《公益诉讼理念研究》，北京：中国检察出版社 2002 年版。

14. 钱乘旦，许浩明：《大国通史——英国通史》，上海：上海社会科学院出版社 2007 年版。

15. [英]戴雪著：《英宪精义》，雷宾南译，北京：中国法制出版社 2001 年版。

16. 王名扬：《比较行政法》，北京：北京大学出版社 2006 年版。

17. [美]比尔·克林顿著：《我的生活——克林顿回忆录》,潘勋等译,南京：译林出版社 2004 年版。

18. 李云霞：《中印现代化比较研究》,北京：社会科学文献出版社 2010 年版。

19. 王红生,[印度] B. 辛格：《尼赫鲁家族与印度政治》,北京：北京大学出版社 2011 年版。

20. 洪共福：《印度独立后的政治变迁》,合肥：黄山书社 2011 年版。

21. 林承节：《印度独立后的政治经济社会发展史》,北京：昆仑出版社 2003 年版。

22. 林承节：《印度古代史纲》,北京：光明日报出版社 2000 年版。

23. 张千帆：《西方宪制体制》(下册·欧洲部分),北京：中国政法大学出版社 2001 年版。

24. 陈新民：《德国公法学基础理论》,济南：山东人民出版社 2001 年版。

25. [美]斯塔夫里阿诺斯著：《全球通史——从史前到 21 世纪》(上册),吴象婴等译,北京：北京大学出版社 2006 年版。

26. 《邓小平文选第三卷·在全体人民中树立法制观念》,北京：人民出版社 1993 年版。

27. [美]曼昆著：《经济学原理》(第 3 版),梁小民译,北京：机械工业出版社 2005 年版。

28. 易中天：《帝国的终结——中国古代政治制度批判》,上海：复旦大学出版社 2007 年版。

29. [美]艾米·蔡著：《大国兴亡录》,刘海清,杨李武译,北京：新世界出版社 2010 年版。

30. 高岱等：《强国之鉴》,北京：人民出版社 2007 年版。

31. 钱乘旦,刘金源：《寰球透视——现代化的迷途》,杭州：浙江人民出版社 1999 年版。

32. 张允起：《宪制、理性与历史：萧公权的学术与思想》,北京：北京大学出版社 2005 年版。

33. 王龙：《国运拐点——中西精英大对决》,北京：华文出版社 2012 年版。

34. 罗荣渠：《现代化新论——世界与中国的现代化进程》(增订本),北京：商务印书馆 2004 年版。

35. 李昌道：《香港政治体制研究》,上海：上海人民出版社 1999 年版。

36. [法]孟德斯鸠著：《论法的精神》(上册),张雁深译,北京：商务印书馆 1959

年版。

37. ［德］马克思,恩格斯:《马恩著作选举·共产党宣言》,北京:人民出版社 1988 年版。

38. 张维为:《中国震撼——一个"文明国家"的崛起》,上海:世纪出版集团,上海 人民出版社 2011 年版。

39. 张千帆:《宪法学导论》,北京:法律出版社 2004 年版。

40. ［印度］阿玛蒂亚·森,让·德雷兹著:《印度:经济发展与社会机会》,黄飞君 译,北京:社会科学文献出版社 2006 年版。

41. 罗玉中,万其刚,刘松山:《人权与法制》,北京:北京大学出版社 2001 年版。

42. ［美］曼瑟·奥尔森著:《国家的兴衰——经济增长、滞涨和社会僵化》,李增刚 译,上海:上海人民出版社 2007 年版。

二、中文编著类

1. 左学金,潘光,王德华主编:《龙象共舞》,上海:上海社会科学院出版社 2007 年版。

2. 许崇德主编:《中国宪法》,北京:中国人民大学出版社 1996 年版。

3.《中国大百科全书·法学》,北京:中国大百科全书出版社 1984 年版。

4. 狄红秋主编:《名人殿堂——美国总统篇》,天津:天津大学出版社 2008 年版。

5. 王光辉主编:《比较宪法学》,北京:北京大学出版社 2007 年版。

6. 中国社会科学院法学研究所:《法律词典》(简明本),北京:法律出版社 2004 年版。

7. 刘剑文主编:《财政税收法》,北京:法律出版社 2003 年版。

8. 沈宗灵主编:《法理学》,北京:高等教育出版社 1994 年版。

9. 叶孝信主编:《中国法制史》,上海:复旦大学出版社 2008 年版。

10. 张文显主编:《法理学》,高等教育出版社,北京:北京大学出版社 1999 年版。

11. ［英］戴维·米勒,韦农·波格丹诺编:《布莱克维尔政治学百科全书》,中国问 题研究所等组织翻译,北京:中国政法大学出版社 1992 年版。

三、杂志类

1. 吴永年:《论印度特色的公务员制度》,载《深圳大学学报》(人文社会科学版) 2008 年 9 月。

2. 陶冶：《一年休息 200 天——印度公务员的办事风格》，载《小康》2006 年第
   4 期。

3. 中改院课题组：《印度乡村治理考察报告》，载《转轨通讯》2006 年第 6 期。

4. 昝涛：《奥斯曼帝国的衰败与土耳其民族主义的产生》，载高全喜主编：《大
   国》第 4 期，2005 年版。

5. 里卡多·洛佩兹·墨菲：《拉美发展的经验与教训》，载《长安讲坛》（第三辑），
   中国经济出版社，2009 年版。

6. 贾海涛，盖蕾：《承认双重国籍，印度国籍立法的重大变化》，载《河北法学》
   2005 年 9 月。

7. 柳建龙，韩大元：《宪法修正案的合宪性审查：以印度为中心》，载《法学家》
   2009 年第 1 期。

8. 思源：《印度的宪制之路》，载《炎黄春秋》2010 年第 5 期。

9. 姜玉梅，孟虹：《印度司法审查制度评述》，载《南亚研究季刊》2004 年第 3 期。

10. 吴展：《印度宪法基本原则的理论研究》，载《南亚研究季刊》2006 年第 1 期。

11. 丁海笑，杨睿：《印度后殖民时代下的紧急状态法探究——以印度 1975 年紧
    急状态为例》，载《东南亚南亚研究》2011 年第 3 期。

12. 张清：《贫困与自由：基于印度"不平等"的宪制分析》，载《学习与探索》2010
    年第 2 期。

13. 孝忠延夫，陈根发：《司法积极主义的形成与展开——以印度的社会活动诉讼
    为线索》，载《太平洋学报》2007 年第 10 期。

14. 冯晓霞：《1935 年印度政府法及其实践意义》，载《广西梧州师范高等专科学
    校学报》2006 年第 2 期。

15. 《印度的法官制度——中国高级法官培训中心考察团赴印度考察报告》，载
    《中外法学》1991 年第 3 期。

16. 孙瑞灼：《印度宪法保障街头叫卖的启示》，载《中关村》2011 年第 1 期。

17. 史超：《印度宪法中的公务员法精神》，载《商品与质量》2011 年第 S9 期。

18. 冯辉，高杰：《印度评议会制度综述》，载《法学杂志》1995 年第 1 期。

四、学位论文类

1. 巴昭军：《印度潘查亚特制度——地方制度重建的因素与过程》，华中师范大
   学硕士学位论文，2007 年。

2. 廖初民：《法律的宗教化与法律的世俗化——印度法律的世俗化变革研究》，

华东政法大学博士学位论文,2006 年。

3. 曹永青:《印度贱民解放的历史透视: 过程、问题和展望》,河北师范大学硕士学位论文,2010 年。

五、英文著作类

1. *V. D. Kulshreshtha's Landmarks in India Legal and Constitutional History*, Revised by B. M. Gandhi, Eastern Book Company, Eighth Edition, Lucknow, 2005.

2. Subhash C. Kashyap, *Our Constitution: an Introduction to India's Constitution and Constitutional Law*, National Book Trust, Second Edition, Delhi, 1995.

3. B. P. Barua, *Politics and Constitution-Making in India and Pakistan*, Deep & Deep Publications, New Delhi, 1984.

4. Rabindra Kumar Behuria, *Indian Constituent Assembly, an Evaluation*, Orrisa Review, January 2011.

5. H. R. Khanna, *The Making of India's Constitution*, Eastern Book Company, Second Edition, Lucknow, 2008.

6. Durga Das Basu, *Introduction to the Constitution of India*, Lexis Nexis Butterworths Wadhwa, 20th Edition, Nagpur, 2008.

7. Maya Chadda, *Building Domocracy in South Asia*, Lynne Rienner Publishers Inc, London, 2000.

8. M. P. Jain, *Indian Constitutional Law*, Lexis Nexis Butterworths Wadhwa, Sixth Edition, Nagpur, 2012.

9. Dr. J. N. Pandey, *the Constitutional Law of India*, Central Law Agency, 48th Edition, Allahabad, 2011.

10. Dr. Durga Das Basu, *Constitutional Law of India*, Lexis Nexis Butterworths Wadhwa, Nagpur, Eighth Edition, New Delhi, 2008.

11. S. P. Sathe, *Judicial Activism in India*, New Delhi: Oxford University Press, Second Edition, 2002.

12. Granville Austin, *the Indian Constitution: Cornerstone of a Nation*, Oxford University Press, New Delhi, 1966.

13. Granville Austin, *Working a Democratic Constitution: a History of the*

Indian Experience, Oxford University Press, 1999.

14. Dharampal, *Panchayat Raj and India's Polity*,, Other India PressMapusa Goa, 2000.

15. Craig Johnson, *Decentralisation in India: Poverty*, *Politics and Panchayati Raj*, Overseas Development Institute, London, 2003.

16. Dhananjay Keer, *Dr. Babasaheb Ambedka*r, Popular Prakashan, Fourth Edition, Bombay, 2009.

17. Shashi Tharoor, *Nehru: the Invention of India*, Penguin Books, London, 2003.

18. Gurcharan Das, *India Unbounded: From Independence to the Global Information Age*, Penguin Books, New Delhi, 2002.

19. Mark Tully, *Non-Stop India*, Penguin Books, New Delhi, 2011.

20. Pawan K. Varma, *the Great Indian Middle Class*, Penguin Books, New Delhi, 2007.

21. Ashutosh Varshney, *Ethnic Conflict and Civic Life*, Yale University Press, New Haven & London, 2002.

22. Katherine Frank, *Indira: the Lifte of Indira Nehru Gandhi*, Harper Collins Publishers, Fourth Impression, Nodia, Uttar Pradesh, India, 2012.

23. John Keay, *India: a History from the Earliest Civilzaiton to the Boom of the Tewentith-First Centrury*, Harper Press, London, 2010.

六、外文编著类

1. *Wharton's Concise Law Dictionary*, Universal Law Publishing Co. 15th Editon, New Delhi, 2009.

2. Mammen Mathem Chief Editor, *Manoram Yearbook 2012*, Malayala Manorama Press, Kottayam, 2012.

七、外文案例类

1. 全印报告 AIR（All India Reporter），主要汇编印度最高法院判例，选择性地编入邦高等法院判例。

2. 最高法院报告 SCR（Supreme Court Reports），为印度最高法院授权的最高法院判例汇编，每月出版。

3. 最高法院判例 SCC（Supreme Court Cases），勒克瑙的东方书店公司（Eastern Book Co.）出版，汇编印度最高法院判例。

八、英文网站类

1. http://en.wikipedia.org/wiki/Pitt's_India_Act
2. http://parliamentofindia.nic.in/ls/debates/facts.htm
3. http://en.wikipedia.org/wiki/Constituent_Assembly_of_India
4. http://newsonair.nic.in/
5. 印度人民院网站 http://164.100.47.134/committee/Committee_Home_Page.aspx
6. 印度联邦院网站 http://164.100.47.5/webcom/MainPage.aspx

后记

本书是在本人博士论文基础上修改而成。

读书期间最关注的是法治及其背后的国家兴衰的关系,自己曾选了四个博士选题,导师何老师一眼就选中了有关印度宪法的题目。后来越来越觉得这个选题有意义。

在指导老师的指点下,我独自联系著名的印度法律协会法学院(Indian Law Society Law College,ILS)和互惠法学院(Symbiosis Law School),并在这两所印度排名前十的法学院学习两个多月,另外花了半个月时间游历北至德里南至泰米尔纳德邦的壮美山河,亲身体验了印度的人文和宪制,一方面搜集学术资料,另一方面也深深地体验到了印度文明的魅力。

印度宪法堪称精美,但现实的人权状况却不容乐观,印度现代化道路也面临重重困难。笔者在印度生活也碰到诸多不便,但通过博士研究和实地考察,我已经深深地爱上了这片承载和养育了十三亿人口的热土,回国后仍然思念印度法律协会法学院和那些同学。后来我又曾在印度游学三个月,一方面考察印度法治,一方面因为教学工作缘故考察印度的华侨华人。

研究印度宪法是一次探险之旅,但我感觉这次旅程非常值得,不管在学术方法还是在外文水平上都有了一次质的飞跃。后续希望在中印法律比较,印度华侨华人研究以及中国企业赴印度投资方面做一些有益的事情。

图书在版编目(CIP)数据

印度宪法及其晚近变迁/周小明著.—上海:上海三联书店,
2021.6
ISBN 978－7－5426－7370－1

Ⅰ.①印… Ⅱ.①周… Ⅲ.①宪法－研究－印度
Ⅳ.①D935.11

中国版本图书馆 CIP 数据核字(2021)第 048471 号

印度宪法及其晚近变迁

著　者 / 周小明

责任编辑 / 郑秀艳
装帧设计 / 一本好书
监　制 / 姚　军
责任校对 / 王凌霄

出版发行 / 上海三联书店
　　　　　(200030)中国上海市漕溪北路 331 号 A 座 6 楼
邮购电话 / 021－22895540
印　刷 / 上海惠敦印务科技有限公司

版　次 / 2021 年 6 月第 1 版
印　次 / 2021 年 6 月第 1 次印刷
开　本 / 640×960　1/16
字　数 / 280 千字
印　张 / 19.75
书　号 / ISBN 978－7－5426－7370－1/D·488
定　价 / 68.00 元

敬启读者,如发现本书有印装质量问题,请与印刷厂联系 021－63779028